Tim Boltz
Zonenrandkind - Eine Jugend zwischen Eisernem
Vorhang und eisernen Jungfrauen

AF186167

TINTE
&
FEDER

Das Buch

Ausgerechnet im osthessischen Zonenrandgebiet pubertieren zu müssen, ist in den 80er Jahren ein desillusionierendes Unterfangen für Franky Breuning. Es gibt weder Fast-Food-Restaurants noch Kabelnetz – dafür Zeltdiscos, Achselbehaarung und paarungsunwillige Mädchen. Hier hört alles auf und nichts Neues beginnt.

Doch gerade als Franky glaubt, dass er alle Herausforderungen gemeistert hat, geschieht es: Die Mauer fällt. Und plötzlich fliegen die schönen Töchter des Ostens auf Franky, bereit zur Wiedervereinigung ...

Der Autor

Der Autor und Literatur-Comedian Tim Boltz ist ebenfalls ein Zonenrandkind und wurde 1974 im osthessischen Fulda unweit der innerdeutschen Grenze geboren. Sein stark autobiografisch geprägtes Werk »Zonenrandkind« ist ein gekonnter Spagat zwischen realitätsnaher Beschreibung, melancholischer Verklärung und knallharter Ehrlichkeit. Heute lebt Tim Boltz in Frankfurt am Main und ist dankbar dafür, dass er mittlerweile grenzenlos auf den Spuren seiner Kindheit und Jugend wandeln kann.

TIM BOLTZ

ZONENRAND KIND

ROMAN

TINTE
&
FEDER

Deutsche Erstveröffentlichung bei
Tinte & Feder, Amazon Media EU S.à r.l.
38, avenue John F. Kennedy, L-1855 Luxembourg
September 2019
Copyright © der deutschsprachigen Ausgabe 2019
By Tim Boltz

Umschlaggestaltung: semper smile, München, www.sempersmile.de
Umschlagmotiv: © Nick Dolding / Getty
1. Lektorat: Kanut Kirches
2. Lektorat: Rainer Schöttle
Korrektorat: Gisela Wunderskirchner / Herwig Frenzel
Gedruckt durch:
Amazon Distribution GmbH, Amazonstraße 1, 04347 Leipzig /
Canon Deutschland Business Services GmbH, Ferdinand-Jühlke-Straße 7,
99095 Erfurt /
CPI books GmbH, Birkstraße 10, 25917 Leck

ISBN: 978-2-91980-574-7

www.tinte-feder.de

»Das tritt nach meiner Kenntnis … ist das sofort, unverzüglich.«
(Günter Schabowski, Politbüromitglied der SED, am 9.
November 1989)

Prolog: Wenn der Russe kommt ...

Mein Geburtstag ist der 21. Februar 1971.

Das ist nicht nur so unspektakulär, wie es klingt, bei näherer Betrachtung könnte man sogar böswillig behaupten, dass das eigentlich sogar ganz gut zusammenpasst: Ich, mein Geburtstag und die Region, in der ich aufwuchs – eine Symbiose der Tristesse, eine Trilogie der Langeweile.

Ich

Mein Name ist Frank Breuning. Zumindest hieß ich so, bis ich zwölf Jahre alt wurde, die Schule wechselte und plötzlich mit Frank Engels und Frank Kowalski zwei weitere Franks neben mir in der Klasse saßen. Wie uncool war das denn?! Das ging ja mal gar nicht! Daher beschloss ich mich fortan nur noch Franky zu nennen. So wie dieser Sänger von *Power of Love,* Franky Goes to Hollywood. So wollte ich auch sein – vielleicht nicht so schwul wie er, aber auf jeden Fall so angesagt. Allerdings führte mein Franky-Weg mich nicht nach Hollywood, sondern geradewegs in die osthessische Provinz. Dort wurde ich als zweites Kind meiner Eltern ungefragt ins innerdeutsche Niemandsland zwischen Fulda und der Grenze zur DDR hineingeboren. In ein Dorf mit 672 Einwohnern, 39 Kühen und einem leicht abschüssigen Rasensportplatz.

Mein Geburtstag

21. Februar. Ausgerechnet der Februar, von Haus aus schon ein benachteiligter Monat, der von Amts wegen mit 28 Tagen auskommen muss. Ob er will oder nicht. Da wird nicht gefragt. Und wenn sich der Februar gerade an seine Beschneidung gewöhnt hat – zack, bekommt er alle vier Jahre doch noch einen Tag extra aufs Auge gedrückt. Nicht aus Anerkennung – nur, damit er sich nie sicher fühlen kann. In ständiger Ungewissheit leben, das ist wichtig. Genau wie im Zonenrandgebiet. Da wusste man auch nie, ob man noch einen Tag mehr hat oder nicht. Denn der Russe konnte jeden Moment den Dritten Weltkrieg beginnen. Jedenfalls wird es der Februar durch seine Beschneidung niemals mit den anderen Monaten aufnehmen können. Und eigentlich möchte auch niemand im Februar Geburtstag haben. Februar – keiner will ihn und doch existiert er. Eben genau wie das Zonenrandgebiet. Keiner wollte dorthin – ich wurde hier geboren und konnte es mir nicht aussuchen.

Und auch mein Geburtsjahr 1971 geht mal so gar nicht in die Geschichte ein. Nicht einmal eine Fußballweltmeisterschaft oder Olympische Spiele fanden in diesem Jahr statt. Stattdessen übernahm Erich Honecker von Walter Ulbricht das Amt des Ersten Staatssekretärs der SED, der Staatspartei im eingezäunten anderen Deutschland. Na super! Das erfuhr ich natürlich alles erst viel später, als ich bereits ein Teenager war, und selbst da interessierte es mich nicht, da ich genug mit mir und meinen eigenen Problemen zu kämpfen hatte. Akne und Agnes waren eher Themen, die mich beschäftigten, als irgendwelche greisen Staatsmänner in schlecht sitzenden Anzügen.

Die Region

Sagen wir es mal so: Als dieser Landstrich einst mit bewohnbaren Behausungen bebaut wurde, gab es anscheinend nur einen einzigen Architekten, dem man die Gestaltung der kompletten Rhön anvertraut hatte. Und der war wohl nicht gerade Jahrgangsbester seines Kurses gewesen. Ein Haus glich dem anderen auf erschreckend langweilige Art und Weise. Dach, Fenster, Tür, fertig – ein Haus wie aus einem Legobaukasten. Wenn man sich vorstellt, wie kleine Kinder ein Haus malen und diese Bilder dann dreißigmal nebeneinander an die Wand hämmern würden, dann hatte man eine ziemlich gute Vorstellung, wie das bei uns im Dorf aussah. Mein Nachname *Breuning* steht dem in nichts nach. Breuning, so hieß hier oben in der Rhön fast jeder Fünfte. Häuser und Nachname waren von ähnlicher Diversität geprägt: keiner! Doch nicht nur die meisten Namen und Häuser waren identisch. Auch die Menschen selbst ähnelten sich auf ganz erstaunliche Weise. Und das lag nicht nur daran, dass hier so manch einer seine eigene Cousine geheiratet hatte. Es war die Art, wie die Dorfbewohner redeten, wie sie dachten und miteinander umgingen. Außerdem trug man auch nahezu identische Klamotten, was an der deutlich zu nahe gelegenen Grenze liegen könnte. Es war nicht zu leugnen: Die DDR färbte auf uns ab. Sie suppte durch jede Pore des Grenzzauns zu uns herüber und nahm schleichend Besitz von uns.

Womit wir auch schon beim Thema wären.

Denn ich wuchs kraft meiner Geburt direkt in Spuckweite zur Grenze auf. Zu *der* Grenze. Im Westen – nicht im Osten! Das verwechselt man schnell, ist aber wichtig. Nicht selten wurden wir nämlich von Ortsunkundigen fälschlicherweise direkt der DDR zugeordnet. Verdenken konnte man es ihnen nicht. Gefühlt waren wir ja irgendwie auch nicht mehr richtig im Westen.

Aber schon gar nicht im Osten.

Wir waren eben das Zonenrandgebiet.

Wir waren das Opfergebiet, das man im Falle eines Kriegsausbruchs von Bonn aus großzügig abgeschenkt hätte. Wir waren die Zehenzwischenräume der politischen Nachkriegswelt. Genau zwischen den dicken Onkel Amerika und den Hammerzeh Russland gepresst. Verdammt zu einem Leben im Schatten und immer anfällig für einen hässlichen Fußpilz. Denn wenn es zu jucken anfangen würde – dann bei uns. Und es würde anfangen zu jucken – nur *wann* wusste niemand zu sagen. Der Russe würde – ohne vorher anzuklopfen – zur Tür hereinspaziert kommen und schneller über uns hinwegrollen, als er *dawai* sagen konnte. »Wenn der Ivan kommt, dann ist alles vorbei«, sagte meine Oma immer in einem bedrohlichen Endzeitunterton, und wir glaubten ihr das. Denn schließlich tobte der *Kalte Krieg* zwischen Ost und West. Wobei eigentlich gar nichts tobte. Ganz im Gegenteil. Das Toben geschah sehr geräuscharm. Es war eher ein Horchen und Schweigen.

Wie lebt man in solch einem Umfeld, wo allein der Begriff *Zonenrandgebiet* schon nach einem Straflager in Sibirien klingt? Warum war der Alltag in dieser kargen Landschaft noch spießiger als sonst irgendwo in der Bundesrepublik? Warum gab es bei uns immer noch kein McDonald's, wo doch so viele Amerikaner hier stationiert waren? Und warum waren sowohl die Märchenfilme als auch die Sexfilmchen im DDR-Fernsehen grundsätzlich besser als die Produktionen unserer drei heimischen ach so freien Westsender? In diesem brisanten Umfeld zu leben und aufzuwachsen war ebenso außergewöhnlich wie normal. Zumindest für die Jugendlichen im Zonenrandgebiet.

Mein Name ist Franky.

Ich war einer dieser Jugendlichen.

Ich war ein Zonenrandkind.

Stell dich net schö!

»Stell dich net schö!«, riss mir mein Vater die Bettdecke weg. Das war abzusehen, denn es war Samstagmorgen und somit kam der Angriff wenig überraschend. Dennoch hasste ich ihn immer wieder dafür. Denn mit diesem mundartlichen Ausruf, dass man sich nicht so anstellen solle, wurde ich an jedem Samstag geweckt. Es diente jedoch nicht nur als unsanfter Weckruf, man konnte mit diesem Spruch auch universell alles tadeln oder entkräften, was einem so in den Sinn kam. Das passte immer. Eltern rügten damit ihre Kinder, wenn sie die frisch gebratene Leber nicht aufessen wollten, oder Lehrer wandten ihn an, wenn sie etwas zu robust das Lineal auf einem ungehorsamen Schülerschädel zerschlagen hatten. Aber auch im sonstigen Alltag wurde diese phonetische Allzweckwaffe gern gezückt. Wollte man etwa nicht das zehnte Bier nach dem Fußballtraining im Dorfverein hinunterstürzen, da man am nächsten Tag wieder früh wegen der Schule rausmusste, die noch eine ganze Stunde Busfahrt entfernt in der nächstgrößeren Stadt lag, bekam man mit selbigem Ausruf als Antwort ein weiteres frisch gezapftes Bier vor die Nase gestellt. *Stell dich net schö!* – So einfach war das. Und schon hatte man sich endgültig die Lichter ausgeknipst. Denn niemand wollte das Weichei sein, der Aussätzige, hinter dessen Rücken dann gemutmaßt wurde, ob er am Ende vielleicht sogar schwul sei.

Denn das ging ja mal gar nicht.

Das wollte in unserem ein paar Hundert Seelen umfassenden katholischen Dorf mitten im Zonenrandgebiet nun wirklich niemand sein.

Schwul.

Man stelle sich das vor!

Schwul!

Ich wusste zwar nicht, was eigentlich wirklich so schlimm daran sein sollte, schwul zu sein, aber da das immer als Schreckgespenst angeführt wurde, konnte es nichts Gutes verheißen. *Sich schö zu stellen* war schon ein nicht zu unterschätzender Affront gegen das dörfliche Gemeinschaftsgefühl, schwul zu sein hätte eine Ächtung nach sich gezogen. Man hätte wahrscheinlich die komplette Straße unter Quarantäne gestellt oder den an Schwulheit Erkrankten geteert, gefedert und ihn dann vor die Stadttore geworfen.

Irgend so was.

Was weiß ich.

Ich wusste ja nicht einmal, wo man Teer hätte herbekommen wollen, und ein Stadttor hatten wir schon mal gar nicht, vor das man irgendjemanden hätte werfen können. Es fehlte an Teer, Tor *und* Stadt. Es fehlte sogar an einem Schwulen. Und ob wir dann überhaupt genug Federn zusammenbekommen hätten, um diesen zu federn, da bin ich mir auch nicht sicher. Ist ja auch egal. Jedenfalls war das Risiko nicht zu unterschätzen. Das wurde jedem Jungen von klein auf eingetrichtert.

Stell dich net schö war aber auch schon immer eine der Lieblingsäußerungen meiner männlichen Vorfahren gewesen. Besonders früher, als ich noch klein war. Heulte der kleine Franky mal, weil er beim Radfahren auf die Fresse gefallen war, oder wollte er nicht auf den Schoß von einem der Silberrücken der

Familie – *Stell dich net schö!* Und dann stellte ich mich auch nicht schön. Auch wenn ich es hasste. Auf dem Schoß meines Großvaters war es nämlich in etwa so gemütlich wie auf dem Nagelbrett eines Fakirs. Mein Großvater war mit der Emotionalität eines kantigen Felsbrockens gesegnet. Ständig pikte er uns Kinder mit seinen wulstigen Fingern in die Seite oder zog grob an Ohr und Nase und sagte dann Sachen wie »Na? Na?« oder »Und jetzt? Und jetzt?«. Was sollte man denn darauf antworten? »Ja, was und jetzt? Jetzt hör halt mal auf mit der Scheiße, das tut nämlich weh.« Aber das dachte man natürlich nur, denn wenn man nicht spurte, gab's als Bonus noch eins hinter die Ohren. Das war dann so was wie Kuscheln. Oder Erziehung. Oder besser *Verziehung.* Darüber gibt's noch kein abschließendes Urteil. Stattdessen bog und wand man sich aus den Fängen von Opa, bis man sich endlich befreit hatte, und bekam ein *Stell dich net schö* hinterhergerufen.

Heute wurden zwar Nase und Ohren verschont, doch es gab andere Foltermethoden, die für Teenager besser geeignet waren. Ganz besonders hasste ich den allsamstäglichen und immer wiederkehrenden Provinzhorror des Kehrens. In einem Dorf wird nämlich häufig und mit großer Hingabe gekehrt. Straßen, Bürgersteige, Scheunen, Innenhöfe – alles wird gekehrt. Unser Grundstück war zwar nicht besonders schön, dafür aber gleich von nahezu allen Straßen des Dorfes umgeben. Ein geografisches Fiasko für einen Teenager wie mich – ein Mekka für einen Kehrfan wie meinen Vater. Denn durch die exponierte Lage verfügten wir über drei Straßenanteile, die nach stetiger Säuberung verlangten. Zumindest war mein Vater dieser festen Überzeugung. Er war so was wie der Vorsitzende des Fanclubs aller Kehrfetischisten. Ich sah das grundsätzlich anders. Denn Kehren bedeutete mehrere Stunden, die ich mit meinen beiden Erzfeinden *Schaufel* und *Besen* sowie meinem Vater verbringen musste. Alle drei nicht unbedingt Spaßhochburgen. Ich kannte dieses Höllenspiel schon seit ich aufrecht stehen und einen Besen halten konnte. Seither hatte sich am Ablauf nichts geändert.

»Kelle, jetzt stell dich net schö!«, wiederholte mein Vater, als ich immer noch keine Anstalten machte aufzustehen. Mein Vater redete zu Hause gern eine leichte Form der Rhöner Mundart, wenn er schimpfte. Meine Mutter hingegen mochte das grundsätzlich nicht, weil das so plump und ungebildet klingen würde. Papa meinte, dass das Kultur sei und dass man das pflegen müsse. Und Mama fragte ihn daraufhin, seit wann er sich denn für Kultur interessieren würde, wo er doch nicht einmal Interesse an den Auftritten ihrer Frauen-Volkstheatergruppe hätte. Oder ob er nächsten Samstag nun etwa doch zur Vorstellung »Tratsch im Treppenhaus« in den Gemeindesaal kommen wolle. Das sei nicht nur Kultur, sondern auch lustig. Papa beendete die Diskussion mit der Aussage, dass man das nicht vergleichen könne und sie sich »net so schö« stellen solle.

»Auf jetzt!« Mein Vater riss als eine Art Schocktherapie in meinem Jugendzimmer nun nach der Bettdecke auch noch die Jalousien nach oben und verkündete mit überbordender Laune und rhythmischem Klatschen, dass es nun aber wirklich höchste Zeit sei. »Jetzt steh auf, die Straße wartet nicht.«

Was für ein Blödsinn! Natürlich würde die Straße warten. Es war eine Straße! Weder würde sie beleidigt in der Ecke sitzen noch mahnend auf die Uhr tippen, wenn man sie erst zwei Stunden später kehren würde. Solche Formulierungen trieben mich in den Wahnsinn. Das war schon immer so. Sie hallten in meinem Hirn nach wie ein Trompetensolo am Königssee. Wo kamen solche Sprüche eigentlich her? Doch jetzt hatte ich andere Probleme. Ich hatte in der Nacht nicht viel Schlaf abbekommen, da ich am Abend zuvor auf einer Party gewesen war. Partys waren das Lebenselixier der Dorfjugend, und wer vor drei Uhr nach Hause ging, war ein Abkacker oder eben gleich schwul. Und wir wissen ja, dass das nichts Gutes verhieß.

14

Aufgrund der plötzlich einsetzenden Helligkeit sowie einer veritablen Morgenerektion zog ich reflexartig die Decke wieder bis über meinen Kopf nach oben.

»Oh bitte Papa, nicht heute«, erklang meine Stimme gedämpft unter der Federdecke. »Ich bin doch erst vor drei Stunden ins Bett gegangen.«

Berechtigter Einwand in meinen Augen – schlechtes Argument in den Augen meines Vaters. Darauf konnte es natürlich nur eine Antwort geben.

»Stell dich net schö!«, betete er ein weiteres Mal das bekannte Mantra herunter, gefolgt von einem weiteren Argument, das wohl nur Eltern in ihrem Wortschatz beherbergen: »Wer feiern kann, kann auch früh aufstehen.«

Noch so eine sinnfreie Behauptung, erkannte ich. Denn genau das war ja das Problem. Das konnte man nämlich nicht. Wer gefeiert hatte, tat sich sogar ausgesprochen schwer damit, am nächsten Morgen früh aufzustehen. Doch das dachte ich mir nur unter der Decke verharrend, schaffte es aber nicht, den Gedanken als einen argumentativ schlüssigen Satz zu formulieren. Das lag zu einem großen Teil auch an meinem unfassbar klebrigen Rachen. Was hatte ich auf der Party denn nur alles getrunken? Eine wirklich einzigartige Rotze, die sich da in den letzten Stunden in meinem Mund zusammengesetzt hatte. Geschmacklich nicht einzuordnen. Irgendwas zwischen zu viel Bier für einen Fünfzehnjährigen und einem toten Biber, der sich dort anscheinend eingenistet hatte.

»Papa, es ist mitten in der Nacht.«

Immerhin brachte ich zumindest einen kompletten Satz mit Subjekt und Prädikat zustande.

»Mitten in der Nacht, mitten in der Nacht …«, wiederholte mein Vater kopfschüttelnd und riss die restliche Jalousie so ruckartig und mit solcher Wucht empor, als ob er damit meinem Argument den Strick um den Hals gelegt hätte und nun fest zuzog. Dann folgte ein weiterer Spruch in feinster Mundart: »Du konnst au schnewisse Förtz gelass, du stiichst trotzdem uff.«

Aha, auch das Flatulieren schneeweißer Fürze meinerseits würde ihn demnach nicht umstimmen können. Na ja, das wollte ich lieber nicht ausprobieren. Mein Magen war noch nicht wieder so gefestigt, als dass ich das Risiko einer hässlichen Überraschung eingehen wollte.

Das Kehren war unumgänglich. Schließlich gehörte es auf dem Dorf zum guten Ton, dass man am Samstag die Straße kehrte. Und es gab dabei zwei unausgesprochene Regeln:

1. Die Straße musste immer und jeden Samstag gekehrt werden, auch wenn sich kein einziges Staubkorn zwischen Straßenbelag und Bordstein drängte. Ich bin davon überzeugt, dass mein Vater auch im sterilen OP-Raum eines Krankenhauses jeden Samstag kehren würde. Einfach so, weil halt Samstag ist.

2. Es war zwingend notwendig, dass die anderen Dorfbewohner Notiz davon nahmen, dass man kehrte. Da bot sich der frühe Morgen bestens an, da man dadurch ein extrem hohes Maß an Pflichtbewusstsein signalisierte und die anderen verlotterten Dorfbewohner ein schlechtes Gewissen bekamen, wenn sie vorbeiflanierten, anstatt selbst an irgendwas herumzukehren.

Das *Gesehenwerden* war im Endeffekt mindestens genauso wichtig wie das Kehren an sich. Wahrscheinlich sogar wichtiger. Obwohl man natürlich mit größtmöglicher Selbstverständlichkeit kehrte und auf etwaige Fragen mit einem Sammelsurium an Floskeln zu antworten wusste. Sinnfreie Gespräche waren die Folge, die ihresgleichen suchten. Eingeleitet von einem etwas zu groben Handschlag und einem ungelenken Schulterklopfen als Zeichen tiefster Zuneigung. Ungelenk war wichtig, sodass man eine körperliche Berührung unter Männern immer richtig einzuschätzen wusste. Schwul – ich muss das jetzt ja nicht noch mal erklären – war der Worst Case, der drohend über jedem einzelnen Dorfbewohner wehte.

Ungelenk und grob war wichtig. Wurde man zaghaft begrüßt, signalisierte das nämlich nicht nur mögliche homosexuelle Orientierungen, sondern auch höchste Unsicherheit. Dann beäugte man sich, prüfte mit Blicken. Doch *ich* wusste, wie man sich zu verhalten hatte, schließlich hatte ich von den ganz Großen gelernt: meinem Vater und Großvater! Ich beherrschte die Klaviatur der unausgesprochenen Codes und Floskeln trotz meiner fünfzehn Jahre bereits in Perfektion. Wenn mich einer der Nachbarn ansprach, wusste ich mit einer Souveränität zu kontern, die man eher einem der Dorfältesten zugesprochen hätte. Kam ein männlicher Nachbar vorbei, folgte der besagte feste Händedruck und ich ließ ein kräftiges, ungelenkes Schulterklopfen über mich ergehen. Bei der Begegnung mit Frauen verlief das Ganze deckungsgleich, nur ohne körperlichen Kontakt. Denn das wäre nicht als schwul, sondern als Anmache ausgelegt worden. Und das hätte für Gesprächsstoff gesorgt. Wir waren ein Dorf. Katholisch. Und spätestens am Sonntag, nach dem Kirchgang, hätte es jeder gewusst.

* * *

Keine dreißig Minuten später stand ich bewaffnet mit Besen und Schaufel an der Dorfstraße und kehrte gerade kunstvoll um einen der Kanaldeckel herum, als ich meine Konversationsfähigkeiten ein weiteres Mal unter Beweis stellen konnte. Herr Kohnheiser ging vorbei und stoppte natürlich auf unserer Höhe. Außer dass Herr Kohnheiser mit Nachnamen Kohnheiser hieß und schon immer hier lebte, wusste ich nicht viel über ihn. Es gab wohl auch eine Frau Kohnheiser, aber die sah man nie.

Herr Kohnheiser: »Gude.«

Ich: »Gude.«

Hände wurden geschüttelt und meine Schulter ungelenk geklopft.

Alles wie gehabt.

Herr Kohnheiser bevorzugte den Gude-Floskel-Code. Der war nur etwas für Fortgeschrittene. Denn ein schnödes *Gude* konnte so gut wie alles heißen. Guten Tag, auf Wiedersehen. Ich habe dich gesehen und wahrgenommen. Sprich mich bloß nicht weiter an. Du schuldest mir noch zwei Mark fünfzig – oder: Meine Fresse, was habe ich für einen dicken Schädel vom gestrigen Feuerwehrfest. Es konnte aber auch der Einstieg für eine ganze Reihe weiterer Floskeln sein, die ein Gespräch simulieren sollten.

Herr Kohnheiser: »Na, und ... kehrst du die Straße?«

Ich: »Ja, ich kehre jetzt mal hier die Straße.«

Herr Kohnheiser: »Hilfst deinem Vater, nä?«

Ich: »Ja.«

Herr Kohnheiser: »Das ist in Ordnung. So gehört sich das auch.«

Kopfnicken.

Ich: »So gehört sich das.«

Herr Kohnheiser: »Machst du das auch richtig?«

Keine Antwort. Diese wurde aber vom Nachbarn auch nicht erwartet. Das war vielmehr eine der vielen offenen Fragen, die man beim *Floskulieren* als solche zu deuten wissen musste und die nicht aktiv zu beantworten war. Stattdessen drehte er sich so, dass er die Straße entlangblicken konnte, als ob dort die Antwort gleich um die Ecke gefahren käme.

Herr Kohnheiser: »Der ganze Dreck ... ei, ei, ei. Wo das immer alles herkommt.«

Erneut keine Antwort, dafür aber beidseitiges Kopfschütteln.

Herr Kohnheiser: »Aber was muss, das muss, nä?!«

Das war die Signalfloskel, die mir signalisierte, wieder aktiv einzusteigen.

Ich: »Was muss, das muss.«

Die Bestärkung einer Floskel durch Wiederholung war der Ritterschlag für das Gegenüber. Man konnte sie immer anwenden und signalisierte dadurch friedliche Absichten. Ähnlich wie man sich einst im Mittelalter die Hände reichte, um so zu signalisieren, dass man keinerlei Waffen bei sich trug, zeigte man mit der Wiederholung der Floskel, dass man gleicher Meinung war und man sich akzeptierte und schätzte.

Man war im Frieden.

Weder würde man seinem Gegenüber die Schaufel über den Schädel ziehen, noch hatte man eine schlechte Meinung von ihm. Es folgten dreißig Sekunden Starren von Herrn Kohnheiser, wie ich weiterkehrte – dann folgte die Aufbruch-Floskel.

Herr Kohnheiser: »Na, dann kehr noch schön, nä?!«

Ich: »Mach ich.«

Herr Kohnheiser: »Mach's gut, nä.«

Ich: »Machen Sie's besser.«

Herr Kohnheiser nickte anerkennend aufgrund meiner humoristisch ausgefeilten Schlusspointe, die für einen Teenager gewagt, aber gekonnt war, und deutete einen letzten Gruß mit erhobener Hand an. Das war er, der Floskel-Code, der nur wenig Worte beinhaltete und doch so viel aussagte.

Die Floskeln zu beherrschen war eine nicht zu unterschätzende Notwendigkeit, die man sich von den Stammesältesten abschaute. Ebenso wie Wölfe ihren Jungen die besten Jagdstrategien beibringen, Elefanten die geheimen Trampelpfade zu ihren letzten Ruhestätten an ihre Kälber weitergeben, erlernten wir Kinder von den Älteren die Floskeln. Auf Fragen wie »Na, wie geht's?« antwortete man nicht etwa mit dem tatsächlichen Befinden, sondern stets mit geschliffenen Antwortphrasen wie »Gestern ging's noch«, »Muss« oder der virtuosesten Form »Schlechten Menschen geht's immer gut«. Alles stets gepaart mit einer abschätzigen Handbewegung, die jegliche Interpretation offenließ. Eine ehrliche Antwort à la »Ich habe seit gestern so ein komisches Ziehen im Schritt, könnte ein Hodenbruch sein« hätte in der Provinz umgehend zur gesellschaftlichen Ächtung geführt. Man hätte auch gar nicht gewusst, was man darauf antworten solle. Vielleicht noch ein halbherziges »Aha, und sonst?« oder ein »Was muss, das muss, nä?!«. Zumal wir Kinder alle erzkatholisch aufwuchsen und ein Grundpfeiler der Erziehung neben dem kompletten Ausblenden der Sexualität das *Kleinmachen* und *Nichtauffallen* darstellte. Wer auffiel, war ein Spinner, ein Angeber oder, um in der Mundart zu bleiben: ein *Uffschepper.* Einer, der sich mehr auflud, als es nötig war. Die Devise lautete: Immer schön mit dem Strom schwimmen! Schwarmfisch sein. Erst viel später lernte ich, dass man *gegen* den Strom schwimmen muss, wenn man ein Lachs sein will. Stromlinienförmigkeit und Leidensfähigkeit waren wichtige Eigenschaften. Jeden Sonntag in der Kirche antrainiert und zur Perfektion gereift.

Mea culpa.

Mea culpa.

Mea maxima culpa.

Sich schuldig fühlen hat Vorteile. Wir Katholiken wissen das. Das hält einen schön am Boden und man bleibt wachsam. Schließlich mustert man sein Umfeld, da die anderen mindestens so viel Schuld tragen wie man selbst. Im Idealfall eine Sünde mehr. Bloß keinen Neid schüren oder inmitten des Schwarms aus der Reihe tanzen.

Und natürlich wäre es in solch einem katholischen Umfeld einem Sakrileg gleichgekommen, die Straße am Samstag ungekehrt zu lassen. Das wäre so, als wäre man am Sonntag in der Kirche nicht auf seinem Stammplatz gesehen worden. *Ist der Breunings Junge krank? Der saß gar nicht neben seinem Vater in der Bank. Nee, wirklich, der war nicht da, wenn ich es dir doch sage. Der ist bestimmt … schwul.*

Noch vor dem Verlassen der Kirche wäre die gesamte Familie exkommuniziert und für vogelfrei erklärt worden. Teeren, Federn, das Übliche halt.

Als Nächstes kam Herr Herzog die Straße entlanggelaufen. Der zählte nur halb, weil Herr Herzog ein *Zugezogener* war.

Familie Herzog wohnte im gerade fertiggestellten Neubaugebiet, wo alle *Zugezogenen* wohnten. Eine Art Wohlstandsghetto mit annähernd zwanzig Häusern. Ein Sündenpfuhl, ein Ort, an dem die traditionellen Gesetze des Dorfes abperlten wie Wasser an einem Erpel. Angeblich waren die Herzogs sogar aus der Kirche ausgetreten und ich wartete jedes Mal darauf, dass sie sich als Strafe Gottes direkt vor mir entflammten, wenn ich sie sah. Aber es flammte nix. Obwohl ich sie noch nicht einmal samstags hatte die Straße kehren sehen. Dieser Zuzug der Gottlosen verdoppelte zwar beinahe die Einwohnerzahl unseres Dorfes, doch die Zugezogenen blieben meist außen vor. Sie wurden von den Bewohnern wie eine Leprakolonie behandelt, denn Zugezogenen fehlte die gottgegebene DNA der Alteingesessenen. Was auch immer das sein sollte und ob es erstrebenswert war, bleibt mal dahingestellt. Sie waren jedenfalls anders und anders war immer mit Vorsicht zu genießen. Sie kleideten sich anders und natürlich hatte nicht ein einziger von ihnen einen eigenen Hausnamen. Einen Hausnamen bekam man schließlich nur durch besondere Leistungen, Auffälligkeiten oder Berufe verliehen. Nichts hatten die Zugezogenen davon vorzuweisen. Sie wurden daher mit ihren Geburtsnamen angesprochen. Das war die unterste Stufe der Dorfhierarchie. Viel schlimmer konnte man niemanden ächten. Ich hörte Opa mal sagen, dass die Herzogs beide Lehrer seien, mehr müsse man dazu ja wohl nicht sagen, da wisse man schon Bescheid. Dann raunzte er noch ein »Pädagogen. Pädagogen!« hinterher und ergänzte kopfschüttelnd, dass die Herzogs wahrscheinlich sogar heimlich *Die Grünen* wählen würden, und dass das noch viel schlimmer sei als die Tatsache, dass sie aus der Kirche ausgetreten waren.

Ihr Sohn Torben war genauso alt wie ich. Aber auch wenn sich die Herzogs in noch so vielen Freiwilligen Feuerwehren und Sportvereinen anmeldeten und verzweifelt danach lechzten, integriert zu werden: Wir, die von blauem Blute, hoben und senkten den Daumen und ließen den Pöbel eiskalt auflaufen.

Wir schoben die Köpfe zusammen, wenn sie vorbeiliefen, als ob wir das Geheimnis des Dorfcodes in unserer Mitte hätten und ihnen diesen vorenthielten. Sie wurden lediglich geduldet. Und wenn sie auch nur einmal vorzeitig von einer Kirmes nach Hause gingen, wurden sie auf das reduziert, was sie waren:

Zugezogene.

»Hallo Frank, so früh schon wach?«, nickte mir Herr Herzog freundlich zu und setzte noch einen drauf. »Also Torben schläft noch, muss wohl gestern eine wilde Party gewesen sein, was?«

Was war das denn? Diese Frage verstieß eindeutig gegen jedes Gesprächsverlaufsgesetz. Weder wurde das Gespräch mit einem »Gude« eingeleitet noch folgte ein Handschlag oder irgendeine Floskel. Und überhaupt dann noch diese Frage. So früh schon wach – leck mich doch. Als ob ich mir das aussuchen könnte. Und Torben durfte noch mit Erlaubnis seines Vaters pennen – unfassbar!

»Ja, die Straße wartet halt nicht«, versuchte ich mich in die Floskel meines Vaters zu flüchten, doch Herr Herzog beließ es nicht dabei. Er schaute mich belustigt an und bohrte weiter an der falschen Stelle nach.

»Die Straße wartet nicht? Na ja, ich denke, der Straße dürfte das reichlich egal sein, oder?«

Diese verdammten Zugezogenen. Nicht nur, dass er keine Ahnung von Floskeln hatte, nun sprach er auch noch meine Gedanken aus, die ich doch als Erster gehabt hatte. Und warum regte ich mich eigentlich darüber so auf? Er hatte doch recht und eigentlich müsste ich ihm in die Arme fallen und jubilieren, dass mich endlich jemand verstand. Aber er war halt ein Zugezogener. Und das musste man ihn spüren lassen. Also kümmerte ich mich nicht weiter darum und kehrte wortlos weiter.

»Habt ihr nicht morgen ein Spiel? Torben meinte, dass du verletzt warst und sie ohne dich keine Chance hätten.«

»Geht schon wieder. Morgen bin ich dabei.«

»Na Gott sei Dank. Du bist ein klasse Kicker.«

Herr Herzog hob einen Daumen als Anerkennung und ich lächelte schief zurück. Torben war eigentlich ganz okay und kein schlechter Fußballspieler. Das half der Integration schon mal. Dennoch, erst durch unzählige Druckbetankungen und Saufgelage bei Feuerwehrfesten und Fastnachtssitzungen würde der Status der Duldung aufgehoben und er auf Probe in den inneren Zirkel der Dorfjugend aufgenommen werden. Wenn überhaupt. Aber die Herzogs waren ja auch selbst dran schuld, wenn sie sich erdreisteten, sonntags die Kirche zu meiden oder am Wochenende die Jalousien bis mittags unten zu lassen. Ein Skandal! Pädagogen eben …

»Ich will dann mal. Dann sehen wir uns morgen am Sportplatz, ja?«

»Hm«, gab ich zurück und kehrte kunstvoll ein kleines Staubhäufchen zusammen. Ich machte das gern. Das konnte mir keiner nehmen. Wenn ich schon kehren musste, dann mit Stil. Und ich hasste das Straßekehren, da dies in meinen Augen eine Arbeit für jemanden darstellte, der Vater und Mutter erschlagen hatte.

»Netter Mann.«

»Wer?«

»Na, der Herzog.«

»Findste?«

Mein Vater hatte sich von hinten unbemerkt genähert und hob mein kleines Kunstwerk mit einer einzigen gleitenden Bewegung auf seine Schaufel und entsorgte es im Mülleimer. Banause! Dass mein Vater Herrn Herzog im Gegensatz zu den anderen Dorfbewohnern gut fand, wunderte mich. Er meinte, dass die Herzogs dem Dorf guttäten, weil sie eine andere Meinung vertraten als der große Rest. Das sagte mein Vater wirklich. Mein Vater – der jegliche Revolutionen meinerseits mit einem *Stell dich net schö* erstickte.

23

Dann drehte Vater sich wieder ab und pfiff ein Liedchen, ohne weiter auf meine Nachfrage einzugehen. Ich glaube, mein Vater ergötzte sich sowieso ein klein wenig an meinem Leid, denn er trieb meinen Hass durch seine Extraportion guter Laune oft ins Unermessliche. Auf ihn hatte diese stumpfsinnige Tätigkeit allem Anschein nach im Gegensatz zu mir eine geradezu therapeutisch-entspannende Wirkung. Ab und an pfiff er dann, wie jetzt, dabei sogar fröhlich irgendwelche Melodien, die ihm gerade in den Sinn kamen, wobei ich mir sicher bin, dass es sich lediglich um aneinandergereihte Töne handelte, die er völlig wahllos durch seinen gespitzten Mund presste. Denn Musik kannte er eigentlich gar nicht. Hörte er auch nie. Außer, wenn er viermal im Jahr auf dem Plattenspieler *Die Oberkrainer* auflegte. Eine von drei Platten in unserem Familiensortiment. Die anderen beiden Platten waren *Das Dschungelbuch* und *Vader Abraham und die Schlümpfe*. Das zum Thema musikalische Früherziehung. Vielen Dank – auch an Vader Abraham dafür, dass ich bis zur dritten Klasse der Überzeugung war, dass man das Wort Vater mit d schreibt.

Sicherlich meinte mein Vater es mit dem Straßekehren nicht böse und vielleicht war es sogar seine subtile Art, mit seinem Sohn ein wenig Zeit zu verbringen. Dazu muss man wissen, dass mein Vater genau zwei Hobbys hatte: Straße kehren und die letzten winzig kleinen begrasten Flecken unseres Grundstücks zupflastern. Kehren und Pflastern – mein Vater wäre heute der Traumtestimonial eines jeden Baumarktwerbefilms. Bauhaus, Obi, Hornbach – alle stünden sie Schlange. Er machte alles zu seinem Projekt.

Außer beim Straßekehren verbrachten wir wenig Zeit miteinander. Mein Vater war beruflich sehr eingespannt, da wir eine Handwerksfirma hatten. Eigentlich hatte nur er sie. Aber das sagte man so. Der Rest der Familie wurde bei Entscheidungen nicht gefragt oder anderweitig involviert. Zusammen mit einem Kompagnon hatte er ein Geschäft für

Heizung und Sanitär – also Gas, Wasser, Scheiße – gegründet. Das Schlimmste daran war, dass wir direkt über der Firma wohnten, das bescherte uns Besuche von Kunden weit nach Mitternacht oder auch an Sonn- und Feiertagen, wenn irgendwo in der Rhön ein Rohr geplatzt oder eine Toilette verstopft war. Wir kamen so ganz gut über die Runden, zumal es ja noch die *Zonenrandförderung* gab.

Welch ein Wort!

Zonenrandförderung!

Ein Begriff, dessen Phonetik allein schon so unfassbar hölzern nach Bürokratie klingt und wie Rumpelstilzchen um das eigentliche Thema herumtänzelt. Gerade so, als wolle man ein behindertes Kind adoptieren, ohne dabei auch nur ein einziges Mal das Wort »behindert« auszusprechen. ... *und morgen hol ich mir der Königin ihr Kind!* Nur wollte uns niemand aus dem Zonenrand holen. Im Gegenteil. Offiziell zur Adoption freigegeben, saßen wir im Wartezimmer der Geschichte und harrten der Dinge, die da kommen würden. Würde der Onkel aus Amerika uns adoptieren oder doch eher die gefürchtete Stiefmutter UdSSR?

Durch die sogenannte Zonenrandförderung versuchte man Städte und Gemeinden in diesen Regionen zu unterstützen und so die Nachteile der misslichen Lage in der Rhön etwas abzufedern. Herrschte doch hier die größte Angst, dass »der Russe« direkt vor der Haustür einmarschieren und dies der Ausgangspunkt eines dritten Weltkriegs sein könnte. Und diese Angst war alles andere als unbegründet. Sie war greifbar. Denn das Rumpelstilzchen rumpelte in Rufweite. Und wir saßen horchend direkt an der Wand. Aber was konnte ein Fünfzehnjähriger schon daran ändern? Mit dem Mofa nach Bonn fahren und sich beim Bundeskanzler beschweren? Wahrscheinlich hätte mich Helmut Kohl in seinem Kanzlerbungalow empfangen, verständnislos sein Doppelkinn geschüttelt und gesagt: Stell dich net schö!

ISLAND-HERBERT &
GRÖNLAND-OPA

Der Straßenkehr-Event wurde nur durch das Mittagessen unterbrochen, zu dem uns meine Mutter ins Haus rief. Das war ein festgeschriebenes Gesetz. Außer zum Mittagessen sahen wir Papa nämlich eher selten. In früheren Kindheitstagen beteiligte sich mein Vater noch etwas aktiver an meiner Erziehung. Allerdings beschränkte sich dies meist auch nur darauf, mich sonntags am Sportplatz mit Unmengen von Bluna und Hanutas ruhigzustellen. Er bekleidete zu dieser Zeit verschiedene Ämter im ansässigen Sportverein. Kassenwart, Zeugwart, Schriftführer ... irgendetwas will in so einem Verein immer gewartet oder geführt werden. Und wenn alle anderen Kinder am späten Abend mit ihren Vätern bereits vom Dorfsportplatz nach Hause gegangen waren, saß ich als Sechsjähriger nicht selten in irgendeiner Ecke der verrauchten Sportplatzkneipe und wartete darauf, dass »nur noch das eine Bier« ausgetrunken wurde. Auf meine Nachfragen im zwanzigminütigen Rhythmus bekam ich dann als eine Art Methadonprogramm jeweils noch eine Bluna und ein weiteres Hanuta überreicht. Dass ich bei meiner Einschulung nicht bereits an schlimmer Diabetes litt, kann man als medizinisches Wunder bezeichnen. Mein Vater schaffte es sogar einmal, allein vom Sportplatz nach Hause zurückzukehren und mich zu vergessen. Erst auf die Nachfrage meiner Mutter, wo denn der kleine Frank sei, fiel ihm ein, dass da neben ihm ja jemand fehlte. Sein Sohn war abhandengekommen. Die Reaktion meines Vaters scharfsinnig und feingeistig:

»Oh, den hab ich vergessen.«

»Was?«

»Ich fahr gleich noch mal los, oder?«

»Oder?! Ist das dein Ernst?«

»Jetzt sofort.«

»Das will ich meinen.«

Mein Vater setzte sich also erneut ins Auto und fuhr los. Und alles wäre gar nicht so schlimm gewesen, wenn es nicht ein Auswärtsspiel gewesen wäre und ich im Dunkel eines Sportplatzes dreißig Kilometer entfernt stumm auf einem Hanuta herumkaute und darauf wartete, dass mein Vater drinnen im Vereinsheim noch »das eine Bier« austrinken würde. Auf der emotionalen Väter-Landkarte war mein Vater ein interessantes, aber doch eher unterkühltes Land wie Island. Island-Herbert. Emotionales Brachland. Das hatte er wiederum von seinem Vater, meinem Opa, der Empathie auch eher für eine Fußkrankheit hielt und emotional komplett entkernt schien.

Wenn mein Vater Island war, wäre mein Großvater Grönland gewesen.

Nordgrönland.

Im Winter.

Einem sehr strengen Winter.

Opa feuerte auch schon mal das Mittagessen samt Pfanne zum Fenster raus in den Hof, wenn meine Oma etwas gekocht hatte, was er nicht mochte. Auf seiner Hauswand stand in ein Meter großen Lettern vom örtlichen Malermeister gepinselt sein Leitspruch:

*»Ohne Müh von früh bis spät, wird dir
nichts geraten.
Der Neider sieht die Früchte stehen, aber
nicht den Spaten«.*

Und den Spaten kannte er wie kein Zweiter.

Mein Opa *war* der Spaten.

Er war so etwas wie ein fleischgewordener Grönlandspaten, der tagtäglich in den harten Boden gerammt werden wollte, um sich daran abzuarbeiten. Nach dem obligatorischen Straßekehren musste ich oft noch als eine Art Höchststrafe mit meinem Großvater Altpapier auf die Deponie oder das kaputte Porzellan unseres Sanitärhandels auf den Wertstoffhof fahren. Ersteres machte ich sogar ganz gern. Eröffnete es einem pubertären Jungen doch die Chance, beim Abladen auf dem riesigen Gelände der Papierfabrik in der Stadt mit etwas Glück eine *Praline,* eine *Wochenend* oder irgendein anderes Schmuddelheft mit Titten zu finden. Für einen apathisch vor sich hinmasturbierenden Teenager eine nicht zu verachtende Trophäe, mit der man auf dem Dorf einige Tage vor seinen Freunden prahlen konnte.

An diesem Samstag hatte ich jedoch besonders Pech. Nachdem wir drei Stunden die Straße gekehrt und zu Mittag gegessen hatten, um danach weiterzukehren, kam mein Opa auf den Hof gefahren. Er stieg aus, schnäuzte sich in sein Stofftaschentuch, stopfte es zurück in seine Cordhose und nickte meinem Vater zu. Kein Guten Tag und kein Hallo. Direkt zum Kern des Floskulierens.

»Na, kehrt ihr die Straße?«

»Ja, wir kehren die Straße«, bestätigte mein Vater.

»Ich wollte heute Porzellan fahren. Hast du den Schlüssel vom Pritschenwagen?«

Pritschenwagen, noch so ein Wort, das man gern benutzte. Pritschenwagen – woher stammte solch ein Wort? Vielleicht hatte es seinen Ursprung in der englischen Sprache, von Bridge, also einer Brücke? Aber warum ausgerechnet Brücke? Das ergab doch alles gar keinen Sinn. Der Pritschenwagen war jedenfalls ein Nutzfahrzeug mit offener Ladefläche, auf die man alles draufschmeißen konnte, was man nicht mehr brauchte und was es zu entsorgen galt: Papier, Porzellan, Zugezogene. Durch eine Trennwand saßen Fahrer und Beifahrer von dem jeweiligen Transportgut auf der Ladefläche getrennt im Führerhaus. Ich fuhr gern damit. Die Schaltung war mindestens einen halben Meter lang, und wenn man schaltete, sah es aus, als rührte man in einem riesigen Kessel Suppe um.

Die Gesichtszüge meines Vaters hellten sich auf. Menschen, die freiwillig ihre Arbeit anboten, erklommen den Sympathie-Olymp meines Vaters.

»Hängt am Brett«, deutete mein Vater irgendwo nach drinnen in die Werkstatt. »Nimm den Jungen mit, der hilft dir.«

Mit »dem Jungen« war ich gemeint, das war mir klar. Dennoch wäre mir mein Name lieber gewesen. So kam man sich wie auf dem Sklavenmarkt vor. Das machte mich wütend. Meine Hände griffen fester um den Besenstil. Eine Welle des Hasses stieg in mir auf. Ich hatte einen Kater, gerade drei Stunden die Straße gekehrt, Staub geschluckt, und nun wurde über meinen Kopf hinweg verfügt, dass ich noch mit meinem Großvater Porzellan fahren musste. Ausgerechnet. Porzellan. Beim Porzellanabladen gab es nicht einmal Sexheftchen am Abladeort. Nur anderes Porzellan von Waschbecken und Toiletten, das alt und verschissen war. Ich spürte das Joch der Sklaverei schwer auf meinen Schultern, doch ich wusste, ich musste geschickt vorgehen, wollte ich mich aus dieser Situation stehlen.

»Ähem, eigentlich muss ich noch was für die Schule machen, Papa.«

Gegen Schule konnte niemand etwas sagen. Schule ging vor. Bei allen Eltern ging Schule vor. Außer bei meinem Vater.

»Machste danach, nä. Das dauert ja nicht lang ... ein, zwei Stunden, dann seid ihr wieder daheim.«

Enttäuscht ließ ich die Schultern sinken. Ich wusste, dass ich niemals in ein, zwei Stunden »wieder daheim« sein würde, denn ich kannte die Zeitrechnung meines Vaters. Wenn wir vor Sonnenuntergang fertig würden, könnte ich mich glücklich schätzen. Also ergab ich mich wieder einmal meinem Schicksal. Es wurde Porzellan auf den Pritschenwagen geladen. Dazu zerdepperten mein Großvater und ich die kaputten Klo-schüsseln und Waschbecken, die die Monteure unserer Firma bei Kunden gegen neue ausgetauscht hatten, und warfen sie auf die Ladefläche, um sie im Anschluss am Wertstoffhof zu entsorgen. Da insbesondere die Klos deutliche Gebrauchsspuren aufwiesen und Handschuhe unmännlich waren, war ich etwas zögerlich beim Zugreifen. Mein Großvater war da aus einem ganz anderen Holz geschnitzt. Wer den Krieg erlebt hatte, scherte sich nicht um ein paar schmierige Fäkalspuren im Porzellan. Und in der rauen Rhön war man bei solchen Dingen sowieso nicht zimperlich.

»Pack richtig an«, herrschte mich Großvater Grönland in feinstem Kommandantenton an. Ein Ton, der keine Nachfragen zuließ und der die deutsche Armee in Stalingrad noch ein, zwei Kilometer weiter vorangetrieben hätte.

Ich nahm all meinen Mut zusammen, um ihm etwas entgegenzusetzen. Vielleicht waren es auch einfach nur die fünf Minuten Revolution, die jeder junge Mann in seinem Leben einmal ausleben möchte. Oder weil ich mir einfach wahnsinnig gern eine fangen wollte.

»Das ist aber eklig.«

»Hä?«

Mein Opa hörte nicht mehr so ganz einwandfrei und ich wiederholte lauter mit einem Fingerzeig auf eine verschmierte Toilettenschüssel:

»Das-ist-eklig.«

Verständnisloses Kopfschütteln. Dann deutete mein Opa auf den Porzellanhaufen, der sich vor uns auftürmte. »Damit verdient dein Vater das Geld, um euch zu ernähren.«

»Mit Kacke?«

Vielleicht einen Tick zu forsch. Da hätte ich auch gleich *Die Internationale* anstimmen können. Mein Opa duldete weder Widerspruch noch war er für seinen Humor bekannt. In seiner Umgebung war nichts vergnügungssteuerpflichtig.

Wie gesagt: Grönland!

Wie gesagt: Kommandantenton!

Und das war nicht etwa meine exklusive Meinung. Alle im Dorf schlugen innerlich die Hacken zusammen, wenn Opa Grönland sich näherte. Wenn sein alter Diesel-Mercedes tuckernd ins Dorf einfuhr, konnte man sehen, wie die umliegenden Dorfbewohner wie Nager von der Straße flüchteten, um nicht mit ihm aufeinanderzutreffen. Während andere Enkel ihre Großeltern oft mehr lieben als ihre Eltern, warfen wir Enkelkinder uns hinter Hecken oder versteckten uns hinter Bäumen, wenn Opa anrauschte. Es ist nicht übertrieben, wenn man behauptet, dass wir schlicht und einfach Angst vor ihm hatten. Wenn wir an Ostern oder Weihnachten unser Fünf-Mark-Geschenk bei ihm zu Hause abholten, mussten wir Kinder uns wie die Orgelpfeifen vor ihm aufstellen und uns mit einer hölzernen Umarmung artig bedanken. Jedoch war diese Umarmung für beide Seiten gleich unangenehm. Freude schien es ihm jedenfalls genauso wenig zu machen wie uns. Wenn man sich ungelenk in den Armen lag, war es so, als würde man einen Felsblock umarmen. Steif, hart und leblos.

Für dumme Sprüche hatte er jedenfalls so wenig Verständnis wie für *Zugezogene* oder *Die Grünen*. Als Reaktion auf meine Nachfrage, ob mein Vater mit Kacke das Geld für uns verdienen würde, flog erst einmal ein Waschbecken krachend auf die Ladefläche und zerbarst in tausend Scherben. Dann erhob sich drohend zuerst seine ausgestreckte Hand, dann seine Stimme.

»Mach nur weiter so – ich komm dir gleich rüber. Sieh lieber zu, dass du das Zeug auflädst.«

Das war erst mal genug der Revolution. Meine Lust auf eine schallende Ohrfeige war doch nicht so groß wie zunächst vermutet. Schmollend folgte ich seinen Anweisungen, bis ich kurz darauf Blut um mich herum sah. Am Boden, auf dem Porzellan, überall Blut. Was zum Teufel war denn hier passiert? Ich sah an mir herunter, doch da war nichts zu sehen. Kein Pfeil steckte in meinem Körper und auch meine Extremitäten waren noch vollständig. Nur meine Kleider waren mit der roten Soße besudelt. War was mit Opa? Ich sah ihn an, wie er gerade Porzellan auf den Pritschenwagen wuchtete. Ne, auch nix. Opa stand wie 'ne Eins. Doch dann erkannte ich, was hier geschehen war. Bei seinem kleinen Wutausbruch hatte sich mein Großvater an einem der scharfkantigen Porzellanteile tief in das Fleisch unterhalb seines Daumens geschnitten. Das Blut quoll bei jedem Pulsschlag aus seiner Hand und floss an seinen Fingern entlang zu Boden, wo es sich bei jeder seiner Handbewegungen wie durch einen Rasensprenger verteilte. Allein vom Anblick wurde mir übel. Ihn kümmerte es nicht weiter. Er warf ein Becken nach dem anderen auf die Ladefläche, während von seiner Hand das Blut in einem steten Rinnsal tropfte. Da sich unweit von unserer Firma eine Arztpraxis befand, hielt ich es für eine gute Idee, dass er diese aufsuchen sollte, um sich einen Verband anlegen zu lassen. Obwohl ich über keine medizinischen Fachkenntnisse verfügte, wusste ich doch, dass offene Wunden und Kackebakterien keine allzu guten Freunde sind.

Also unterbrach ich meine Arbeit und deutete auf seine blut-überströmte Hand.

»Opa, du blutest.«

Doch Opa machte keine Anstalten, seine Tätigkeit zu unterbrechen, und knurrte nur motzend in meine Richtung.

»Seh ich selbst.«

»Geh doch schnell zum Doktor. Ich mach das hier allein fertig.«

Kurz lutschte er sich das Blut aus der Wunde, spuckte es auf den Boden und arbeitete weiter, ohne mir zu antworten. Vorzeitig eine Arbeit zu beenden kam für ihn nicht infrage. Außerdem war es eine schöne Möglichkeit, den Katholizismus aktiv auszuüben. Leiden, klein sein.

Mea culpa.

Mea culpa.

Mea maxima culpa.

So leicht wollte ich es ihm aber auch nicht machen. Ich machte mir ernsthafte Sorgen um meinen Großvater, und an seinem Tod wegen unterlassener Hilfeleistung wollte ich auch nicht schuld sein. Auch wenn er Grönland-Opa war, er war mein Opa und ich wollte nicht, dass er hier und heute auf unserem Hof an einer Blutvergiftung starb. Und was sollte man da auf den Grabstein schreiben? Er überlebte den Ersten und Zweiten Weltkrieg, doch die Kackebakterien eines Tiefspülklosetts rafften ihn schließlich dahin.

»Opa, du solltest da echt einen Verband drummachen. Vielleicht muss das sogar genäht werden.«

»Ach was … lass mir mei' Ruh«, brüllte er zurück. Er wurde von Minute zu Minute wütender. Ich wusste nicht, ob auf mich oder sich selbst. Wieder folgte eine dieser abfälligen Handbewegungen und weiteres Porzellan, das blutverschmiert auf den Laster flog. Es wurde immer schlimmer. Das war kein Kratzer, das war ein tiefer Schnitt bis zum Knochen.

»Soll ich von Mama wenigstens ein Pflaster holen? Das sieht nicht gut aus.«

Keine Reaktion.

Nur stiller Zorn.

Keine fünf Minuten später war der gesamte Porzellanhaufen und der halbe Pritschenwagen mit dem Blut meines Großvaters verschmiert und ich wusste nicht, ob mich die Kackspuren oder die Blutschlieren mehr anekelten. In meiner Hand eine halbe Toilette in den Farben Kackbraun und Blutrot, mir gegenüber mein Opa, dessen Daumen in Fetzen hing. Ich zögerte bei dem Anblick. Mein Großvater bemerkte dies und wurde noch wütender, als er es eh schon durch meine vorherigen Provokationen und den zerschnittenen Finger war. Er kam um die Ladefläche herum zu mir herüber und ich war mir sicher, dass ich jetzt eins auf die Fresse bekommen würde. Und wenn es das Letzte war, was mein Großvater getan hätte. Einen finalen Schlag hatte er noch in der blutenden Hinterhand. Doch er riss mir lediglich das Stück Porzellan aus der Hand und schleuderte es mit einer ausladenden Geste und dem unausweichlichen *Stell dich net schö!* auf den Lkw. Die Geste war so ausladend, dass ich spürte, wie mir inmitten seiner Wurfbewegung die warme Flüssigkeit seiner Wunde ins Gesicht spritzte und ich in diesem Moment eine Art unfreiwillige Blutsbruderschaft mit meinem Großvater einging. Ein sehr einprägsames Erlebnis, das die Charaktereigenschaften der Männer in der Region trefflich symbolisiert.

Keine Schwäche zeigen – Spaten sein!

DER TAG, AN DEM WIR DAS DIXI-KLO ERFANDEN

Blut. Blut. Überall Blut. Rund um den Pritschenwagen sah es aus, als hätte ein Rudel Wölfe im Blutrausch in einem Hühnerstall gewütet. Mein Opa verkündete schließlich, dass er noch mal kurz nach Hause fahren müsse, bevor wir zum Abladen fahren konnten. Natürlich gab er nicht zu, dass das saumäßig schmerzen musste. Und einen Arzt würde er auch nicht dranlassen. Wahrscheinlich wickelte er sich stattdessen zu Hause lieber sein benutztes Stofftaschentuch um die Wunde. Ich ertappte mich dabei, wie ich bei dem Gedanken schmunzeln musste, dass er sich nun anstelle der Kackebakterien seine eigenen Popel in die Wunde drückte. Würde wohl auch nicht so gesund sein. Oder meine Oma musste wie immer alles ausbaden. Irgendwie trug sie sicherlich Schuld daran und mein Opa hatte jemanden zum Anbrüllen. Zumindest unternahm er nun etwas und ich war beruhigt. Für mich hatte der Unfall außerdem noch einen guten Nebeneffekt. Endlich Feierabend! Doch ich hatte mich zu früh gefreut. Gerade als ich mich um den Pritschenwagen stehlen wollte, kam mein Vater um die Ecke.

»Wo ist denn der Opa?«

»Der hat sich geschnitten. Blutet ziemlich stark. Ich weiß nicht, ob er ins Krankenhaus muss oder so. Ich glaube, der kommt nicht wieder.«

Jeder andere Sohn hätte sich wohl besorgt gezeigt, hätte gefragt, was denn genau mit seinem Vater passiert sei, und sich umgehend ins Auto gesetzt, um nachzuschauen, wie es dem Verunfallten ging. Mein Vater war da anders. Er war eben der Sohn seines Vaters. Er sah das viele Blut am Boden, blickte zum Transporter, der beinahe vollgeladen war, und deutete mir an, einzusteigen.

»Dann fahren wir zwei das eben schnell fort. Ich brauch den Transporter noch. Ich muss noch rauf zu den Amis.«

»Zu den Amis?«, fragte ich entrüstet. »Bitte nicht.« *Rauf zu den Amis* bedeutete noch weiter in die Rhön hinauf, wo die amerikanischen Soldaten ein Manöver abhielten. Und ich wusste, was das bedeutete. Heute sollte der Horror kein Ende nehmen. »Muss das heute sein? Mir ist doch schon schlecht.«

»Kelle, stell dich net schö und steig ein.«

Ich fühlte mich wie in einer Endlosschleife gefangen, aus der es kein Entrinnen gab. Heute kam alles zusammen. Das Triumvirat des Hasses. Denn ich wusste, dass mir diese Aktion endgültig den Rest geben würde.

Man darf das nicht falsch verstehen. Ich fuhr eigentlich gern zu den *Amis,* wie wir sie immer nannten. Es war wie ein kleiner Blick in die weite Welt hinaus, mit fremder Sprache und fremden Gesichtern. Manchmal verschenkten sie auch Kaugummis, die ich so noch nie gekaut hatte. Irgendwas mit Zimt. Aber ich fuhr nicht gern zu ihnen, wenn wir die Fässer während der Manöver tauschen mussten. Mein Vater machte gute Geschäfte mit den Amis. Da die Soldaten bei den häufigen Manövern viele Tage und Nächte im Wald verbringen mussten und sie nicht ständig durch ihre eigene Scheiße robben wollten, bekam mein Vater aufgrund seiner guten Beziehungen den Auftrag, sich um eine Lösung des Problems zu kümmern. Bis dato gab es nur die Möglichkeit, sich ein Loch zu buddeln, sein Geschäft dort hinein zu verrichten und das Loch im Anschluss wieder mit Erde zuzuschütten. Aufwendig, zeitintensiv. Island-Herbert sollte sich was überlegen, wie man die Soldaten nicht von ihrer eigentlichen Arbeit abhalten könnte. Im Geschäftsleben war mein Vater dafür bekannt, dass er stets innovative Mittel und Wege fand, wo es eigentlich keine gab. So auch in diesem Fall. Und so entwickelte er in der heimischen Werkstatt aus ein paar Wellblechen eine Box in der Größe einer Telefonzelle. Darin befand sich eine quer verlaufende Holzplatte mit kreisrundem Loch in der Mitte des Bretts und darunter eine einschiebbare Plastiktonne. Ein Plumpsklo, das man ganz ohne Wasseranschluss oder Erdloch betreiben konnte. Wahrscheinlich ist mein Vater also tatsächlich der eigentliche Erfinder der Dixi-Klos gewesen.

Und nun steuerten wir nach dem Blutfiasko mit meinem Opa in Richtung der Kackfässer zum nächsten Stresstest. Ja, heute war so richtig mein Tag. Papa und ich unterhielten uns, wie immer, wenig auf solchen Fahrten. Mein Vater schwieg und ich überlegte mir, ob ich wieder kotzen müsste, wenn ich die Fässer vor mir sah und roch. Es war zwar spannend, in so ein Manöverfeld zu fahren, aber ich musste mich regelmäßig aufgrund des ekelhaften Gestanks übergeben. Heute auf jeden Fall. Das war so sicher wie das Amen in der Kirche.

Als wir endlich auf dem Manövergelände ankamen, blies mein Vater die Wangen auf und schaute sich fragend in der Landschaft um. Er hatte keine Ahnung, wo wir die Dinger das letzte Mal abgestellt hatten. Wir fuhren zeitweise jede Woche einmal irgendwo in einen Wald in der Rhön und suchten die Plumpsklos im Unterholz des Zonenrands, um die vollgeschissenen Tonnen gegen neue auszutauschen. Wir hatten immer nur eine grobe Vorstellung, wo wir sie abgestellt hatten. Da die

Soldaten die Plumpsklos allerdings ebenfalls in die Tarnspiele ihres Manövers miteinbezogen und sie ziemlich gut mit Tarnnetzen zu tarnen wussten oder einfach umstellten, wenn sie im Weg waren, konnte es durchaus sein, dass wir einige Plumpsklos nicht sofort wiederfanden. Dann konnten wir sie erst bei der nächsten oder übernächsten Tauschaktion auswechseln. Das wiederum hatte zur Folge, dass die Tonnen dann bis zum Rand zugeschissen waren. Gerade beim Herausziehen aus der nicht gänzlich ausgereiften Vorrichtung schwappte immer wieder die Kacke über den Tonnenrand. Wenn man nicht schnell genug war, lief die ganze Suppe über Hände oder Kleidung und man stank, trotz Duschens, den restlichen Tag über erbärmlich nach den Fäkalien eines kompletten US-Bataillons. Hatte man die Tonnen unfallfrei aus der Wellblechhütte gezogen, kam lediglich noch ein Deckel drauf und wir wuchteten sie auf die Ladefläche.

Heute hatten wir Glück. Fünf der sechs Tonnen fanden wir relativ problemlos, nur die letzte stellte uns vor ein Rätsel. Schließlich fragten wir einen Soldaten, der uns über den Weg lief. Mein Vater konnte kaum Englisch. Ich beherrschte auch nur den rudimentären Wortschatz aus der Schule, aber immerhin war das besser als das, was mein Vater zu bieten hatte. Ich fragte nach *Toilet* oder *Shit* oder so. Ganz genau weiß ich das nicht mehr. Der Soldat lachte und nach einem Blick auf die Ladefläche mit den fünf anderen Tonnen deutete er hinter einen Hügel in ein kleines Waldstück. Na klasse. Die GIs hatten das Klo über die halbe Lichtung dorthin gezerrt und mit einem Tarnnetz getarnt. Da kamen wir mit dem Transporter nicht hin. Wir mussten es bis hierher zurückschleppen. Als wir ankamen, ließ sich jedoch die Tür des Klos nicht öffnen. Wahrscheinlich war sie verzogen oder die Tonne war umgekippt und verkeilte nun die Tür. Mein Vater fluchte lautstark und trat wütend gegen die Tür. Doch öffnen lassen wollte sie sich dennoch nicht. Wir überlegten einen Moment, dann hatte ich eine Idee.

»Das Klo ist unten offen, oder?«

»Ja, schon. Warum?«

»Wir könnten das Klohäuschen einfach über die Tonne heben.«

Die eng stehenden Augen meines Vaters entspannten sich. Er schwieg einen Moment, dann nickte er.

»Könnte klappen. Pack an.«

Der Plan war ebenso simpel wie genial. Da die Wellblechhütte keinen Boden besaß, könnten wir die Tonne ganz einfach bergen, indem wir das ganze Konstrukt anhoben und wieder neben ihr abstellten. Gute Idee, und da es sich lediglich um Wellblech handelte, war die Fassade auch nicht sonderlich schwer. Selbst für einen Fünfzehnjährigen wie mich. Wir fassten links und rechts an.

»Auf drei«, gab mein Vater vor. »Eins, zwei, drei.«

Und zack, lupften wir den Wellblechpalast an. Was dann zum Vorschein kam, war für alle Beteiligten überraschend. Ein schwarzer GI saß mit runtergelassener Hose und Maschinengewehr im Anschlag auf dem Klo und schaute uns verdutzt an. Er hatte wohl aufgrund der fremdsprachigen Flüche gedacht, dass wir Russen seien und er soeben in Gefangenschaft geraten wäre. Mein Vater und ich standen mit offenem Mund und einem Wellblechhäuschen in den Händen da und blickten in den Lauf eines Maschinengewehrs. Der GI sondierte die Lage und erkannte, dass es sich bei uns nicht um Russen handelte. Dann sprang er auf und rannte mit heruntergelassener Hose und Gewehr im Anschlag an uns vorbei. Dabei rief er irgendwas, was wir nicht verstanden, und verschwand im Unterholz.

»Wenn die Amis alle so schnell fortrennen, wird das ein kurzer Krieg«, befand mein Vater trocken und begann laut zu lachen. Einer der wenigen gemeinsamen Momente, in denen mein Vater und ich uns gemeinsam totlachten. Wir mussten so lachen, dass ich darüber sogar das Kotzen vergaß. Selbst als eine kleine Abordnung von Soldaten zurückkam, konnten wir uns nicht beruhigen und sie mussten schließlich auch lachen, als sich das Missverständnis aufgeklärt hatte. Der Soldat hatte die nächsten Wochen sicherlich keinen leichten Stand in der Truppe. Die Männer halfen uns mit der letzten Tonne und wuchteten sie auf die Ladefläche.

Bei der nächsten Abholung der Kackbuden einige Tage später war alles, wie es zuvor immer gewesen war. Wir schwiegen und ich musste mich mehr als einmal hinter einem Baum übergeben. Vielleicht war das auch ein Grund dafür, warum ich es später vorzog, den Kriegsdienst zu verweigern und lieber meinen Zivildienst in einer Werkstatt für Behinderte zu leisten. Das war mutig. Kriegsdienstverweigerer waren nämlich fast so verpönt wie Schwule. Klar, was sonst?! Aber das Risiko wollte ich eingehen. Es sollte das erste Mal sein, dass ich mich mit vollem Bewusstsein gegen die Silberrückendynastie unserer Familie stellte. Weniger Island und weniger Grönland lautete die Devise. Stattdessen mehr Franky. Ich erkannte, dass es genauso mannhaft war, sich manchmal *schö zu stellen.*

DIE SACHE MIT DER MUSTERUNG

Das mit der Musterung war sowieso so eine Sache. Eigentlich wollte niemand zum Bund. Wer steht schon freiwillig darauf, sich bei Minusgraden in irgendeinem Schlammloch in der Lüneburger Heide zu suhlen? Doch schon der Begriff *Verweigerung* sagte alles. Man verweigerte sich gegen etwas, das die Norm war. Alle vorherigen Generationen waren dem Ruf der Bundeswehr gefolgt. Wer Ersatzdienst leistete, galt als verweichlicht. Mein Cousin Joachim war der Erste in der Familie, der sich erdreistete, den Dienst an der Waffe infrage zu stellen. Ich war damals noch klein und zufällig Zeuge des Gesprächs zwischen meinem Cousin und meinem Großvater. Ich muss um die fünf oder sechs Jahre alt gewesen sein. Meine Mutter war nicht zu Hause und ich wurde zu den Großeltern zum Essen geschickt. Verbannt würde es wohl eher treffen, denn auch diese Besuche waren nicht vergnügungssteuerpflichtig. Über meinen Opa muss man nichts mehr sagen und Oma war entgegen allen Oma-Regeln keine sonderlich gute Köchin. Entweder es gab irgendwelche Kohlgerichte oder Leber, weil Opa das gern aß. Außerdem schaffte es Oma konsequent, jedes Essen zu verkochen, bis nur noch ein undefinierbarer Brei übrig blieb. Wenn wir vor dem Essen beteten, hatte das also gute Gründe.

Jedenfalls saß ich an diesem Tag als kleiner Bub in der Küche meiner Großeltern und löffelte verkochtes Lauchgemüse aus meinem Kinderteller. Dem mit den beiden Zwergen auf dem Tellerboden, zu denen ich mich durchlöffeln musste. Es war so, als würden sie mir zurufen »Komm, noch einen, Franky, einen Letzten, du schaffst das!«. Joachim, mein ältester Cousin, aß heute auch mit. Er war seinem Lauchgemüse allerdings komplett selbst überlassen, er hatte keinen einzigen Zwerg auf seinem Tellerboden und musste sich ganz allein durch die furchtbare Melange löffeln. Vielleicht legte er deswegen seinen Löffel neben den Teller und zog einen Brief hervor, den er in der Mitte des Tischs positionierte.

»Was ist das?«

»Mein Musterungsbescheid, Opa.«

»Ja, und?«

»Ich will da nicht hin. Ich will verweigern.«

Opa nahm den Brief, las ihn durch und man glaubte für einen Moment, er wäge nun tatsächlich genau seine Worte ab, um das Für und Wider einer Verweigerung zu besprechen. Dann legte er den Brief wieder ab, stand auf und gab Joachim eine schallende Ohrfeige. Über den Tisch weg. Joachim und ich zuckten vor Schreck zusammen.

»Drückeberger, Vaterlandsverräter, Anarchisten! Das sind Wehrdienstverweigerer. Das kommt überhaupt gar nicht infrage.«

»Ja, aber, verweigern ist doch heute …«

Klatsch. Die zweite Hand traf noch lauter als die erste.

»Verweigern? Ich geb dir gleich verweigern. Du gehst zum Bund, wie das alle Breunings-Männer gemacht haben.«

Das stimmte so nicht ganz. Einen Mann gab es sehr wohl in der gegenwärtigen Familienhistorie, der nicht zum Bund gegangen war. Das fiel auch Joachim auf.

»Onkel Willi war auch nicht dort«, rieb sich mein Cousin die Wange.

»Der Willi, der Willi ...« Mein Großvater schüttelte den Kopf. Onkel Willi war sein Bruder und somit war Onkel Willi streng genommen gar nicht unser Onkel, sondern unser Großonkel – aber so ruft man ja niemanden. Zudem war Onkel Willi geistig etwas zurückgeblieben oder, wie Opa immer zu sagen pflegte, »der hat 'n nasse Lappe uff«. Was das genau bedeutete, verstand ich als Kind natürlich nicht, aber es zeugte wohl nicht von Onkel Willis scharfem Verstand, wenn er mit einem nassen Lappen auf dem Kopf durch die Gegend lief. Wobei ich ihn bis dato nie mit einem Lappen gesehen hatte. Er musste ihn immer kurz vorher abgenommen haben, wenn er zu uns kam. »... der Willi hat n nasse Lappe uff«, schoss es wie aufs Stichwort aus Grönland-Opas Mund hervor. »Der schießt die eigenen Leute tot, mit dem Willi kannst du keinen Krieg gewinnen. Willst du dich etwa mit dem Willi vergleichen, oder was?«

Mein Cousin schüttelte ängstlich den Kopf.

»Nein.«

»Na, also. Du gehst schön zum Bund. Feierabend.«

Das Gespräch fand ein jähes Ende. Sowohl mein Großvater als auch mein Cousin stellten ihre Teller in die Spüle, entschwanden der Küche und gingen ihrer Wege. Nur Oma Frieda und ich waren noch da. Ich tauchte meinen Löffel immer wieder so in die Essenspampe, dass die beiden Zipfelmützen der Zwerge am Tellerboden kurz zu sehen waren. Doch mein Interesse galt nicht mehr meinem Essen, sondern vielmehr diesem Wort, das ich nicht kannte und das so eine heftige Reaktion hervorgerufen hatte: Musterung. Daher hatte ich noch einige Fragen an meine Oma, die schließlich immer auf alle Fragen eine Antwort hatte und manchmal sogar zu allen Antworten auch die passenden Fragen.

»Omaaa«, begann ich, wobei ich den letzten Vokal sehr langzog, sodass man wusste, dass hier nun gleich eine Frage anstand.

»Ja?«

»Was is'n Musterung?«

Ich entwickelte schon früh ein Faible für spannende Worte. Ich ließ sie immer wieder durch meinen Kopf wandern und überlegte mir, wie es dazu gekommen war, dass man dies oder das so nannte.

»Ach Herrgott«, sagte sie und schlug ein imaginäres Kreuz mit ihrer rechten Hand. Oma war immer sehr gläubig. Sie rieb mich zum Beispiel immer mit *Klosterfrau Melissengeist* ein, wenn ich Fieber, Husten oder auch nur schwitzige Füße hatte, und betete dazu ein *Vaterunser*. Mama schüttelte darüber stets den Kopf. Sie schien von der Kombination Klosterfrau und Gebet nicht so überzeugt und favorisierte Zäpfchen. Mir waren die Klosterfrau-Salbungen hingegen deutlich lieber. »Musterung«, wiederholte sie. »Das muss dich jetzt noch nicht interessieren. Da bist du noch viel zu klein für. Iss du mal deine Suppe.«

Suppe? Ach das war gar kein Lauch. Das war Suppe. Oma ging nun ebenfalls zur Spüle hinüber und begann mit dem Abwasch, während ich, wie befohlen, etwas von der Masse aus dem Teller löffelte. Aber das Thema *Musterung* wollte mich nicht loslassen.

»Omaaa«, setzte ich wieder an. »Ich bin nicht zu klein für Musterung. Sag mal, was muss denn der Joachim da machen?«

Oma trocknete einen Teller ab und entschied, dass dem Jungen ein wenig Wahrheit nicht schaden könne. Also rückte sie sich ihre Kittelschürze zurecht und begann mit der Erläuterung.

»Na, bei der Musterung wird der Joachim auf seine Tauglichkeit untersucht. Ob er denn überhaupt dienen kann.«

»Wem?«, fragte ich erstaunt.

»Wie, wem?«

»Na, wen er da bedienen soll?«

»Na, dem Land. Deutschland. Wenn Krieg wäre, würden dann die ganzen jungen Männer sofort alle eingezogen. Und der Joachim auch.«

Eingezogen. Das hörte sich nicht gut an. Ich stellte mir ein riesiges schwarzes Loch vor, das durch die Lande rollte und alle jungen Männer in sich hineinzog. Du lieber Himmel, der arme Joachim. Und Oma setzte noch einen drauf. »Und dann müssen die das Land verteidigen, damit der Russe das nicht bekommt.«

Da war er wieder, der imaginäre Russe. Es war also ein schwarzes Loch, das von einem Russen gelenkt wurde. Hätte ich mir ja denken können. Wenn irgendein Ungemach drohte, hatte der Russe seine Finger im Spiel. In meinem ganzen Leben hatte ich zwar bislang keinen einzigen Russen gesehen, aber schon jetzt wusste ich, dass das ein ganz schlimmer Mensch sein musste, wenn alle solch eine Angst vor ihm hatten. Ständig wurde vor ihm gewarnt. Nun wusste ich endlich wieso. Der Russe würde kommen und Joachim und alle anderen jungen Männer in sein schwarzes Loch einziehen. Und dann mussten sie ihn bedienen. Das verstand ich.

»Ach so, der Russe«, sagte ich laut.

»Ja ja, der Russe. Der fragt nicht lange. Der kommt und rollt hier alles platt. Von hier bis da.« Meine Oma machte eine ausladende Handbewegung. Das Ausmaß des Plattgerollten musste demnach immens sein.

»Alles platt?«

»Alles«, bestätigte Oma, »von hier bis raus aus dem Dorf und noch weiter. Alles platt.«

»Bis raus aus dem Dorf?« Das konnte ich kaum glauben. Denn bis raus aus dem Dorf waren es mindestens … jedenfalls richtig weit.

»Bis raus aus dem Dorf und noch weiter.«

Wow. Und noch weiter. Wenn der Russe mit seinem schwarzen Loch alles in sich hineinzog und platt rollte, nur weil man ihn nicht bediente, musste man ihn doch einfach nur nett bedienen, dann wäre er vielleicht gar nicht mehr so sauer und dann hätte er vielleicht ja gar keine Lust mehr darauf, alles plattzumachen. Dann könnte er einfach weiterfahren und alle wären glücklich. Und Joachim könnte hierbleiben. Ich beschloss, dass ich mich opfern musste.

»Ich mach's.«

»Was machst du, Frank?«

»Ich bediene den Russen.«

»Was?« Oma legte das Putztuch kurz ab und wandte sich zu mir um. »Warum willst du denn den Russen bedienen?«

»Na, ist doch besser, als wenn er alles platt rollt. Dann wäre hier ja alles kaputt.« Ich imitierte die kurz zuvor gesehene Armbewegung von Oma. »Von hier bis da. Und noch weiter.«

»Ja, aber genau damit das nicht passiert, müssen eben alle jungen Männer zur Musterung und zum Bund, verstehste?«

Ja, ich verstand nun langsam, dass diese Musterung wohl so eine Art Bedienschule sein musste, in der man lernte, richtig zu bedienen. Und auch der nasse Lappen von Onkel Willi machte nun allmählich Sinn und warum er nicht zu diesem Musterungskurs musste. Er brauchte das nicht, da er ja eh immer einen nassen Lappen dabeihatte und mit dem Saubermachen beginnen konnte, wo immer er gerade war. Er trug ihn deswegen auch auf dem Kopf, um die Hände für Teller und Gläser frei zu haben. Genau so musste das sein. Das war ganz schön clever. Hätte ich Onkel Willi gar nicht zugetraut.

»Außer Onkel Willi. Der muss da nicht hin, stimmt's?«

»Stimmt, der muss da nicht hin.«

»Wegen seinem nassen Lappen, ne?«

Oma lächelte. Ich wusste nicht, warum. Doch dann nickte sie zustimmend. »Genau, wegen dem nassen Lappen. Deswegen hat der Willi Sonderrechte.«

Dieser nasse Lappen musste Zauberkräfte haben, wenn Onkel Willi durch ihn Sonderrechte bekam und selbst Opa davon überzeugt war, dass Onkel Willi deshalb nicht zu dieser Musterung müsse. Wobei ich immer noch nicht wusste, was man da so genau machte.

»Und die bei der Musterung ... die anderen ... die haben da keinen nassen Lappen auf?«

»Ne, haben sie nicht«, lächelte meine Oma weiter. Ihr schien die Fragerei nun langsam Spaß zu machen. Ich war beruhigt, dass sie sich wohl nicht mehr vor dem Russen ängstigte.

»Was muss Joachim dann dort machen, wenn er bedienen will? So Prüfungen?«

Oma unterbrach kurz ihren Spülvorgang, atmete einmal tief durch und trocknete dann einige Teller ab.

»Kind, du fragst zu viel.«

»Also Prüfungen, ne?«

»So ähnlich, ja. Die untersuchen den Joachim dann auf Herz und Nieren.«

Herz und Nieren, wiederholte ich in meinem Geiste, während ich einen Löffel Pampe in mich hineinschaufelte. Es beruhigte mich. Joachim hatte sicher Herz und Nieren. Beides, soweit ich wusste. Und servieren konnte er auch. Das schaffte er, er hatte ja eben auch seinen Teller zu Oma auf die Spüle gestellt. Das konnte doch nicht so schwer sein. Mama bekam das jeden Mittag hin, wenn sie uns das Essen auf den Tisch stellte. Doch Oma setzte noch einen drauf. »Dann muss er sich vornüberbeugen und bekommt dann einen Finger in den Bobbes und muss dazu ganz doll husten.«

Sie lachte laut auf. Die Vorstellung schien sie zu belustigen. Ganz im Gegensatz zu mir. Ich fand einen Finger im Po ganz und gar nicht lustig. Das war ja noch schlimmer als die Zäpfchen von Mama. Ich ließ starr vor Angst meinen Löffel in den Teller fallen, dass sich die Pampe rundherum auf der Tischdecke verteilte.

»Einen Finger?«, fragte ich nach.

»Ja«, nickte Oma.

»In den Bobbes rein?«

»Ja«, nickte Oma wieder, aber das sei nicht schlimm, das müsse so sein. Das würde zwar keinen Spaß machen, aber man könne so erkennen, ob der Joachim auch wirklich ganz gesund sei.

Ich war geschockt und verstand nun sehr gut, warum Joachim nicht zu diesem Bedienungstraining wollte. Servieren war eines, aber das Ganze noch mit einem Finger im Bobbes? Und warum sollte man dabei auch noch husten? Das verstand ich nicht, also fragte ich noch mal nach.

»Und warum muss man husten, wenn man einen Finger in den Bobbes bekommt?«

»Keine Ahnung«, sagte Oma Frieda nun sichtlich genervt. Ihre Bewegungen des Geschirrabtrocknens wurden schneller, sie griff sich den letzten Teller und murmelte eher etwas vor sich hin, als dass sie laut redete. Das sei nun mal so bei der Musterung, sie habe da auch keine Erfahrung mit Fingern im Bobbes, außer einmal, als Opa betrunken aus der Kneipe kam, aber das sei eine andere Geschichte.

Der letzte Teller klapperte und Oma Frieda war raus aus der Küche und ich glaubte noch den Anfang eines *Vaterunsers* zu vernehmen. Ich sah die beiden Zwerge am Tellerboden an und überlegte mir, warum Opa die Oma wohl auf Herz und Nieren getestet hatte. Daraufhin beobachtete ich Oma in den nächsten Wochen sehr genau. Aber nix. Sie musste auch nichts Besonderes servieren. Kein Herz, selten Nieren. Und selbst wenn sie hustete, stand Opa nicht ein einziges Mal hinter ihr, um ihr einen Finger in den Bobbes zu stecken. Sie hatte wohl ihre Musterung schon lange hinter sich.

SUPPE MIT FLEISCHEINLAGE

Trotz meines unermüdlichen Einsatzes verloren wir am Tag nach der Dixi-Klo-Abholung das Fußballspiel knapp, aber verdient mit 1 : 3. Der zugezogene Nachbar, Herr Herzog, war natürlich auch da und gab der gesamten Truppe als Trost eine Kiste Fanta aus. Fanta … pfff. Ein Bier wäre mir lieber gewesen. Dann wäre ich zumindest richtig wach geworden. Denn Jugendspiele hatten die unschöne Angewohnheit, dass sie unfassbar früh angepfiffen wurden.

10.30 Uhr.

Welcher Idiot auch immer sich das ausgedacht hatte, er hatte wohl nie eigene Kinder gehabt. Die ganze Woche musste man als Teenager schon früh aufstehen, um in die Schule zu gehen, und dieser Idiot kennt natürlich auch nicht meinen Vater, der mich mit schöner Regelmäßigkeit samstags aus dem Schlaf reißt, um mit mir ein Stück Deutschland sauber zu kehren. Und dann soll man also zu guter Letzt sonntags um acht Uhr aufstehen, um dann um 10.30 Uhr gegen elf andere übermüdete Jugendliche ein Fußballspiel zu bestreiten. Torben machte das einzige Tor für uns und sein Vater drückte und herzte seinen Sohn nach dem Spiel. Eine völlig unangebrachte Reaktion. Zugezogene halt. Wir hatten 1 : 3 verloren und er nahm seinen Sohn in die Arme. In der C-Jugend schoss ich mal in einem Spiel, bei einem 11 : 1 Sieg von uns, zehn Tore.

Zehn Tore!

Zehn!

Tore!

In einem Spiel!

Die einzige Reaktion meines Vaters, als ich ihm stolz davon erzählte, war die Frage, warum ich denn nicht alle Tore geschossen hätte. Ein richtig guter Kicker hätte auch das elfte Tor erzielt. Ende des Gesprächs. Eine Umarmung undenkbar. Ich berichtete ihm nie wieder von meinen Spielen.

Neben Fußball war sonntags auch immer Familienessen angesagt. Das war Tradition. Dazu fuhren wir feierlich in ein uraltes Restaurant in der Stadt, das ich sehr mochte. Es befand sich direkt neben einer Gaststätte, die *Grüner Baum* hieß. Das bedeutete aber gar nix, denn fast alle Gaststätten bevorzugten Namen, bei denen sich eine beliebige Farbe mit einem Gewächs oder einem Tier zusammentat. So wimmelte es von Gaststätten, die *Grüner Baum, Blauer Bock* oder *Goldener Löwe* hießen. Unser Speiselokal trug jedoch weder den Namen *Grüner Baum* noch einen anderen Namen aus Fauna oder Flora noch wurde er durch eine Farbe aufgewertet. Allein das machte es schon einzigartig. Das Lokal hieß einfach nur so wie sein Besitzer: *Schnarr*. Selbst das Besteck war mit dieser Gravur versehen und so schwer, dass man als kleines Kind einen Hubwagen benötigte, um sein Essen zu schneiden. Hinter der farbigen Glasscheibe neben dem Eingang stand immer – und wenn ich sage immer, meine ich auch immer – ein Schild mit der Aufschrift »Heute Wild«. Der Koch musste entweder ein sehr großes Wildgehege im Garten haben oder ein Wilderer sein. Anders konnte man es sich nicht erklären.

Die Eingangstür der Gaststätte *Schnarr* war schwerfällig und jeder Gast wurde mit einem Windfang aus noch schwererem

Filz begrüßt, den man nur mit ganzem Körpereinsatz überwinden konnte. Anhand der DNA-Anhaftungen dieses Filzes hätte man sicher ein Drittel der heimischen Stadtbevölkerung klonen können. Ich bin fest davon überzeugt, dass sich jeder Einwohner der Stadt im Laufe seines Lebens wenigstens einmal, wie beim Häuten einer Schlange, durch diesen Filz durchzwängte und im Kampf mit selbigem seinen genetischen Fingerabdruck in Form von Haaren oder Hautschuppen für alle Zeiten darin hinterließ. Spätestens wenn einmal im Jahr die Wallfahrt zu Ehren des Stadtheiligen Bonifatius anstand, gönnte man sich nach dem Sternmarsch zum Domplatz beim *Schnarr* im Anschluss die sogenannte »Wall-Wurst«. Diese Wurst hatte man sich auch verdient, denn meist ähnelte die Wallfahrt einem Wettrennen der teilnehmenden und rivalisierenden Gemeinden aus dem Umland, wer schneller auf dem Domplatz war. So rannte man in Mannschaftsstärke eines Dorfes gen Dom und hechelte sich dabei noch ein paar Kirchenlieder aus den pfeifenden Lungen. Da kam im Anschluss so eine stärkende »Wall-Wurst« natürlich äußerst gelegen. Die »Wall-Wurst« war eine an sich mehr als fragwürdige Bratwurst, die wohl nur rudimentär an einer heißen Pfanne vorbeigelaufen war und deren vornehme Blässe man mit Unmengen von Soße zu übertünchen versuchte. Dennoch gehörte sie zur Wallfahrt einfach dazu und man war nicht gewallt, wenn man sich nicht diese verdammte Wurst einverleibt hatte.

Anders als die meisten anderen Gäste betraten wir das Restaurant jedoch nicht durch den DNA-Filz, sondern meist über den Hintereingang. Mein Vater war Insider, wahrscheinlich hatte er hier irgendwann mal die Kloanlagen repariert und kannte daher diesen Schleichweg. Dazu musste man ein altes Holztor beiseiteschieben und schon stand man im Hinterhof, wo sich die Toilettenanlagen befanden. Von dort aus ging es an der Küche vorbei in die Gaststube. Als kleiner Junge fand ich es cool, später dann peinlich und schließlich unerträglich, von den Toiletten aus das Restaurant zu betreten. Meine Mutter fand es noch nie cool und schüttelte jedes Mal aufs Neue ungläubig den Kopf.

»Können wir nicht ein einziges Mal einfach zur Tür reinkommen, so wie alle anderen Gäste auch?«

»Stell dich net schö«, kam es automatisiert von meinem Vater zurück. Immerhin wurde die Stammfloskel auch unter Erwachsenen angewandt. Und natürlich fühlte mein Vater sich nicht genötigt, heute mal den Vordereingang zu nutzen. Nein, Familie Breuning kam stets geschlossen von den Toiletten herein. Vornweg führte Herbert Breuning den Tross an, dahinter reihten sich die weiteren Familienmitglieder. Mutter Antonia Breuning, dann folgte meine zwei Jahre ältere Schwester und ganz hinten schlurfte ich unmotiviert hinterher. Doch so einfach konnte es sich mein Vater nun auch wieder nicht machen. Meine Mutter scheute keine Konfrontation bei diesem Thema. Schließlich fürchtete sie um unsere gesellschaftliche Reputation. Wenn wir schon mal in die Stadt zum Sonntagsessen anreisten, dann wollte sie auch nicht, dass wir gleich als Landeier enttarnt wurden, die sich durch den Kloeingang hereindrängten. Also setzte sie wieder einmal zur Kritik an.

»Wir sind doch keine Asozialen. Wie sieht das denn aus, wenn wir hier mit unseren Mänteln und Jacken von den Toiletten reinkommen? Das geht doch gar nicht. Wir sind doch keine Bauern, die gerade vom Feld zum Essen kommen. Sag doch mal was, Herbert.«

Doch Island-Herbert schüttelte nur verständnislos den Kopf und antwortete mit einem weiteren Universalwort, das alle Interpretationen zuließ.

»Tja.«

Das war alles. Ein achselzuckendes *Tja* und damit war das Thema erledigt. *Tja* konnte man als Reaktion auf Dinge verwenden, die man nicht ändern konnte, als Erklärung für den plötzlichen Tod einer Nachbarin als auch für ein zu voll gezapftes Bierglas. Selbst wenn der Russe vor der Tür stünde, hätte man mit einem achselzuckenden *Tja* die Situation trefflich beschreiben können.

Wir traten in die Gaststube. Es war wie immer. Alles voller Rauch. Dennoch konnte ich die Betreiber hinter der Theke ausmachen. Das Wirtshaus allein war schon schrullig, doch die Stars waren zweifelsohne die Schnarrs selbst. Sie waren fleischgewordene Comicfiguren. *Alpha-Schnarr,* der Wirt, war ein hageres Männchen um die sechzig, das HB-Zigaretten auf Kette rauchte. Er war gerade dabei, ein Bier zu zapfen. Seine langen, spinnenartigen Finger legten sich um den Zapfhahn, den er stoßartig zu sich zog, bis unter der Schaumkrone das Bier den Eichstrich erreicht hatte. Seine Finger waren vom jahrelangen Nikotin seiner Zigaretten so gelb eingefärbt, dass man bei genügend Abstand auch meinen konnte, dass ihm eine Bananenstaude direkt aus dem Handrücken wuchs. Dennoch mochte ich ihn. Er hatte immer einen lockeren Spruch oder einen anrüchigen Witz auf Lager und strahlte trotz jeglichen Trubels immer eine beneidenswerte Ruhe aus. Seine Mutter, die geschätzte hundertzwanzig Jahre alt war, stand direkt neben ihm hinter dem Tresen. Sie nickte uns freundlich zu, als sie uns erkannte, und füllte sogleich zwei Teller mit Suppe. Denn ihr Ressort war die Vorsuppe. Ihre Aufgabe bestand darin, vor jeden Gast einen Suppenteller auf dem Tisch zu drapieren. Und zwar noch bevor man saß. Kaum hatte sie die beiden Teller mit einem großen Schöpflöffel aus dem noch größeren Suppentopf, der auf der Theke thronte, gefüllt, schon machte sie sich auf den Weg. Den wackeligen Balanceakt von der Theke zum Tisch bewältigte sie dadurch, dass sie ihre faltigen Daumen tief in die Suppenteller samt Inhalt tauchte. Suppe mit ungewollter Fleischeinlage. Das war nicht lecker, aber alternativlos, denn die

Suppe gab es grundsätzlich immer dazu und war nicht abzubestellen. Suppe gab es zu allen Gerichten. Ob man wollte oder nicht.

»Lassen Sie es sich schmecken.«

Die alte Dame drehte die ersten beiden Teller zu uns und lutschte sich ihren Daumen ab, während sie zurück zum Suppentopf ging, um die beiden restlichen Teller zu holen.

»Danke«, kam es unisono von der Familie Breuning zurück, während wir Platz nahmen. Trotz der Fleischeinlage schmeckte mir die Suppe ausnahmslos gut. Ob das vielleicht am greisen Daumen in der Suppe lag?, überlegte ich mir, während ich vor mich hin löffelte. Ich war mir da nicht sicher – könnte aber gut sein. Ein menschlicher Daumen, der über Jahrzehnte tagtäglich stundenlang in Suppen ruhte, hatte doch sicherlich eine einzigartige Geschmackspatina entwickelt. Ähnlich wie eingelegtes Obst oder Fischkonserven. Vielleicht sollte sich Frau Schnarr senior ihren Daumen auch patentieren oder von Knorr abkaufen lassen.

Ich verlor mich gern in derlei Gedanken, während wir dort saßen und aßen. Doch nicht nur die Besitzer waren besonders. Auch das Interieur war einzigartig. Vor mir auf dem Tisch lag die Speisekarte. Ein mit rotem Farbband geschriebener Schreibmaschinenausdruck, der irgendwann einmal in eine vergilbte DIN-A4-Folie einlaminiert und seither niemals gewechselt worden war.

Einlaminiert.

Ein tolles Wort.

Das klang herrlich endgültig.

Außerdem auch irgendwie wichtig.

Gab es den Lehrberuf des Laminierers?

Laminierer waren sicherlich ausgebildete Fachkräfte, die in einer Laminierwerkstatt aus diversen Laminierfässern die Laminade herausholten, um damit alle möglichen Gegenstände auf ewig zu konservieren. Hatte ich schon erwähnt, dass ich ein Faible für außergewöhnliche Worte habe?

Wie dem auch sei.

Die einlaminierte Speisekarte änderte sich nie. Seit ich denken konnte, war im *Schnarr* sowieso nie etwas verändert worden.

Nichts.

Null.

Nada.

Weder die einlaminierte Speisekarte noch die Suppe mit Daumen, und schon gar nicht das Wasser des Aquariums, das sich weiter hinten im Lokal befand. Als kleine Kinder hatten meine Schwester und ich immer nach Fischen darin gesucht. Wir fanden nie einen. Es war eher ein Renaturierungsbecken, ein Biotop der Vielfalt, ein Refugium von Wasserpflanzen und Moosen aller Art. Dazu konnte man mit einem dieser unsäglichen Magnetwischer versuchen, die Scheiben zu säubern. Das funktionierte nie und der Magnet klatschte nach zwei Versuchen in die undurchsichtige Brühe. Ich stellte mir vor, wie *Alpha-Schnarr* nach Feierabend mit seinen Zigaretten-Spinnenfingern in der trüben Brühe fischte, um den Magneten wieder an die Scheibe zu drücken. Ein Bild für die Ewigkeit.

Ja, ich mochte es hier. Es hatte was von zu Hause und vermittelte ein Gefühl von Vertrautheit und Verlässlichkeit.

Meine Mutter wählte wie immer den Hawaiiteller, dessen gesamte Exotik sich aus einer Scheibe Dosenananas um das Schweinelendchen ergab. Der Rest wählte Rindsrouladen. Meines Erachtens die besten der Welt. Ähnlich verkocht wie die Suppe. Großartig. Die Speisung verlief ohne große Gespräche am Tisch und wir stellten ein ums andere Mal neue Rekorde auf. Heute waren es handgestoppte fünfundzwanzig Minuten von der Daumensuppe bis zum Bezahlen. Und bevor man sich durch den schweren Filz wieder zurück in die Außenwelt gedreht hatte, ließ es sich das HB-Männchen nicht nehmen, beim Abkassieren noch einen Witz zum Besten zu geben, der oftmals zunächst nicht als solcher zu identifizieren war. Das klang dann meist so:

»Ich war letzte Woche mit meinem Bruder im Urlaub.«

»Ach ja?« (Antwort von Island-Herbert)

»Na ja. Wir waren gerade beim Essen, als ich zum Telefon gerufen wurde. Meine Frau war dran und sagte mir, dass meine Mutter gestorben sei.«

»Oh Gott, das tut mir leid.« (Ehrlich betroffene Antwort meiner Mutter)

Wir, zumindest mein Vater, meine Schwester und ich, ahnten bereits, wo die Reise hinging, da der Alpha-Schnarr ja immer zum Schluss noch einen Witz erzählte. Meine Mutter hingegen war voll im Empathiemodus und nahm ihm die Geschichte ab.

»Ich hab das dann meinem Bruder gesagt und wir haben bitterlich geweint. Dann wurde plötzlich mein Bruder zum Telefon gebeten. Und als er zurückkam, hat er noch viel mehr geheult. Er war richtig außer sich. Ich habe ihn dann gefragt, was denn los sei, und er stammelte mit zittriger Stimme, dass das nun gerade seine Frau gewesen sei. Es sei kaum auszuhalten, was es doch für furchtbare Zufälle gäbe. Seine Mutter sei auch gestorben.«

Meine Schwester und ich lächelten gönnerhaft. Der Witz rangierte eher im unteren Drittel unserer Humorrangliste. Mein Vater schmiss sich weg, meine Mutter schüttelte beschämt den Kopf. Ob aus Scham, weil sie es bis zum Schluss für bare Münze gehalten hatte, oder aus Unverständnis über die makabre Thematik des Witzes, blieb ihr Geheimnis. Aber so war er nun mal, der Schnarr.

Dann verließen wir die Gaststube über den offiziellen Filzweg. Warum wir beim Verlassen nicht wieder den Hintereingang nahmen, bleibt nebulös. Machten wir aber immer so. Der Schnarr selbst sagte nie etwas dazu. Egal über welchen geheimen Gang wir hereinkamen oder wie wir sein Lokal wieder verließen, er war damit einverstanden. Er zündete sich lieber eine weitere HB an, grinste und rächte sich auf seine eigene Art und Weise. Mit einem schlüpfrigen Witz oder dadurch, dass man die Kleidung, die man im Wirtshaus trug, direkt in die Waschmaschine stecken konnte oder drei Tage zum Lüften raushängen musste. Denn nicht nur der Schnarr rauchte ununterbrochen im Lokal. Fast an jedem Tisch wurde fleißig gequalmt und die Luft war teils wie zum Schneiden mit dicken Rauchschwaden durchzogen, die bewegungslos im Raum standen. Die Zigarette oder Zigarre nach dem Essen gehörte zum guten Ton. Nichtraucherrestaurants waren genauso realistisch wie ein Samstag ohne Straßekehren oder eine Frau als Kanzlerin.

ORA ET LABORA

In einer konservativen Region wie der unseren ging man natürlich vermehrt auf Schulen mit katholischem Hintergrund. Bei mir war es die katholische Privatschule der Marianisten, auf die ich einst zur fünften Klasse gewechselt war und die ich nun bereits im vierten Jahr besuchte. Eine Schule, die erst vor wenigen Jahren beschlossen hatte, auch für Mädchen ihre Tore zu öffnen, um auch ihnen Bildung zukommen zu lassen. Dafür hatte man sogar das lange Zeit als alternativlos geltende Jungeninternat aufgegeben. »Ora et labora« war das Credo der Schule. Bete und arbeite! Das kam mir überaus gelegen. Zumindest der erste Teil. Beten hieß nämlich nicht nur jeden Morgen vor dem Unterricht beten, sondern vor allen Dingen fuhren wir betenderweise alle naselang auf irgendwelche Exerzitien und Besinnungstage, für die dann natürlich der schulische Regelbetrieb ausfiel. Das gefiel mir. Dazu kamen noch Unmengen an Gottesdiensten, bei denen man dem Herrn und dem Gründer der Marianisten, Pater Chaminade, mit diversem Liedgut huldigte und für die Dutzende Mathe- und Chemiestunden ausfielen. Ja, katholische Privatschule war super – wenn man mal von den Noten absah. Denn mit dem zweiten Teil unseres Schulcredos tat ich mich ungleich schwerer: arbeiten! Damit lief es schon seit dem Tag meiner Einschulung nicht rund. Ich war ein ausgesprochen schlechter Schüler. Viele Mitschüler gaben vor, dass sie schlecht in der Schule waren, um dadurch cooler vor den Mitschülern zu wirken, und schrieben dann doch Zweien und Dreien. Niemand wollte als Streber gelten und Gefahr laufen, gemobbt zu werden. Die Coolen waren seit jeher die schlechten Schüler. Die, die im Bus hinten auf dem Fünfer saßen und das gute Noten schreibende Fußvolk von hinten mit Papierkügelchen beschossen. Die Plätze im Bus waren der Indikator der Beliebtheit. Ganz hinten die Coolen, auf den Doppelvierern sammelte sich der Harem der Mädchen, der die »Bad Guys« anhimmelte, und einige Handlanger, die man duldete. Davor reihten sich dann die Scheißegal-Schüler auf. Die Zugezogenen, die Sanostol-Schüler, Kinder wie Chiasamen. Man streute sie in die Klassengemeinschaft, doch sie hinterließen keinen Eigengeschmack. Sie waren nicht das Salz oder der Pfeffer in der Klasse, sie waren vielmehr die Jungen und Mädchen, die verschüchtert auf jedem Klassenfoto lächelten und deren Namen einem nicht einfallen wollte, wenn man es nach Jahren irgendwann betrachtete. Geschmacksneutrale Neutren. Und dann gab es noch die unterste Stufe der Schulbusfahrer: die Opfer. Ein Potpourri der Popelfresser, Schlüsselkinder und Dumpfbacken. Die, die mit umgehängtem Lederbrustbeutel hinter dem Busfahrer sitzen mussten, weil Mutti das so verlangte.

»Da passiert dir nichts. Setz dich schön hinter die Glasscheibe und schau dem Busfahrer beim Schalten zu.«

Was Eltern ihren Kindern damit in vollem Bewusstsein antaten, ist unbegreiflich. Sie hätten ihrem Kind auch gleich eine Zielscheibe auf den Rücken kleben und darüber noch einen Zettel an den Hinterkopf nageln können: Hier sitzt der Schuldepp! Bitte ärgert mich!

Die Opfer bekamen alles ab. Gewaltschübe der pubertierenden Mitschüler, Hänseleien, die schlechtesten Noten im Sportunterricht. Nur eines bekamen sie nie: Respekt oder ein

Mädchen. Manchmal taten sie mir sogar so sehr leid, dass ich sie schützte. Aber nur manchmal. Und wenn, dann auch nur aus der Laune eines Cäsaren heraus, der wie im alten Rom aus gnädiger Stimmung den Daumen emporreckte.

Jedenfalls war ich nicht einer dieser Schüler, die vorgaben, schlecht zu sein, um cool zu wirken. Ich war wirklich schlecht und kämpfte Jahr für Jahr um meine Versetzung. Eine Vier minus war in allen Fächern mein ausgegebenes Jahresendziel. Mit etwas Wohlwollen und Verklärung hätte man meine Arbeitsweise auch als »effizient« bezeichnen können. Denn mir wollte es einfach nicht in den Kopf, warum ich vor dem Abschlusszeugnis wie ein Blöder um tolle Noten kämpfen sollte. Wen in der Berufswelt interessierte schon das Halbjahreszeugnis der achten Klasse? »Hinten sind die Schweine fett« – erst das Abschlusszeugnis musste irgendwie halbwegs brauchbar sein. Meine Lernthese war schlüssig und nachvollziehbar, sie hatte jedoch eine entscheidende Schwäche: Das Abschlusszeugnis der zehnten Klasse fußte zu einem erheblichen Maße auf dem Wissen des Erlernten in den Jahren zuvor. Wenn man den Zug einmal verpasst hatte, war er unwiederbringlich abgefahren – für immer. Wie sollte ich Aufgaben mit Tangenten im Matheunterricht lösen, wenn ich mich bereits kurz nach den Grundrechenarten aus dem aktiven Schulbetrieb verabschiedet hatte? Als wir einmal einen Aushilfslehrer in Chemie hatten und er in die Runde fragte, wie es denn in der Klasse mit dem Periodensystem aussehe, hatte ich mit voller Ernsthaftigkeit geantwortet, dass Anke und Silke sie ganz sicher schon hätten, ich mir bei Nina und Sabine hingegen unsicher sei. Es ist mir ein Rätsel, wie ich all die Jahre versetzt wurde, ohne auch nur eine einzige Formel zu kennen. Vielleicht lag es an den Trümpfen, die ich in meinen Händen hielt und gekonnt auszuspielen wusste: Halbwissen in blumige Worte zu kleiden war eine meiner Glanzleistungen; schauspielerisch zu verdeutlichen, dass ich mein Heft wirklich vergessen hatte, bis ich es fast selbst glaubte, mein Tageswerk; Abschreiben von Hausaufgaben in der kleinen Pause mein Spezialgebiet, und das Spicken bei Tests brachte ich zu allerhöchsten Ehren. Allerdings nur, wenn ich wusste, was ich überhaupt draufschreiben sollte. Ich hatte ja weder Ahnung noch Bücher. Die bekam man zwar am Anfang eines jeden Schuljahres ausgeteilt, jedoch wanderten meine Exemplare schnurstracks nach hinten in den Klassenschrank. Dort verlebten sie eine sehr einsame Zeit, bis sie am Jahresende wieder das Tageslicht erblickten und gegen die Bücher des neuen Jahres ausgetauscht wurden. Zudem schützte ich mich vor drohenden Haltungsschäden, indem ich gänzlich auf einen Ranzen verzichtete. Anfangs hatte ich noch eine Plastiktüte mit einem Kugelschreiber darin, mit Beginn der sechsten Klasse hatte ich auch darauf verzichtet. Das war für mich genauso uncool, wie eines von diesen Federmäppchen zu besitzen. Die Jungs hatten meist diese doppelgeschossigen Plastikmäppchen, in deren obere Ablage man die Stifte und Füller in vorgefertigte Gummihalterungen stecken konnte, damit sie nicht im Mäppchen umherflogen. Die untere Abteilung war für Lineal, Radiergummi, Geodreieck und Ersatzpatronen für den Lamy- oder Pelikanfüller reserviert. Ein Graus! Die Mädchen hatten entweder Federmäppchen oder Lederetuis, auf denen sich die Freundinnen mit ihren Initialen verewigen durften. Auch hier: undenkbar für mich! Ich zog es vor, frei jeglichen Ballasts in die Schule zu gehen und mich überraschen zu lassen, was am Tag so anstand. Standen die Stühle auseinander, wusste ich, dass eine Klausur anstand. Kein gutes Gefühl, doch mit der Zeit lernte ich auch damit umzugehen. Ich schrieb dann wirre Sachen als Antworten nieder, stellte fragwürdige Thesen zur Mendel'schen Vererbungslehre auf (zum Beispiel, dass rezessive vererbbare Faktoren Knick-, Senk- und Spreizfuß seien, und wenn das der Lehrplan nicht bestätige, läge es nur daran, dass er veraltet und nicht auf dem aktuellen Stand der Wissenschaft sei und man da mal dringend nacharbeiten müsste) oder wartete, bis mein Sitznachbar mit seinen Antworten durch war und mir vielleicht heimlich ein paar Antworten zuwarf wie einem Straßenköter ein paar abgenagte Knochen.

Das Lehrerkollegium an unserer christlich-katholischen Schule setzte sich aus Ex-Pädagogikstudenten zusammen, die auf der Privatschule einfach mehr Kohle verdienen wollten, und frommen Patern, denen die Lehre des Herrn wichtiger war als eine Eins in Physik. Ich kam mit den meisten gut aus. Wir hatten eine Art Gentlemen's Agreement: Ich nervte sie nicht, wenn sie mich einfach machen oder, besser gesagt, *nicht machen* ließen und mich nicht nervten. Ich wollte keinen Ärger, ich wollte nur irgendwie durchkommen. Mein Notenschnitt machte dies allerdings nicht leicht. Wenn an die Tafel der Notenspiegel der letzten Klausur geschrieben wurde, konnte ich daran bereits ablesen, welche Note für mich rausspringen würde. Es war immer die letzte Zahl im Notenspiegel. Gab es eine Sechs, wusste ich, dass es suboptimal gelaufen war, bei einer Fünf schöpfte ich Hoffnung, dass noch nicht alles verloren war, und bei einer Vier betete ich freiwillig voller Freude ein *Ave Maria!* Doch meine *Ave Marias* waren an einer Hand abzuzählen und so mutierte ich jeweils gegen Jahresende zu einem wahren Referatkönig, um noch ein paar Pluspunkte für mein Ziel, die Vier minus, zu sammeln. So schrieb ich Abhandlungen über die Cholera und die Keilerei bei Issos. Natürlich fertigte ich auch diese Referate nicht selbst an, sondern rekrutierte mir geeignet erscheinendes Fachpersonal. Der Freund meiner Schwester studierte Medizin – Bingo! Einer meiner Cousins hatte vor zwei Jahren auch ein Referat über die Keilerei von Issos gehalten – Bingo! Da ich zudem ein Meister des Abschreibens war, schaffte ich es tatsächlich immer wieder, versetzt zu werden, was mir ehrlich gesagt selbst ein Rätsel war.

Mein Fachwissen über Physik, Chemie und Mathematik ist definitiv auf dem Stand eines Drittklässlers geblieben. Einzig in Sport und Religion war ich ein Einserschüler, ein Phänomen, dem eine Ko-Relation zugrunde lag. Unser Religionslehrer war ein ausgemachter Fußballfan und ich kickte damals recht passabel gegen das runde Leder, was mich nicht nur in die Schulmannschaft brachte, sondern mir auch seinen Respekt verschaffte. So plapperten wir grundsätzlich die ersten fünfzehn Minuten einer jeden Religionsstunde über das vergangene Fußballwochenende. Das war *ihm* recht, meinen Mitschülern auch und *mir* sowieso. Im Sportunterricht war alles anders. Da war ich die Benchmark. Wer auch immer auf der Schule eine Eins in Sport wollte, wurde mit mir verglichen. Ich war die Referenz. Ich war eine Allzweckwaffe. Ballspiele, Leichtathletik, Turnen, Sportspiele – you name it – I do it! Niemand konnte mir auch nur im Geringsten das Wasser reichen. Bei den Bundesjugendspielen waren nicht Ehrenurkunden, sondern immer Schulrekorde das anvisierte Ziel. Und ich holte sie – einen nach dem anderen! Vielleicht war auch das ein Grund, warum man mich von einem Schuljahr zum nächsten durchwinkte, schließlich wollte man ja bei »Jugend trainiert für Olympia« eine schlagkräftige Mannschaft stellen, und ich war das Epizentrum des Teams. Es hatte ein wenig was von der DDR. Sieg und Ehre des Kollektivs standen über den Regeln eines Einzelnen. Ich war die fleischgewordene Kaderschmiede, und wenn ich es mir überlege, sollte ich vielleicht mal überprüfen, ob mein Körper vielleicht irgendwelche Substanzen in sich trägt, die mir heimlich mit der Schulmilch verabreicht wurden.

Im Nackttierhaus

Schulausflug. Eigentlich super, weil alles, was den Unterricht ersetzte, grundsätzlich super war. Masern. Mumps. Schulausflüge. Doch unsere Schulausflüge waren stets von beängstigender Einfallslosigkeit geprägt. Freizeitparks waren zu weit weg oder noch nicht erfunden. Die Ausflüge führten uns also Jahr für Jahr in die Großstadt nach Frankfurt. Das wäre an sich super gewesen. Frankfurt ist eine tolle Stadt, eine Metropole, in der wir hätten shoppen gehen oder uns wie Großstadtmenschen fühlen können. Doch unser Frankfurt bestand von der ersten Klasse an aus einem Zweikomponentenkleber der Tristesse: dem Senckenbergmuseum und dem Zoo. Ein kongeniales Duo für Schulausflüge. Und zwar von der ersten bis in die zehnte Klasse. Nur leider üben ausgestopfte Präparate und Zootiere auf Fünfzehnjährige nicht mehr die gleiche Faszination aus wie auf Grundschüler. Zumal auch der Ablauf stets schablonenhaft dem aller Vorjahre glich. Die Deutsche Bahn sammelte uns zunächst vor dem Sonnenaufgang in der Rhön ein und kotzte uns zweieinhalb Stunden später in der großen, fremden Welt des Frankfurter Bahnhofsviertels wieder aus. Die Kotze bestand dieses Jahr aus unserer Klasse und der Parallelklasse von Frau Herget. Das war durch diverse Gruppenermäßigungen billiger, sonst lohne sich das nicht, befand das Direktorium.

Und zusammen ist so eine Horde auch ungleich sicherer als einzelne Exemplare. In der großen, bösen Metropole lauerte nämlich die Gefahr an allen Ecken. Jeder war ein potenzieller Drogenabhängiger, Dealer oder Schwerverbrecher. Zumindest klang das so in den Warnungen meiner Mutter.

»Junge, lass dir nichts andrehen. Sonst endest du irgendwo mit Drogen in einer dunklen Ecke in Frankfurt. Nichts annehmen.«

»Nein.«

»Auch nichts offen rumstehen lassen, hörst du?«

»Ja.«

»Und bloß nicht ansprechen lassen. Von niemandem.«

»Von niemandem. Ich werde mich nicht ansprechen lassen.«

»Versprichste, ne?!«

»Ja, verspreche ich.«

»Na gut.«

»Gut.«

Wie auch immer das gehen sollte.

Man stelle sich das mal vor, irgend so eine Omi fragt auf der Frankfurter Zeil nett nach der Uhrzeit oder ob man sie über die Straße bringen könne, und man schweigt sie an oder nimmt schreiend Reißaus, weil Mutti in ihr einen Drogendealer vermutet. Sowohl im Senckenbergmuseum als auch im Frankfurter Zoo war die Dichte an Junkies und Schwerverbrechern recht überschaubar. Dennoch hielten wir unsere Brustbeutel mit den zwanzig Mark und der Rückfahrkarte sicher verstaut unter dem Pullover versteckt. So ganz sicher waren wir uns ja doch nicht, ob einer der Tierpfleger vielleicht nicht doch ein gesuchter Schwerverbrecher war oder ein Dealer, der uns mit Heroin vollpumpen wollte. Weil das machen Dealer ja so, die suchen sich fünfzehnjährige Jungs aus der Provinz und spritzen ihnen heimlich Heroin in die knabenhaften Körper. Weil solche Dealer ihr Zeug ja nicht verkaufen, sondern lieber einfach so verteilen wollen.

»Wir bleiben alle schön zusammen«, ordnete Frau Herget an, in der Hoffnung, dass wir nicht wie ein Schwarm Fische auseinanderstieben würden, wenn wir losgelassen wurden. Nachdem wir Dutzende Tierpräparate und Dinosaurierskelette im Museum zur jährlichen Inspektion abgenommen und zu unserer Beruhigung festgestellt hatten, dass sich noch alles an seinem angestammten Platz des Vorjahres befand, waren wir nach einer kurzen Straßenbahnfahrt an der Inspektionsstelle zwei, dem Zoo, angekommen. »Als Erstes gehen wir zu dem Nilpferdbecken und danach ins Affenhaus. Timo, nimmst du bitte deine Finger von den Lamas da weg?! Die können zuschnappen.« Frau Herget war die Klassenlehrerin der Parallelklasse und neben unserem Klassenlehrer, Herrn Staab-Erhardt, und zwei Müttern als Begleitpersonen unser Leithammel. Während Herr Staab-Erhardt schon in der vierten Klasse alle Hoffnung über Bord geworfen hatte, den Schulausflug nach Frankfurt zu einem Erfolg werden lassen zu können, war Frau Herget noch immer voller pädagogischer Verantwortung und Motivation. Sie hatte es sogar geschafft, uns im Museum zwischen dem ausgestopften Riesenpython und dem Dinosauriergerippe einigermaßen zusammenzuhalten. Sie war noch recht jung, aber vom Verhalten schon sehr alt. Wir Jungs nahmen sie nicht ernst, zumal sie ja nicht einmal unsere Lehrerin war. Allerdings waren in der Klasse von Frau Herget die deutlich hübscheren Mädchen. Ich war zwar eigentlich in ein Mädchen verknallt, das nicht auf unsere Schule ging, aber es konnte nichts schaden, Erfahrungen zu sammeln, damit ich dann später umso mehr bei meinem eigentlichen Schwarm zu überzeugen wusste. Mein Kumpel Kübi und ich hatten mit zwei Mädchen aus der Parallelklasse ausgemacht, dass wir uns später im Zoo im Nachttierhaus treffen wollten, um dort dann gemeinsam durchzulaufen. Ja genau, durchlaufen … wer's glaubt, wird selig. Niemand wollte da wegen der Rüsselspringer, Wüstenschläfer oder Sandratten hin. Es ging einzig und allein um die Exemplare, die uns Jungs wirklich interessierten: die Jungweibchen der gemeinen Dickbrustträgerinnen. Es ging ums Fummeln im Dunkeln. Das war klar. Das musste auch den Mädels klar sein.

Kaum hatten wir also den offiziellen Sammelpunkt beim Lamagehege eingenommen und waren durchgezählt worden, verteilten sich die beiden Klassen in diverse Splittergruppen. So war das von der Lehrerschaft nicht geplant, denn eigentlich sollten wir ja gemeinsam durch die Gehege gehen, weil wir dann alle zusammen wieder zum Bahnhof laufen sollten, von wo aus wir mit dem Zug nach Hause fahren würden. So weit der Plan der Lehrer und Eltern. Doch nur die Opfer und Streber blieben bei den Lehrern und Müttern. Der Rest war schneller verschwunden, als man »Lama« sagen konnte. In weiser Voraussicht hatte Herr Staab-Erhardt einen Treffpunkt um Viertel nach drei ausgemacht für den Fall, dass man sich verlieren würde. Das war ein cleverer Schachzug und die einzig relevante Information für uns.

»Sollten wir nicht lieber Frau Herget Bescheid geben?«, fragte Sonja im Gehen, während wir uns langsam, aber zielgerichtet von der Gruppe absetzten.

»Das ist schon okay. Wir machen das immer so.«

»Und das Nilpferd?«, deutete sie den Fußweg entlang in die entgegengesetzte Richtung.

»Das Nilpferd, das Nilpferd«, sagte ich genervt, »das ist nachher auch noch da. Kann ja nicht weglaufen. Is'n Zoo.«

»Aber das würde ich schon gern sehen.«

»Tja«, murmelte ich vor mich hin und ging weiter voran in Richtung des Nachthauses. Sonjas Äußerung interessierte mich genauso wenig wie das Nilpferd, das in seinem Betonbecken darauf wartete, endlich sterben zu dürfen. Mein Dickhäuterinteresse beschränkte sich einzig und allein auf Sonjas Brüste. Die waren gewaltig. Wenn ich da heute randurfte, wäre das echt genial. Mein Klassenkamerad Kübi hatte alles generalstabsmäßig geplant. Wenn er auch sonst nichts konnte, das konnte er. Kübi hieß eigentlich Volker Küblbauer und war der Einzige in der Klasse, mit dem ich wirklich was anfangen konnte. Es gab noch zwei, drei andere, die ganz okay waren, aber okay war halt nicht cool. Kübi hingegen war zumindest im Schulalltag so was wie ein Bruder im Geiste. Er war beinahe genauso schlecht wie ich in den Fächern, was uns schon mal grundlegend sympathisch für den jeweils anderen machte. Außerdem, und das war Kübis Alleinstellungsmerkmal, entwickelte er ein beachtliches strategisches Geschick, sobald es um Mädchen ging. Ich vertraute ihm da blind. Wir gingen den Weg weiter und ich erinnerte mich daran, dass Kübi in der siebten Klasse ja sogar schon mit einem Mädchen aus der neunten Klasse auf dem Pausenhof geknutscht und dazu einige Mädchen aufgerissen hatte, die eigentlich außerhalb seiner Gewichtsklasse lagen. Das war großer Sport. Das musste klappen heute.

Mädchen aufreißen, wo kam das eigentlich her?, schoss mir wieder mal so ein Wort durch die Gedanken. *Mädchen aufreißen,* das würde mich echt mal interessieren. Ein Mädchen erobern konnte ich mir ja noch herleiten, aber es gleich *aufreißen?* Wenn man sich das nur mal so vorstellte. Man lernt ein Mädchen kennen und reißt sie von Hals bis Bauch erst mal der Länge nach auf. Das war doch nicht sexy. Da wurde man doch nicht geil von. *Aufreißen!* Stammte diese Redensart am Ende vielleicht von Kannibalen, die zum Abendessen jeweils die Dorfschönste aufrissen und dann ausweideten? Oder von Jack the Ripper auf seiner blutigen Dirnenjagd in den Straßen Londons? *Mädchen aufreißen,* das musste ich mir irgendwann noch mal genauer durch den Kopf gehen lassen.

»Wir müssen hier rüber«, deutete Kübi auf ein Schild, auf dem »Nachttierhaus« stand. Seine Schritte wurden schneller, er schien es genauso wenig abwarten zu können wie ich. Diese verdammte

Teenagergeilheit aber auch. Kübi hatte es schon seit einigen Wochen auf Nicole, die alle Nicki nannten, und ihre Freundin Sonja abgesehen. Seine Strategie für heute war simpel. Das Zauberwort hieß Nachttierhaus oder Nackttierhaus, wie wir es scherzhaft nannten, damit auch dem letzten Idioten klar war, um was es gehen würde. Meine Aufgabe war es, die beiden Mädchen kurz nach dem Zooeintritt von der Herde abzusondern. Als Nächstes würde ich dann noch Sonja im Nachttierhaus von ihrer Freundin so separieren, dass Kübi freie Fahrt bei Nicki hatte. Nicki war viel hübscher als Sonja, aber mit ganz kleinen Brüsten. Ich war mit der Aufteilung zufrieden. Die beiden Mädchen liefen einige Schritte hinter uns, während wir zwei Jungs vor ihnen her trotteten.

»Wenn das so weitergeht, gibt das nix, Kübi. Die sind ja total prüde.«

Ich hatte Angst, dass unser Plan scheitern könnte, noch bevor wir überhaupt die rettende Dunkelheit des Nachttierhauses erreicht hatten. Die beiden Mädchen machten keinerlei Anstalten, fummelwillig zu sein. Kein Kichern, keine zweideutigen Anspielungen. Nichts.

»Wird schon. Wart's ab. Die können uns ja nicht schon hier draußen um den Hals fallen, weißte?«

»Stimmt.«

Die nächsten zehn Meter nickten wir vor uns hin. Jeder von uns ging nochmals den exakten Schlachtplan durch. Bei den Mangusten sollte laut Kübis Plan die erste zufällige Berührung der Hände stattfinden, wenn wir uns zu viert vor die Scheibe drängten. Dann würde im Dunkel die Separierung ihren Lauf nehmen. Spätestens bei den Fledermäusen würden uns die Mädels verängstigt in die Arme fallen und ich sollte Sonja dann sofort separieren. Danach war jeder seines eigenen Glückes Schmied. Die Mangusten waren der Startschuss.

Mangusten, dachte ich mir. Mangusten, klingt super. Das hat was Exotisches und doch gleichsam was Vertrautes,

Beschützendes. Mangusten könnten auch Bäume mit langen Ästen sein, die sich Schatten spendend über zwei Verliebte spannten, die sich darunter verträumt in den Armen hielten. Treffen wir uns unter den Mangusten! Da konnte kein Mädchen Nein sagen. Das war Romantik pur. Mangusten. Das klang viel schöner als *Mädchen aufreißen.*

»Wir sind da. Hereinspaziert.«

Kübi hielt uns die Tür auf und ich schob mich schweigend hinter den Mädchen hinein in das Nachttierhaus. Der Ort hatte immer was von Geisterbahn und Kübi rief uns irgendwas von Draculas Haus hinterher. Alle lachten, obwohl keiner verstand, was er genau damit meinte. Egal. Es gab Wichtigeres. Schon nach wenigen Schritten verschluckte uns die Dunkelheit und wir tasteten uns die ersten Meter in der Dunkelheit voran.

»Da vorn geht's zu den Mangusten. Ich glaube, dort links«, hörte ich Kübi das Codewort aussprechen und ich sagte: »Ach, ja«, obwohl ich immer noch nichts sah. In Gedanken ging ich noch mal meine Aufgabenliste durch. Mangusten, Fledermäuse, Sonja separieren. Okay, das schaffe ich. Allmählich gewöhnten sich auch meine Augen an die Dunkelheit und ich reihte mich neben den drei anderen an der Scheibe der Mangusten ein. Gar nicht so romantisch, wie ich dachte. Diese Mangusten haben ziemlich fiese Augen, ging es mir durch den Kopf. Daher wollte ich gerade die Bemerkung anbringen, dass Mangusten aber echt krasse Augen haben, als ich Sonjas Hand an meiner spürte. Sie zog mich zurück, sodass Nicki und Kübi allein die Mangustenaugen überprüfen mussten.

»Lass die mal, Franky. Die Mangusten interessieren dich doch auch nicht, oder?«

»Äh …«

Was? Was war das denn? Ich sah sie immer noch nicht richtig in der Dunkelheit, aber ihre Stimme hatte plötzlich einen ganz anderen Klang. Sie zog mich weiter hinter einen kleinen Vorsprung, neben dem sich nur ein einziges Terrarium mit einem Nacktmull darin befand. Das passt, dachte ich mir. Nacktmull, hatte ich zwar noch nie gehört, aber hier schien der Name Programm zu sein. Und ich hatte nicht einmal Zeit, mir weitere Gedanken über diesen außergewöhnlichen Namen zu machen. Denn ehe ich mich's versah, schob mir Sonja ihre Zunge in den Mund. So viel zum Thema *aber das Nilpferd würde ich gern sehen*. Sonja war fordernd und meine Zunge genügte ihr nicht. Sie drückte meine Hand gegen ihre Brust und presste sich fest an mich. Was war hier denn los? Wir waren doch noch nicht einmal in der Nähe der Fledermäuse. Wir waren beim Nacktmull. Das warf meinen Plan durcheinander und ich war völlig überfordert. Sie küsste meinen Hals und ich senkte den Blick zur Seite. Das war keine gute Idee, denn dort erblickte ich den Nacktmull hinter der Scheibe, der mich ansah. Zumindest glaubte ich das. Denn so richtig war das Tier nicht zu definieren. Ein unfassbar hässliches Tier, das mir umgehend einen Schauer über den Rücken laufen ließ.

»Krass«, entfuhr es mir.

»Ach ja, stehst du da drauf?«, fragte Sonja kichernd, ohne auf eine Antwort zu warten. Ich meinte zwar den Nacktmull, aber das, was sie tat, war auch krass. Sonja nahm nämlich meine Hand und legte sie auf ihren Busen.

»Gut so, Franky. Greif zu. Fester.«

Und das tat ich dann auch. Wir knutschten und ich knetete. Ich knetete mir einen Wolf. Die Spucke lief uns die Mundwinkel herunter und meine Hose drohte zu platzen. Noch viel mehr, als ich Sonjas Hand plötzlich auf meiner Jeans direkt über meinem Glied spürte. Das war die Erektion meines Lebens. Ganz klar. Ich nahm allen Mut zusammen, nahm meine Hand von ihrem Pulli und steckte sie nun darunter. Wenn nicht jetzt, wann dann? Erst ganz langsam, um einer möglichen Ohrfeige noch rechtzeitig ausweichen zu können. Doch es geschah nichts. Nichts, außer einem leichten Aufstöhnen ihrerseits und der Aufforderung, noch fester zuzugreifen. Wie war die denn drauf? Das musste doch wehtun, oder? Aber es schien ihr zu gefallen. Na dann. Meine Hand unterwanderte auch noch ihren BH. Ich spürte ihre weiche Haut unter meinen Fingern und knetete ihre massiven Brüste. Ich knetete und knetete, als wollte ich den Brotteig für die nächsten zehn Jahre vorbereiten. Und auch Sonja massierte meinen kleinen Nacktmull durch den Jeansstoff, als ob es kein Morgen gäbe. Sie war etwas grob, aber beschweren wollte ich mich nicht. Du lieber Himmel, ich liebte den Zoo. Ich spürte, wie die Erregung in mir gefährlich emporstieg. Kaum noch zu kontrollieren. Noch ein klein wenig mehr. Nur noch ein bisschen. *Nackttierhaus, Nackttierhaus*, schoss es mir durch den Kopf. Gleich war es so weit. Der Nacktmull würde explodieren. Hier. Mitten im Nackttierhaus.

Genau in diesem Moment ließ sie plötzlich von mir ab. Von mir, dem Nacktmull und meiner zum Bersten gespannten Jeans. Konsterniert schaute ich mich um. Sie war tatsächlich weg. Und das lag nicht an der Dunkelheit. Sie war weg. Alles war weg. Sowohl Sonja als auch meine Erektion. Was sollte das denn jetzt? Ich zog meine Kleidung wieder zurecht und blickte durch die Scheibe zu dem hässlichen kleinen Nager, der mich aber auch nur fassungslos ansah.

Ich lief ihr hinterher.

Zumindest glaubte ich das, denn ich wusste nicht einmal, in welche Richtung sie gegangen war. Bei den Fledermäusen holte ich sie schließlich ein. Sie stand dort bei den beiden anderen und sah dem hektischen Flattern fasziniert zu. Wieder ganz das Schulmädchen, alberte sie mit Nicki herum. Kichern und künstliches Entsetzen ob der »ach so bedrohlichen Fledermäuse«. Die beiden Mädchen klopften an die Scheibe und hatten nur noch Augen für die kleinen Blutsauger. Ich sah zu Kübi. Der zuckte desillusioniert die Schultern. Da war wohl nix gelaufen. Auch ich schüttelte verstört den Kopf, jedoch aus anderen Gründen. Ich verstand die Welt nicht mehr. Wobei ich im Gegensatz zu ihm zumindest gerade einen Rausch erlebt hatte. Fummeln war genial. Mir rauschte jetzt noch das Blut in den Ohren. War es das, wovor mich meine Mutter gewarnt hatte? »Kind pass auf, dass dir niemand was ins Glas tut.«

Auf Höhe der Schlankloris startete ich noch einen letzten verzweifelten Angriff und legte meinen Arm um Sonja, doch ihre Triebe schienen fürs Erste gestillt. Sie schob meine Hand von ihrer Schulter, gab mir einen Kuss auf die Wange und ging den Rest des Nachttierhauses mit Nicki Hand in Hand. Hm, ich zog ein erstes Resümee. Der Plan war ziemlich in die Hose gegangen. Und das im doppelten Sinne. Ich hatte gefummelt, geknutscht und eine sehr feuchte Unterhose. Kübi hatte da weitaus weniger vorzuweisen. Am Ausgang des Nachttierhauses angekommen, zog er mich zur Seite.

»Die Nicki ist voll das Kind, ey. Die hat nicht einmal Händchen halten wollen. Und bei dir? Ging was?«

Ich nickte. »Geknutscht und ein bisschen gefummelt.«

»Echt? Und wie sind die Titten von Sonja?«

»Groß. Aber ich weiß auch nicht.«

»Was weißt du nicht?«

»Halt so. War irgendwie komisch.«

»Hm, verstehe.«

»Tja.«

Floskeln. Sie retteten mich ein weiteres Mal. Ich musste das erst mal für mich selbst einordnen. Wir traten hinaus ans Tageslicht, doch die Mädchen waren schon weg. Wir sahen sie später bei den anderen um das Nilpferdbecken stehen. Keine Regung. Kein verstohlener Blick. Gerade so, als wäre nie etwas gewesen. Weder Kübi noch ich wurden wahrgenommen. Weder von Nicki und Sonja noch von Flusspferd Petra, die stoisch in ihrem Betonwasserbecken stand und uns ebenfalls ignorierte.

Weiber eben.

WINNETOU UND DER EISERNE VORHANG

Auch auf der Rückfahrt gab es keinen Kontakt mehr zu Nicki und Sonja. Ich saß im Zug und glotzte apathisch auf die vorbeifliegenden Häuser und Bäume, bis mir schwindelig wurde. Dann schloss ich die Augen und grübelte. War ich jetzt eigentlich glücklich über das Erlebte oder eher enttäuscht über das Nichterlebte? Und musste ich jetzt ein Jahr warten, bis es wieder in den Zoo ging, um mit Sonja im Nachttierhaus weiterfummeln zu können? Ich wusste nur, dass ich sexuell nun endgültig angefixt war. Meine Mutter hatte recht behalten. Pass auf dich auf – sonst gibt dir jemand Drogen. Doch es hatte nichts genutzt. Ich hing nun an der Nadel und wollte mehr davon. Ich beschloss, dass der diesjährige Ausflug ein guter war. Vielleicht sogar der beste von allen. Wobei das auch nicht allzu schwer war. Mal abgesehen von den Schulausflügen nach Frankfurt waren es nicht viele.

Mein weitester Ausflug hatte mich bis dato als Zehnjährigen mit der D-Jugend des heimischen Fußballvereins ins verregnete Elspe geführt, wo Winnetou im sauerländischen Freilichttheater bösen Schurken das Handwerk legte. Das zerstörte endgültig meinen kindlichen Glauben an Cowboys und Indianer.

Während unten die sauerländischen Indianer ritten, überflogen oben am Himmel lärmende Flugzeuge das Wildwestszenario und vor lauter Regen rutschte Winnetou ständig von seinem Gaul, weil er ja unbedingt ohne Sattel reiten musste. Zu allem Überfluss gab es auch noch Autogramme danach. Als ob der echte Winnetou Autogramme geben würde. Meine Enttäuschung war riesig und ich schwor mir, von da an nicht mehr an so was zu glauben.

Höchstens noch an Magnum. Ein Privatdetektiv mit Hawaiihemd auf Hawaii erschien mir nach wie vor machbar. Nur nicht in Elspe. Wenn Magnum nun auch noch im Sauerland seinen Ferrari parken und Autogramme geben würde, dann nicht mehr. Das war mir hier alles zu viel Show und unecht. Ich wollte was Greifbares, Reales. Vielleicht wurden wir von Kindern aus großen Städten für unsere Einfalt belächelt und als Landeier verlacht, aber wir hatten etwas, das viel genialer war als alle Fake-Spaß-Tempel zusammen und das alle Großstadtkinder dieser Welt vor Neid erblassen ließ. Wir hatten nämlich das spannendste und realste Abenteuer, das man sich überhaupt vorstellen konnte, direkt vor unserer Haustür.

Und zwar umsonst.

Und jeden Tag.

Den Kalten Krieg.

Die Zonengrenze.

Mein Vater steuerte oft an Wochenenden mit uns die Grenze an. Es ging zum Beispiel zum Theobaldshof, wo man bis zum Schlagbaum herangehen konnte und die Straße direkt vor der Nase im Nichts endete. Oder zum Dreiländereck, das am *Schwarzen Moor* lag und somit richtig was von einem Edgar-Wallace-Film hatte. An nebligen Herbsttagen wartete ich nur darauf, dass gleich der *Frosch mit der Maske* oder von mir aus der *Mönch mit der Peitsche* aus dem Moor treten würde, um unsere Familie in einem grauenvollen Gemetzel auszuradieren.

Ich malte mir aus, wie Scotland Yard dann Joachim »Blacky« Fuchsberger beauftragen würde und er zusammen mit Eddi Arent in unser Dorf käme, um den Fall zu lösen. Mein Drehbuch hatte gewisse Schwächen, weil natürlich *Das Schwarze Moor* in der Rhön nicht direkt in den Zuständigkeitsbereich von Scotland Yard fiel. Dennoch hatte ich mir sogar schon mögliche Titel überlegt. Meine Top fünf waren der *Mönch aus dem Moor*, die *Toten Augen vom Theobaldshof*, der *Rhön-Rächer*, *Neues vom Grenz-Hexer* und *Zonenrand-Zombie*, wobei Edgar Wallace Letzteres wohl abgelehnt hätte.

Aber dieses Dreiländereck hatte wirklich etwas Mystisches. Dort stießen Hessen, Bayern und vor allen Dingen das kommunistische Thüringen aufeinander. Ich wusste nicht genau, was Kommunismus war, aber es war wohl was Negatives. So was wie schwul, nur für Politiker. Und es hatte etwas mit dem Russen zu tun. Und das war immer gefährlich. Jedenfalls trafen am Dreiländereck nicht nur die Landesgrenzen aufeinander, sondern es gab dort an einer einfachen Holzbude eine der legendärsten Bratwürste auf die Hand, die je ein Grillrost hervorgebracht hatte. Mit der Wurst in der Hand marschierten wir dann von dort aus immer einige Meter durch ein kleines Waldstück weiter. Man hatte noch nicht den ersten Bissen heruntergeschlungen, da stand man schon vor der größten aller Weltbühnen: dem Eisernen Vorhang.

Was für ein Name!

Eiserner Vorhang.

Darüber hatte ich mir schon als kleines Kind Gedanken gemacht.

Eiserner Vorhang. Ein Vorhang aus Eisen. Wer den wohl aufgehängt hatte? Der musste Superkräfte gehabt haben. Wer konnte das sein? Es kam nur der Russe infrage. Klar.

Später wusste ich natürlich, dass das kein richtiger Vorhang war. Doch die Faszination für den Namen und das Bauwerk blieb. Das war alles viel besser als Elspe. Gegen den Eisernen Vorhang konnte *Der Schatz im Silbersee* nicht anstinken. Dagegen konnten alle Achterbahnen und Karl-May-Festspiele zusammen einpacken.

Der Eiserne Vorhang.

Das war real.

Das war echt.

Das war Krieg.

Das war unser Freilufttheater.

Und auf dem Spielplan stand jeden Tag, jede Woche, jeden Monat und jedes Jahr das immer gleiche Stück: der Kalte Krieg! In den Hauptrollen: die Ost-Grenzer. Nebenrollen: die westdeutschen BGS-Beamten! Das Bühnenbild: ein vermintes Bollwerk aus Beton, Stacheldraht und Wachtürmen. Von unserer, der Westseite aus, konnte man relativ nah an die Grenze heran, sodass man ungehindert in den Osten blicken konnte. Dort patrouillierten die Ost-Grenzer mit ihren Gewehren und Hunden, andere blickten vom Wachturm aus mit ihren Feldstechern direkt zu uns herüber. Das war tausendmal fesselnder als Pinguine im Frankfurter Zoo anzuschauen oder ausgestopfte Otterfamilien im Senckenbergmuseum. Obwohl es dort diese Riesenanakonda gab, die mit ausgerenktem Unterkiefer ein komplettes Wasserschwein verschlingen konnte.

Bei uns in der Rhön gab es weder Anakondas noch Pinguine, wobei es durchaus etwas von einem Zoo hatte. Familien mit ihren Kindern deuteten auf die eingesperrten Ost-Grenzer wie auf seltene Raubkatzen, die apathisch hinter dem Gitter entlangschlichen. Absolut tödlich und zum Glück durch eine Schutzmauer getrennt. Die waren gefährlich. Die blitzten mit ihren Augen fies herüber. So wie die Mangusten. Nur menschengroß. Ich fand es faszinierend. Und für mich gehörte der ganze Zirkus zum normalen Leben dazu. Wir waren schließlich die erste Generation, für die es selbstverständlich war, dass es zwei deutsche Nationen gab, so wie es für die heutige Generation unvorstellbar ist, dass es tatsächlich einmal so war.

Unsere Eltern kannten noch die Zeit vor der Mauer oder zumindest die Zeit, in der sie gebaut wurde. Sie hatten noch erlebt, wie Ortschaften und Familien getrennt wurden und sich dramatische Szenen abspielten. Manchmal verlief die Grenze sogar mitten durch ein Wohnhaus. Wie in Vacha, in dem legendären *Haus Hoßfeld,* einem der bekanntesten Häuser im Zonenrandgebiet.

Die Geschichte kannte sogar ich, weil Oma Frieda immer wieder davon erzählte, wie der Russe nur so was machen konnte. Dass das doch unmenschlich sei, worauf Opa meist nur ein »Tja« knurrte. Das *Haus Hoßfeld* stand demnach exakt auf der Staatsgrenze zur DDR und der Grenzverlauf teilte das Haus in zwei Hälften: Die linke Hälfte gehörte zur BRD und die rechte zur DDR. Und als Lösung dieses Konflikts sagte man nicht etwa: Oh Scheiße, dann müssen wir wohl da drum rum bauen. Nein, man entschied sich dazu, die Grenze mitten durch das Haus laufen zu lassen und den Seitenflügel des Hauses Hoßfeld zuzumauern, sodass es den Bewohnern auf der Westseite nicht möglich war, auf die andere Seite des Gebäudes zu gelangen und umgekehrt. Erst nach langen Verhandlungen mit der DDR-Regierung wurde die Grenze schließlich um einige Meter nach rechts verlegt und die Eigentümer des wohl bekanntesten Hauses der Grenze konnten dieses zu guter Letzt wieder voll nutzen.

Dank der Gnade der späten Geburt war das alles für uns Kinder und Jugendliche nicht mehr greifbar oder spürbar. Wir waren nur fasziniert von der Grenze als solcher. Ich fragte mich, wie sich das von dort aus anfühlte. Von der anderen Seite. Standen die auch mit Bratwurst da und schauten rüber? Ne, wohl kaum, denn ich sah nie einen anderen Jungen in meinem Alter dort stehen. Nur Grenzer in Uniform. Ohne Bratwurst.

Dafür mit Maschinengewehr in der Hand. Ich hatte Oma mal gehört, wie sie erzählte, dass man die Grenzdörfer im Osten nur mit einem entsprechenden Passierschein betreten durfte.

Passierschein.

Wer sich das Wort wohl ausgedacht hatte?

Zuerst dachte ich, es könnte so heißen, weil das mit der Grenze nun mal passiert sei und man sich bei den Einwohnern mit so einem Passierschein dafür entschuldigen wolle. Es hatte aber nichts mit passiert zu tun, sondern war einfach nur ein weiteres bürokratisches Wort wie »Von Amts wegen« oder »Kostenzusageübernahmeerklärung«. Mein bisheriges Lieblingswort, seit ich Papa am Telefon mal mit einem Mann vom Amt diskutieren hörte. Es ging um eine Anschaffung für die Firma im Rahmen der Zonenrandförderung und Papa sagte bestimmt viermal fehlerfrei Kostenzusageübernahmeerklärung. Das beeindruckte mich.

Ich erfuhr, dass der Passierschein so was wie ein Visum war. Nur wer dort lebte und gemeldet war, bekam so einen ausgestellt und durfte damit in diese Zone hinein. Besuch wurde sorgsam ausgewählt, und selbst Familienangehörigen, die lediglich ihre Liebsten gern sehen wollten, wurde oft der Zutritt verweigert. Kein Passierschein – kein Besuch. Konnte ich kaum glauben. Und wir? Wir standen da, gafften mit unseren senfverschmierten Bratwurstgesichtern über den Stacheldraht und fuhren wieder nach Hause, wenn uns langweilig wurde oder wir satt waren. Satt von der Wurst, satt von der Grenze, satt von dem Kick, Menschen mit scharfen Waffen zu beobachten, die sie bei Bedrohung gegen jeden Einzelnen von uns einsetzen würden.

In der Schule lernten wir nicht so viel über die Grenze. Vielleicht auch doch. Aber ich passte nicht auf. Doch damit war ich nicht allein. Es interessierte uns Kinder und Jugendliche nicht sonderlich. Es war, wie es war, und wir hatten damit nichts zu tun. Wir waren weder schuldig noch verantwortlich für dieses Dilemma. Das hatten unsere Eltern und Großeltern verbockt. Es war einfach nur ein weiteres Thema des Geschichtsunterrichts, wie jedes andere auch. Langweilig und mit Zahlen zum Auswendiglernen überfrachtet.

333 Issos Keilerei.

753 Rom schlüpft aus dem Ei.

1961 Beginn des Mauerbaus.

1986 Fummeln im Nachttierhaus.

»Endstation. Bitte alle aussteigen. Der Zug endet hier«, kratzte die Stimme im Lautsprecher des Zugs und wir stiegen in Fulda am Hauptbahnhof aus, um in einen kleineren Zug umzusteigen, der uns noch die letzten Kilometer nach Hause in unser Rhöndorf brachte.

Der Zug endet hier, hallte es in meinem Kopf nach und ich musste an den Eisernen Vorhang denken.

Nicht nur der Zug endete hier.

Meine Mutter und Pierre Littbarski

Grau.

Das war die vorherrschende Farbe der Stadt.

Straßen – grau.

Häuser – grau.

Menschen – grau.

Die Gelder der Zonenrandförderung wurden anscheinend in anderes investiert als in die Farbgestaltung der Häuser und Kleidung. Eine gräulich-retardierte Stimmung spannte sich wie ein Schirm über alles und jeden. Noch bevor an der Grenze ein einziger Schuss abgegeben worden war, hatte die Region ihre Niederlage bereits anerkannt. Aber immerhin gab es in der Stadt so rauschende Geschäfte wie Karstadt und Kerber und ... Karstadt und Kerber. Zwangsmonopolstellungen par excellence. Die beiden einzigen wackeren Geschäfte, die sich gegen das ansonsten triste Einkaufserlebnis stemmten. Sie wurden grundsätzlich auch immer in einem Atemzug genannt, so verschmolzen sie zu einer einzigen leuchtenden Marke am Firmament der osthessischen Einkaufswelt: *Karstadtundkerber*. Ein zarter Kuss der Phonetik, ein Zungenkuss der Nahversorgung. Sie gehörten unzertrennlich zueinander. So wie Bonny und Clyde oder Adam und Eva. Der eine war ohne den anderen nicht nur undenkbar, er war schlichtweg nicht existent. Aber meine Mutter und alle anderen Bürger der Region waren dankbar, dass es zumindest *Karstadtundkerber* gab. Denn alle anderen großen Player überboten sich nicht gerade in ihren Bemühungen, in die osthessische Provinz zu expandieren, um dort eine Filiale zu eröffnen.

Bei meinem letzten Fußballspiel hatte ich meine Fußballschuhe zerstört. Das war nicht sonderlich überraschend, da einer meiner älteren Cousins damit schon die ein oder andere Saison gekickt hatte und ich sie lediglich auftrug. Das war nicht das erste Paar Schuhe, das ich auftrug und das mir mein Vater mit den Worten »Die sind doch noch gut« und »Stell dich net schö« vor die Nase stellte. Doch diesmal war wirklich nichts mehr zu retten gewesen. Das Leder hatte sich komplett von der Sohle gelöst und das Modell *Karl-Heinz Rummenigge – Adidas* war höchstens noch als Sandalette zu tragen. Nachdem ausreichend gekehrt worden war, ging es diesen Samstag also noch mit meiner Mutter zum Einkaufen in die Stadt. Neue Fußballschuhe kaufen! Tatsächlich, neue Schuhe, die noch niemand zuvor getragen hatte. Das war ein Fest! Lag aber auch nur daran, dass mein Cousin mit dem Kicken aufgehört hatte und Schuhe in meiner Größe nun familienintern nicht mehr geliefert wurden. Das kam mir wie gerufen. Neue Fußballschuhe waren Bombe! Zumal es Samstag war und ich somit eine Ausrede hatte, nicht kehren zu müssen. Natürlich steuerten wir als Erstes die Sportabteilungen von *Karstadtundkerber* an, die uns auch mit einem breiten Sortiment empfingen.

»Hier, der ist doch schön, Frank. Findest du nicht?«

»Franky, nicht Frank«, kam es sofort scharf von mir zurück. »Bitte, Mama, wie oft soll ich dir das noch sagen?«

Meine Mutter und mein Vater waren die Einzigen, die mich noch Frank nannten. Es klang falsch in meinen Ohren und ich bat sie jedes Mal aufs Neue, mich doch bitte Franky zu nennen.

Mein Vater lachte mich nur aus und meine Mutter meinte, dass sie mir diesen schönen Namen nicht gegeben hatten, damit ich ihn nach Lust und Laune änderte: »Frank ist so ein schöner Name. Ich mag ihn.«

»Ja, und ich nun mal nicht«, gab ich nörgelnd zurück und nahm den Schuh entgegen, den mir meine Mutter entgegenstreckte. Sofort erkannte ich den Fehler. »Mama, das ist kein richtiger Fußballschuh.«

Ich drehte meiner Mutter die Sohle so entgegen, dass sie ihren Fehler selbst erkennen konnte. Fußballschuhe hatten Stollen. Dieser jedoch nicht.

»Aber der hat doch auch diese komischen Dinger da unten dran.«

»Das ist ein Nockenschuh. Damit spielt man auf 'nem Hartplatz.«

»Ja und?«, fragte meine Mutter erstaunt.

»Wir haben aber keinen Hartplatz.«

»Und wenn es mal längere Zeit nicht regnet? Erinnere dich daran, wie heiß es letztes Jahr im August war. Da hat es bestimmt fünf Wochen nicht geregnet. Dann ist das doch fast wie so ein Hartplatz.«

»Es bleibt aber trotzdem ein Rasenplatz. Und außerdem ist im Sommer Sommerpause. Dann spielen wir sowieso nicht. Und bei fünfzig Prozent der Spiele ist der Boden nass. Wir leben ja schließlich in der Rhön und nicht in Afrika.«

»Na ja, trotzdem, das ist doch nicht so entscheidend, ob der Boden nass oder trocken ist, oder?«

»Äh, doch, schon«, sagte ich verständnislos. Wie konnte man denn so eine Antwort geben? »Wenn es regnet, fall ich damit nur auf die Fresse und habe keinen Stand beim Schießen. Man braucht beim Fußball einen festen Stand, sonst gibt das nix, verstehst du das nicht?«

»Frank, nicht in diesem Ton«, ermahnte sie mich. Dabei war ich im Recht und hielt mich meines Erachtens noch sehr zurück.

»Mama!«

»Und schrei mich nicht an. Du weißt, das mag ich nicht.«

»Aber ich habe doch nur…«, fing ich an, erkannte aber den Unsinn des Versuchs, mit meiner Mutter zu diskutieren. Ich stellte den Schuh zurück ins Regal und versuchte, mich zusammenzureißen. »Egal, es sind jedenfalls nicht die Richtigen.«

Meine Mutter schien sich auf den Nockenschuh eingeschossen zu haben und gab sich noch nicht zufrieden. Sie tippte auf den Schuhkarton, auf den ein roter Kreis geklebt und per Hand ein neuer Preis gekritzelt worden war.

»Schau nur, der ist sogar im Angebot.«

»Mama …«

»Ich mein ja nur.«

»Wenn sie dir so gefallen, dann kauf du sie dir doch.«

»Aber was will ich denn mit Stollenschuhen?«

»Nockenschuhen.«

»Ach Herr Gott, das ist aber auch diffizil.«

Mama streute gern ab und zu ein Fremdwort ein. Das gefiel ihr, weil sie dann nicht so gewöhnlich klang. Das sagte sie gern mit einem angewiderten Gesichtsausdruck: »gewöhnlich«. Vor allen Dingen, wenn sie in der Stadt war, um Bekannte zu besuchen, legte sie sich vorab ein, zwei Fremdworte zurecht, die sie dann aufsagen konnte. Ihre Freundinnen waren dann beeindruckt, wie gebildet meine Mutter doch war.

»Das ist nicht diffizil, das sind halt Nocken und keine Schraubstollen.«

»Ist ja gut. Ich habe es verstanden.«

Kopfschüttelnd verdrehte sie die Augen und griff zu dem Schuh daneben. Dieser sah fast genauso aus wie der, den ich gerade kaputt gespielt hatte, außer dass er als Schriftzug nicht *Karl-Heinz Rummenigge* hatte, sondern *Pierre Littbarski.*

»Und der hier? Der hat doch diese richtigen Schraubdinger unten dran, oder?«

»Stollen, Mama. Die heißen Stollen. Und ja, der ist nicht schlecht. Zeig mal her.«

Vorsichtig schnürte ich den Schuh auf und zog meine Schuhe aus. Bah, meine Füße waren ein einziges Fiasko. Seit das Volk der Pickel in meinem Gesicht heimisch geworden war, hatte sich auch noch ein veritabler Fußgeruch eingestellt. Meine Mutter meinte, dass das normal sei in der Pubertät. Aber so was konnte doch nicht normal sein. Wie das roch?! Das war mir selbst unangenehm. Und das sagte ich nicht einmal bei meinen Fürzen. Wobei das nicht zählt. Die eigenen Fürze kann ja jeder ganz gut abhaben. Bei Füßen sieht das wohl schon anders aus, dachte ich mir und schlüpfte schnell in die Adidas-Fußballschuhe, um den drohenden Gestank einzudämmen. Die Schuhe waren wirklich nicht schlecht. Und Pierre Littbarski vom 1. FC Köln gefiel mir eigentlich auch ganz gut. Eigentlich war ich eher Eintracht-Frankfurt-Fan, aber von dem Club hatte es nur Thomas Berthold in den WM-Kader geschafft. Na ja, und das war nun auch kein Jahrhundertkicker. Dann lieber Littbarski, entschied ich. Ein Fummler, der in seinen Bewegungen deutlich filigraner wirkte als Berthold oder der Rammbock Rummenigge. Nur leider gab es den Schuh lediglich in einer Größe, die eine Halbgröße unter meiner lag. Also schlüpfte ich wieder raus und der Fußgeruch verteilte sich schlagartig wieder im Raum. Ich versuchte den Gestank zu überspielen.

»Hm, bisschen eng vorn. Was gibt's denn noch?«

Als Alternative in der passenden Größe schlüpfte ich in das identische Modell, und das passte wie angegossen. Nur stand am Rand der Name eines Mannes, der so was wie der Antifußballer war: Hans-Peter Briegel. Die Walz aus der Pfalz. Der ehemalige Zehnkämpfer. Hans-Peter Briegel war so weit von einem guten Fußballer entfernt wie die Erde vom Mond. Das ging ja gar nicht. Den Briegel wollte ich nicht am Fuß haben. Keinesfalls. Da war ja der Rummenigge noch besser.

»Na, Frank, passt der denn besser?«, fragte meine Mutter, als ich in Hans-Peters Leder glitt. Er passte perfekt und war kein Vergleich zu dem Schuh von Pierre. Aber das konnte ich doch nicht sagen. Hans-Peter Briegel – ja spinn ich?! Also musste ich mir was einfallen lassen und deutete irgendwo in Richtung des Schuhs.

»Der drückt hier so komisch.«

»Was, hier an der Fußspitze?«

»Äh, ja.«

»Zeig mal.« Meine Mutter kniete sich vor mich und drückte auf die Schuhspitze, wo deutlich genug Luft bis zum Anstoßen des Zehs war.

»Bewege mal die Zehen.«

Ich schob meinen Zeh so weit es ging nach vorn, um auch ja anzustoßen. Es gelang mir nur minimal.

»Siehste?«

»Ne, ich merk nix.« Meine Mutter drückte erneut mit ihrem Daumen nach. »Passt doch.«

»Der andere war aber besser«, deutete ich auf Pierre, der wieder zurück im Regal darauf wartete, von mir mit nach Hause genommen zu werden. Gemeinsam würden wir die Jugendmannschaften der Rhön durcheinanderwirbeln und glorreiche Siege davontragen.

»Der? Aber du sagtest doch, der sei dir zu eng gewesen. Und der ist ja auch noch kleiner als dieser hier. Wenn du hier bei dem schon anstößt, passt der andere erst recht nicht.«

»Doch, der hat aber gepasst. Bestimmt wurde die Größe versehentlich falsch angegeben. Lass mich noch mal probieren.«

Zum Beweis zog ich ihn mir also erneut an. Meine Zehen zog ich reflexartig zurück, als sie gegen die Spitze stießen. Wie eine Schnecke bei Kontakt sich in ihr Haus zurückzieht. »Ja, der ist besser.«

Wieder kniete meine Mutter vor mir und überprüfte mit dem Daumen die Passform.

»Also, ich weiß nicht. Der kommt mir kleiner vor. Läufst du da wirklich besser mit?«

»Auf jeden Fall. Viel besser. Und so Fußballschuhe müssen auch immer etwas enger anliegen, weißt du.«

»Aha. Ist das so?«

»Ja, weil …«, ich suchte irgendeine Erklärung dafür, warum ich einen viel zu kleinen Fußballschuh kaufen wollte, »… wegen Ballgefühl und so.«

»Kenn ich mich nicht mit aus.«

»Ich aber.«

»Na gut. Du musst sie ja anziehen.«

»Eben.«

»Und die haben auch diese Schraubnocken, die du wolltest?«

»Schraubstollen!«

»Meine ich doch.«

»Ja, haben sie. Der Schuh ist perfekt.«

»Tja.«

Zum Glück hatte meine Mutter so wenig Ahnung von Fußball wie Hans-Peter Briegel von filigraner Technik. Sie kaufte mir den Schuh, und ich würde in den nächsten Tagen mit viel Papier und Schuhspannern versuchen, dem Leder noch eine Halbgröße abzutrotzen.

Nahversorgung à la Zonenrand

»Wir dürfen nicht vergessen, noch das Futter für Genscher zu kaufen. Und zwar diesmal das richtige.«

»Machen wir«, antwortete ich, was meine Mutter nicht davon abhalten würde, noch ein wenig weiter auszuholen. Ich war mir hingegen sicher, dass Genscher eigentlich gar kein eigenes Futter benötigte. Er kam wunderbar mit Löwenzahn und Gemüse aus unserem Garten aus. Doch auch das spielte keine Rolle. Meine Mutter gab ihm gern noch ein paar Vitamine. Dann wäre er immer so agil, das gefalle ihm, war sich meine Mutter ganz sicher.

»Das letzte Mal hatten wir dieses billige Zeug gekauft. Das hat er gar nicht gut vertragen. Erinnerst du dich?«

Ich erinnerte mich. Und schwieg. Doch das änderte nichts daran, dass weitere Details über Genschers Verdauung hinzugefügt wurden.

»Genscher hatte eine Woche lange Durchfall davon. Eine ganze Woche.«

Ich nickte und wiederholte ihre Aussage als Bestärkung dieser Unglaublichkeit.

»Eine ganze Woche.«

Man muss dazusagen, dass wir natürlich nicht Außenminister Hans-Dietrich Genscher bei uns im Haus hielten und dieser dort mit seinen Fäkalien herumschleuderte. Vielmehr hatte vor gut einem Jahr ein Kunde meines Vaters seine Rechnung nicht begleichen können, und als mein Vater vor Ort war, um das Geld einzutreiben, pfändete er kurzerhand ein altes Kofferradio, zwei Kanister Motoröl und einen Leguan. Einen echten Leguan. Samt Terrarium. Mein Vater meinte, dass er den Leguan aus der verrauchten Bude retten wollte, und nannte ihn kurzerhand Genscher, weil er angeblich eine frappierende Ähnlichkeit mit dem Politiker habe. Ich mochte Genscher. Er war unaufgeregt und bedurfte keiner besonderen Aufmerksamkeit. Höchstens wenn er Durchfall hatte. Und ich meine immer noch den Leguan.

»Du veralberst mich, oder?«

»Nein. Eine ganze Woche«, antwortete ich meiner Mutter. »Das ist ein Skandal.«

Meine Mutter lächelte verschmitzt, dann wechselte sie das Thema.

»Haste Hunger?«

Ich nickte wortlos, denn die Antwort war sowieso klar. Bevor Genscher seine Vitamine bekam, wurde unser Hunger gestillt. Schließlich gingen wir immer noch was in einem »Restaurant« essen, wenn ich mit meiner Mutter in der Stadt einkaufen war. Na ja, »gingen« war schon etwas übertrieben und »Restaurant« sowieso. Wir fuhren aus der Sportabteilung mit der Rolltreppe rauf ins oberste Geschoss des Kaufhauses, wo es etwas zu essen gab. Das Mobiliar des Restaurants war ein optisches Fiasko. Neue orangefarbene Plastikstühle reihten sich um rustikale, durchfallbraune Holztische. In New York wäre dieser Stilmix wohl als letzter Schrei gefeiert worden, in der osthessischen Provinz war es hingegen einfach nur dem knappen Budget geschuldet. Die Tische mussten noch auf ihren

Austausch warten und liefen unter dem Motto »Geht noch ein Jahr«. Dann würden auch sie gegen eine leicht abwaschbare Kunststoffvariante ersetzt werden. Doch bis dahin war alles kunterbunt gemischt. Das gesamte Restaurant hatte daher eher den Charme einer Betriebskantine, die sich aus Beständen von Rudis Resterampe rekrutiert hatte. Dennoch: Es wurde als Restaurant angepriesen. Sowohl auf den Infotafeln auf jedem Stockwerk als auch direkt am Eingang stand groß und fett gedruckt *Restaurant* angeschrieben. Man sollte sich trotz der einzigartigen Atmosphäre ganz sicher sein, dass man hier auch wirklich richtig und nicht aus Versehen falsch ins Lager abgebogen war. Wobei man da schon zweifeln konnte, befand sich doch außer den Tischen und Stühlen rein gar nichts sonst in diesem Stockwerk. Keine Pflanzen, keine Tischdekoration. Nur das farbliche Möbelfiasko in Neonröhrenbeleuchtung. Die Angebotspalette des Kaufhauskochs war ebenso übersichtlich. Es gab Schnitzel. Die jedoch ertränkt in vielerlei Soßenvarianten: Hollandaisesoße, Gorgonzolasoße, Zigeunersoße, Jägersoße und Champignonrahmsoße, die allerdings exakt der Jägersoße glich. Dazu gab es einen durchgezogenen Beilagensalat.

»Schnitzel, Frank?«, fragte meine Mutter, als ob man wirklich eine Wahl hätte.

»Ja. Ein Jäger.«

»Schön. Ich nehme nur den Salat ...« Ich schaute meine Mutter fragend an. Bei mir musste sie nicht die Dame von Welt spielen oder nur gesunde Sachen essen. Das merkte sie, kaum dass sie den Satz ausgesprochen hatte. »... mit einem Zigeunerschnitzel dazu.«

»Besser, Mama.«

»Wir sind ja nicht bei armen Leuten. Da darf es auch mal was Herzhaftes sein, nicht wahr?«

»Klar. Keine Fisimatenten.«

»Bist ja schon wie Oma«, lachte meine Mutter. Denn das war eigentlich Omas Spruch. Immer wenn man etwas in ihren Augen Exotisches bestellen wollte, schüttelte sie nur ungläubig den Kopf. Sie schwor auf die rustikale Küche, auch wenn sie selbst eine miserable Köchin war. Sie kochte genauso karg, wie die Landschaft der Rhön war. Und nicht umsonst galt die Region als menschenunfreundliche Landschaft, als »Armenhaus Deutschlands«, wovon auch heute noch so verheißungsvolle Ortsnamen wie Armenhof, Leblos, Sparbrod oder Sterbfritz zeugen. Es wurde nicht zu Unrecht gern als »Sibirien Hessens« bezeichnet. Im Zonenrandgebiet herrschte zwar keine Mangelwirtschaft, aber auch nicht gerade die bunte Welt der Markenvielfalt. Dafür gab es in jedem noch so kleinen Kaff neben einem stets topgepflegten Rasensportplatz mindestens eine Gaststätte, die die bereits genannte Kombination aus einem Tiernamen und einer Farbe in ihrem Namen trug. Und man wusste, was man dort auf den Teller bekam. Heute würde man es mit schneidigen Werbeslogans wie »regionale Produkte aus heimischem Anbau« bewerben. Damals hatte man die Kuh wahrscheinlich noch am Vortag auf der Weide fragen können, als was sie am nächsten Tag verzehrt werden wolle. Steak? Gulasch? Rindswurst? Denn natürlich war alles regional! Was auch sonst? Es gab nur regional. Kein einziger Bauer wäre extra aus Baden-Württemberg ins Zonenrandgebiet gefahren, um dort eine halbe Sau in den Metzgerladen unseres Dorfes zu hängen. So hatte die Zonenrandlage auch die Speisekarten der Restaurants geprägt.

»Keine Fisimatenten«, sagte meine Oma immer, wenn wir alle gemeinsam in ein Restaurant in der Stadt essen gingen und Mama ihr ein Gericht mit exotischer Beilage empfahl. Sie müsse doch auch mal was anderes probieren.

Fisimatenten.

Wo das wohl herstammte?

Ich überlegte schon mein ganzes Leben lang, hatte bislang aber keine Erklärung für das Wort gefunden. Vielleicht verstand ich meine Oma aber auch einfach nur nicht richtig und sie sagte etwas ganz anderes. *Füße mit Händen* oder so. Aber das hätte ja auch keinen Sinn ergeben. Oma hätte aber auch *Risotto alla milanese an Mango-Chutney* gar nicht aussprechen können. An vegane Küche war ebenfalls noch nicht zu denken, wenn man mal von Salzkartoffeln und Beilagensalaten absah. Außerdem gab es in allen Gasthäusern stets ein Stammessen zur Mittagszeit. Räuberschnitzel, Falscher Hase oder Bratwurst mit Spinat und Spiegelei. Wenn man nach Fulda in die Stadt fuhr, war das schon etwas anders. Dort gab es für die Avantgarde immerhin einen (!) Chinesen. Vielleicht war es aber auch nur ein cleverer einheimischer Geschäftsmann, der sich als Asiate getarnt eine goldene Nase verdiente. Neben dem Chinesen in der Rangstraße, der einfachheitshalber auch schlicht *der Chinese in der Rangstraße* hieß, gab es in der Stadt nur noch ein weiteres verrücktes, geradezu revolutionäres Restaurant, bei dem man sein Essen sogar im Straßenverkauf erstehen konnte:

Wienerwald!

Ja, es gab einen *Wienerwald.*

Die Betonung liegt hier jedoch ebenfalls auch auf: *einen.*

Einen Wienerwald.

Das war das Highlight.

Die einschlägigen Fast-Food-Tempel machten damals noch einen großen Bogen um die Region des Zonenrands. Kein einziges leuchtend-goldenes M flimmerte im Dunkel der Nacht. Wahrscheinlich hatten die Amis Angst, dass man ihnen vom Ossi-Grenzturm aus das fluoreszierende M per Scharfschütze ausknipsen würde. *Wienerwald* hatte weder Leuchtreklame noch ein M und war damit das Maximum an Take-away, was man in Fulda bekommen konnte. Wir Kinder bekamen leuchtende Augen, wenn Vater Breuning uns in den weißen Mercedes 190

E packte und für die Familie Hähnchen und Pommes ankündigte. Allerdings aßen wir das dann auch vor Ort im Auto sitzend, weil es bis zu Hause kalt geworden wäre.

Das heutige Essen in der Kaufhauskantine war solide wie immer. Im Anschluss fuhren wir wieder die einzelnen Stockwerke mit der Rolltreppe hinunter.

»Wir hätten natürlich auch was holen können, Frank«, befand meine Mutter zwischen dem dritten und zweiten Stockwerk. Denn es gab noch die Nahrungsalternative der heimischen Dorfkneipe, die natürlich auch *Zum grünen Baum* hieß. Sie lag nur ein paar Ecken von unserem Wohnhaus entfernt. Hier konnte man telefonisch Pizza und Hähnchen bestellen und diese dann dort abholen.

»Ne, war schon gut so, Mama. Und bitte: Franky, okay?«

»Ja ja …«

Wir rollten hinunter ins erste Stockwerk. Das Essen im *Grünen Baum* war echt gut, aber ich mochte es nicht sonderlich, dort das Essen abzuholen. Oder um genauer zu sein, dort auf das Essen zu warten. Denn an der Theke der Dorfkneipe saßen zu jeder Tages- und Nachtzeit die immer gleichen Gestalten mit den immer gleichen Themen und dem immer gleichen Gesichtsausdruck. Sie bestellten sich mit glasigem Blick ein aus Bier und Schnaps bestehendes *Gedeck* und freuten sich, wenn ein Gesicht aus der Dorfjugend zur Tür hereingespült wurde. Das eröffnete für die angesoffene Herrenrunde schließlich völlig neue Gesprächsthemen. Zwar auch nur Floskeln, aber immerhin andere.

Zunächst der Einsteiger »Gude«, gefolgt von einem »Und wie?« und einer Feststellung à la »Dass man dich mal wieder sieht. Is ja ein Ding. Wo springst du denn rum?«.

Als ob man als Fünfzehnjähriger auf dem Dorf eine große Wahl hätte. »Gestern New York, morgen Paris, das Übliche halt, da verpasst man sich halt schnell, was? Hahaha.« Das dachte ich nur und sagte meistens stattdessen »Tja«. Natürlich hätte man nur unterhalb des Namenschilds BREUNING klingeln müssen und schon hätte man mich entdeckt, wenn man mich denn tatsächlich vermisst hätte. Außerdem war es ja so, dass mich beinahe alle hier samstags beim Straßekehren bewunderten, wenn sie vorbeifuhren, oder sonntags ganz genau wahrnahmen, ob ich in der Kirche auf meinem Platz saß – aber nein, dass man mich mal wieder sah, war ein Ding. Und so ergab ich mich den weiteren Fragen. Wie war das Jugendfußballspiel am Wochenende? Was machen die Eltern? Wie ist das Wetter vor der Tür die letzten achtundvierzig Stunden gewesen? Die beige-grauen, farblosen Hemden spannten sich dabei über die erschreckend ähnlichen Körper der Männer. Die Grundfarbe ihrer Kleidung war sowieso durchgehend Beige. Beige Hosen, beige Schuhe auf beigen Hemden. Die Jäger und Waldarbeiter unter ihnen auch gern mal in provokantem Grün – unter einer beigen Weste. Aber Grün war schon verwegen, das Pink der Osthessen.

Doch nicht nur die Kleidung war uniform – die Männer rochen auch alle gleich. Das merkte ich spätestens dann, wenn mir einer der Männer gut gemeint einen Arm um die Schultern legte und mir feucht ins Gesicht säuselte, dass ich bestimmt doch noch gern 'ne Bluna oder ein Eis wollte, solange ich noch auf das Essen warte. Sie hatten einfach nicht bemerkt, dass ich mittlerweile fünfzehn Jahre alt war und für mich Bluna und ein Eis nicht mehr ganz so hoch im Kurs standen. Doch den Männern war das egal. Sie hatten mir über die Jahre die immer gleichen Fragen gestellt, die stets identischen Antworten erhalten und mir dabei Bluna und ein Eis spendiert. Während sie mit mir redeten, suppte aus jeder einzelner ihrer Poren die säuerliche Melange aus zu viel Bier und zu wenig Hoffnung. Ich konnte wirklich riechen, wie sie ihren drögen Alltag in Unmengen an Bier zu ersaufen versuchten.

Es ist erstaunlich: Egal welche Brauerei, ab einem gewissen Übermaß an Bier riechen der Atem und Schweiß bei jedem Menschen gleich. Zumindest kam es mir so vor, wenn ich dort Bluna trinkend und einen Eisflitzer lutschend mit meiner Jutetasche in der Hand neben dem Tresen stand und sehnsüchtig darauf wartete, dass endlich das Essen fertig zum Mitnehmen sein möge.

Dennoch waren es allesamt grundsolide, ehrliche Menschen, die genau wie die Landschaft wirkten, in der sie lebten. Rau und herb. Wenn man sich daran gewöhnt hatte, konnte man gut mit ihnen auskommen. Außerdem beherrschten alle den Gude-Floskel-Code, der, wie bereits erwähnt, so ziemlich alles bedeuten konnte. Man musste nur die Nuancen und Feinheiten unterscheiden können. Für Fremde und Zugezogene unmöglich. Selbst für so einen geübten Floskelkenner wie mich war es nicht immer gleich ersichtlich, wie die Gemütslage des jeweiligen Absenders war. Der Alkohol verdeckte es oftmals. Es wurde jedenfalls alles gnadenlos weggegrüßt, was vorn zur Kneipentür hereinkam. Meine Schwester hasste es, in diese Kneipe zu gehen, was ich gut verstehen konnte. Bei Frauen funktionierte der Floskel-Code nicht. Die Männer benahmen sich wie Deckhengste und die Frauen fühlten sich immer unterschwellig belästigt. Oberschwellig auch. Natürlich machten die Kerle nie etwas, aber eine Frau war, außer als Bedienung, in der Kneipe nicht sonderlich erwünscht.

Jedenfalls war ich auch nicht besonders scharf darauf, dort Essen holen zu müssen. Da war mir die Kaufhauskantine doch deutlich lieber. Wir verließen *Karstadtundkerber* und verstauten die Einkäufe im Auto. Doch bereits als ich ins Fahrzeug stieg, spürte ich ein zartes Ziehen, das mich zweifeln ließ, ob das Jägerschnitzel wirklich eine so gute Wahl gewesen war.

Die Sache mit dem Waschtag

Das Kaufhausschnitzel forderte seinen Tribut. Vielleicht war es die opulente Panade, oder es lag an den Pilzen der Jägersoße. Jedenfalls wuchs das unangenehme Gefühl im Magen. Ein Rumoren und Ziehen, das sich von Minute zu Minute steigerte und damit drohte, auch ein Stockwerk tiefer zu eskalieren. Unruhig rutschte ich auf dem Beifahrersitz hin und her.

»Was zappelst du denn so rum, Frank?«, fragte meine Mutter. Ihre Zigeunersoße schien keine nachhaltigen Überraschungen für sie bereitzuhalten. Es mussten die Pilze sein.

»Nix«, antwortete ich und konnte mich aufgrund des drohenden Fiaskos nicht einmal darüber aufregen, dass sie mich wieder einmal Frank genannt hatte. Ich war zu sehr mit mir selbst und meinem Schließmuskel beschäftigt. Auf der Fahrt zählte ich jede Dorfdurchfahrt rückwärts, bis wir endlich zu Hause angekommen waren. Noch bevor meine Mutter den Schlüssel aus dem Zündschloss gezogen hatte, war ich schon mitsamt meinen zu engen Fußballschuhen ausgestiegen. Jeder Schritt schmerzte. Ich musste kleine Schritte gehen, um nicht noch kurz vor dem Ziel zu scheitern. Das konnte doch alles nicht wahr sein. Ich biss die Zähne aufeinander und schloss die Tür auf. Nur noch ein paar Meter bis ins Bad. Die Pierre-Littbarski-Schuhe flogen in die Ecke, während ich die Tür des Bads hinter mir schloss. Mein Gesicht formte sich zu einer Fratze, als ich im Gehen die Hose herunterzog und das Klo ansteuerte. Nur noch eine halbe Drehung. Noch in der fließenden Sitzbewegung löste ich den Druck und mit einem lauten *Pffflock* löste sich der erste Pfropfen in das Wasser des Tiefspülers. Pure Erleichterung. Ich konnte mir ein entspanntes Lächeln nicht verkneifen. Dann wieder *Pfflock-Pfflock,* ach, war das herrlich. Langsam legte sich die Anspannung. Es roch stärker als sonst. Das wunderte mich und ich sah an mir herab. Ich würde doch nicht auf den Fliesenboden … nein, nichts. Komisch. Der Geruch wollte nicht abebben. Ich hob meine Beine und da sah ich das Malheur. Ein Teil der Ladung hatte es nicht in den Tiefspüler, sondern nur auf die Klobrille geschafft und ich hatte es mit meinem Oberschenkel platt gedrückt und verschmiert. Da stand wohl ein Duschbad an. Oder besser gleich ein Vollbad, obwohl ich das nicht mochte. Das mochte ich schon früher nicht. Abfällig sah ich zur Badewanne hinüber. Als ich klein war, meinte meine Mutter immer, dass meine Schwester und ich uns das Badewasser teilen müssten. Denn samstags war Waschtag im Dorf. Das war schon immer so. Alles wurde gewaschen: Autos, Kleidung und Kinder. Kinder aber als Letztes. Prioritäten eben. Da ich schon als Kind immer alles wortwörtlich nahm und die Sachen hinterfragte, die ich so aufschnappte, verstörte mich die Aussage der geteilten Wanne. Wie wollte Mama denn eine Wanne voll Wasser gerecht aufteilen? Durchschneiden ging ja schon mal nicht, dann würde das noch ungeteilte Wasser einfach auslaufen und dann hätte ja niemand was davon. Um es kurz zu machen, es gelang meiner Mutter nie, das Wasser aufzuteilen. Immer saß ich gespannt neben meiner Schwester im Wasser, aber Mama machte nicht einmal Anstalten, das Ganze irgendwie zu halbieren. So hatte mal meine Schwester, mal ich etwas mehr Wasser, aber das glich sich über die Jahre wohl einigermaßen aus. Außerdem schüttete unsere Mutter immer etwas heißes Wasser aus einem Heißwasserkocher nach, wohl um die Menge gerechter zu verteilen. Salomonisch, aber unsinnig, denn das Wasser entschied sich nie für einen von uns und wir Kinder schrien laut auf, wenn das heiße Nass auf unserer Haut kribbelte.

Doch das Schlimmste stand mir noch bevor: Die Haarwäsche! »Wer will erst?«, fragte meine Mutter wie immer und ich deutete auf meine Schwester. Auch wie immer. Meine Schwester störte das deutlich weniger als mich. Sie legte ihre Emily-Erdbeer-Schwimmfigur (eine Meerjungfrau, deren Haare nach Erdbeere rochen) beiseite und setzte sich mit dem Rücken zu meiner Mutter. Als wäre das nix. Meine Mutter goss ihr aus einer kleinen Kanne das heiße Wasser über den Kopf und meine Schwester rührte sich nicht. Sie war eine wahre Haarwaschheldin, der kein heißes Wasser zu heiß und kein Haarschaum zu schaumig schien. Brennen in den Augen schien sie auch nicht zu kennen, und schwups war sie schon fertig und der Wanne entschwunden, während sich in mir das Grauen formierte.

»So, und jetzt du«, hörte ich die drohenden Worte meiner Mutter. Schon allein die Kanne löste bei mir einen Fluchtinstinkt aus, doch wohin will man in einer Badewanne flüchten? Die Versteckmöglichkeiten sind überschaubar und mein Untertauchen durchschaute meine Mutter auch problemlos. Und so kam es, wie es kommen musste. Nachdem ich wieder aufgetaucht war, hielt sie mir schon einen Flanellwaschlappen entgegen. Mit diesem fest auf die Augen gepresst ließ ich die Folter widerwillig über mich ergehen. Das glühend heiße Wasser drückte den Haarschaum trotzdem durch den Schwamm, und ich war mir sicher, dadurch mein Augenlicht zu verlieren. Also äußerte ich meinen Unmut in Form von animalischem Gebrüll, gefolgt von der weinerlichen Bitte, endlich aufzuhören. Dann belegte ich meine Mutter noch mit einem laut ausgesprochenen Bann, wonach ich sie für immer hassen und nie wieder lieb haben würde. Meine Mutter entgegnete mit einem »Stell dich net schö!« Und zack, gab's noch 'ne extra Kanne über den Schädel.

Mit einem strengen »Und renn nicht wieder mit nackten Füßen rum« gab es noch einen erzieherischen Hinweis gratis dazu, dann war das Waterboarding beendet. Ich bin mir sicher, dass meine Mutter die Terrorregime dieser Welt zur Perfektion dieser Foltermethode inspiriert hat.

Danach rettete ich noch meine Lieblingsschwimmfiguren vor dem sicheren Tod, während ich die zurückgelassene Emily Erdbeer achtlos ihrem Schicksal überließ. Dann folgte rituell das »In-den-Schlafanzug-Schlüpfen«, gefolgt vom noch rituelleren Sandmännchengucken – und zwar beide! Ja, wir Kinder des Zonenrandgebiets hatten vielleicht nicht viel, aber wir lebten im Sandmännchen-Überfluss: Es gab die Ost- und West-Version! Das Westsandmännchen sah aus wie ein friesischer Postbote, der etwas zu viel Küstennebel inhaliert hatte. Das Ostsandmännchen hingegen war cooler und hatte im Sandmännchenausbildungskurs besser aufgepasst als sein Wessi-Kollege, der immer so wirkte, als würde er seinem eigenen Schlafmangel mit stark stimulierenden Psychopharmaka entgegenwirken. Beim Ossi-Sandmann konnte man indes beruhigt die Leberwurstschnittchen samt Gürkchen verdrücken und bekam sogar noch echten Schlafsand als Nachspeise in die müden Augen gestreut. Danach war Feierabend.

Ich musste schmunzeln, während ich mich abputzte. Und zwar mit zwei sorgfältig gefalteten Blättern.

Laut meiner eigenen Theorie gab es nämlich drei Kategorien von Klopapierbenutzern.

Die Falter, die zwei bis drei Blätter falten. Dann die Knüller, die das Toilettenpapier knüllen und sich damit säubern, und zu guter Letzt noch die Wickler. Das waren meist Frauen. Die wickelten sich Unmengen von Papier um die Hand, bis diese wie eine ägyptische Mumie wirkte. Ich war ein Falter.

Die Spülung der Toilette gluckerte unter mir, als ich mich erhob und die Schlieren auf der Brille im vollen Umfang erkannte. Hatte was von mediterraner Wischtechnik. Hier wendete ich entgegen meiner Gewohnheit die Technik des Knüllens an und reinigte mit dem Klopapier den Brillenrand. Dann zog ich meine Kleidung aus und stellte mich unter die Dusche.

Tradition ist Tradition.

Schließlich war samstags immer noch Waschtag.

Das Friseur-Schneewittchen und die Zwergenfrau

Haare waren für uns Jungs im Dorf mindestens so wichtig wie für die Mädchen. Auch wenn uns der Mofahelm immer wieder jegliche Frisurenversuche zunichtemachte, ließen wir uns nicht entmutigen. Denn natürlich kannten wir aus der *Bravo* und anderen Zeitschriften die flotten Frisuren unserer Helden. Da ich, anders als die meisten anderen meiner Kumpels, keine Kutte besaß und nicht nur Hardrock hörte, hatte ich für mich mittlerweile eine andere Musikrichtung entdeckt. Ich hörte jetzt solche Bands wie Depeche Mode, Morrissey und The Cure. Alles was zu einem Teenager in der Pubertät passte und nach aufgeschlitzten Pulsadern klang. Denn das war krass und krass war gut. Vor allen Dingen die Haartollen von Dave Gahan und Morrissey hatten es mir angetan. So was wollte ich auch. Doch die verfügbaren Friseure in der Provinz waren damit schlicht überfordert. Hier war die Devise immer noch: Topf auf den Kopf und einmal rundherum geschnitten. Ich war diesbezüglich schon seit frühester Kindheit leidgeprüft.

Damals nämlich kam unsere komplette Familie immer in den zweifelhaften Genuss einer Privataudienz bei der *Zwergenfrau*. Die *Zwergenfrau* hatte es aus unbekannten Gründen aus Österreich an den Zonenrand gespült. Sie hieß eigentlich Anni und hatte die Figur eines Tiroler Murmeltiers. Sie war höchstens ein Meter fünfzig groß, hatte kleine Stummelärmchen, war jenseits der sechzig und trimmte alle paar Wochen jedem Familienmitglied in unserem Bad das Haupthaar. Wir Kinder waren alles andere als begeistert, wenn Anni mit ihren Schneidwaffen anrückte und einen nach dem anderen zum Schafott rief. Das Schafott war ein alter Stuhl, der in der Mitte des Bads aufgestellt wurde und so beschaffen war, dass selbst die *Zwergenfrau* problemlos an unsere Köpfe heranreichen konnte. Sie war eigentlich ganz nett, aber bedingt durch ihre geringe Körpergröße drückte sie uns ständig ihre Brüste ins Gesicht, wenn sie sich über uns beugte, um uns den Mecki zu stutzen. Außerdem verstand ich sie kaum, da sie ihren Ösi-Akzent nie abgelegt hatte.

»Dös Spitzerl g'hört g'stutzt. Geh, bitte Frrrank, bleib bitt'schön ruhig sitzen, sonz schnaid i dir dös Ohrlapperl an.«

Ich hasste es. Ich hasste es, dass mir die Zwergenfrau das *Ohrlapperl* anschneiden wollte, ich hasste dieses gerollte R in Frrrank und ich hasste die furchtbare Plastikschürze, die sie mir vor dem Schneiden um den Hals band und die unangenehm auf der Haut an meinem Hals scheuerte. Ich hasste es, in unserem Bad zu sitzen und nicht in einem richtigen Friseurstuhl. Ich hasste alles daran. Ich hasste die gottverdammte Welt und ich hasste Anni.

Und jetzt, Jahre später, trug ich also eine Art Vogelnesttolle auf dem Kopf spazieren. Die Seiten etwas kürzer geschnitten, dafür das Haupthaar leicht poppermäßig zur Tolle gezaubert und durch Unmengen von Schaum und Gel in seine Pracht für die Ewigkeit betoniert. Ein Kunstwerk – zumindest in meinen

Augen. Meine lockige Haarpracht legte ich schon lange nicht mehr Anni, sondern nur noch den Top-Coiffeuren Osthessens vertrauensvoll in die Hände. Mangels weiterer Möglichkeiten beschränkte sich dies in meinem Fall auf die Optionen des Friseurladens bei *Karstadtundkerber* und auf *Treppen-Albert.* *Karstadtundkerber* war okay, aber teuer. Eine Sitzung dort kostete mindestens fünfzehn Mark. Zu viel für mich. Blieb nur noch Option zwei übrig:

Treppen-Albert!

Treppen-Albert war ein älterer Herr, zu dessen Friseurladen ich zu Fuß ins Nachbardorf marschieren musste. Fünfundvierzig Minuten Fußmarsch hin und fünfundvierzig Minuten wieder zurück. Zum Glück hatte ich jetzt mein Mofa – wenn es nicht gerade kaputt war, so wie heute.

Mein Fußweg führte mich an diversen Feldern und einem Anglerteich vorbei. Doch für die Schönheit der Natur hatte ich keinen Blick. Wohl aber für meinen Onkel Willi, den ich am Teich stehend erkannte und der gerade dabei war, seine Rute ins Wasser zu halten. Er war begeisterter Angler. Ansonsten hatte Onkel Willi zwar keinen nassen Lappen auf, aber war, wie bereits erwähnt, geistig etwas retardiert. Außerdem hatte er einen Sprachfehler oder besser gesagt *Chprachfehler,* denn Onkel Willi konnte kein *sch* aussprechen und sprach es immer als *ch* aus. Wodurch das kam, wusste keiner, es war einfach so. Nasser Lappen halt. Ich mochte ihn aber. Als ich näher kam, zog er einen Fisch aus dem Wasser und warf ihn in einen Plastikeimer, der neben ihm im Gras stand.

»Gude, Onkel Willi.«

Onkel Willi drehte sich um und lächelte beseelt über seinen Fang. Er wohnte in einer kleinen Einliegerwohnung im Haus meiner Großeltern, ansonsten bestritt er seinen Alltag aber allein.

»Ach, der Franky. Und wie?«

Warum ausgerechnet Onkel Willi der Einzige aus der Familie war, der meinen neuen Namen ohne weitere Nachfrage respektierte, war mir schleierhaft. Die Sonderlinge hielten wohl zusammen.

»Muss, nä? Und selbst?«

»Chlechten Menchen geht's immer gut, nä?!«

»So ist das«, gab ich lächelnd zurück und deutete auf den Eimer, in dem sich bereits zwei kleine Fische tummelten, die er im Anschluss fachmännisch ausnehmen und dann zubereiten würde. Das konnte er richtig gut. »Aber wenigstens beißen die Fische heute, was?«

Doch Onkel Willi schüttelte den Kopf.

»Ne, Franky, Fiche sind ganz zahme Tiere. Die beißen nicht.« Dann langte er in den Eimer und nahm zum Beweis ein zappelndes Exemplar in die Hände. »Siehste, kannste chtreicheln.«

Manchmal wusste ich nicht, ob Onkel Willi nur einen *Cherz* machte oder es ernst meinte. Dass diese blöden Fische niemanden beißen würden, war mir auch klar. Ich beließ es bei der Aussage und machte mich wieder auf meinen Weg.

»Na dann, ich will mal weiter. Muss noch zum Friseur.«

»Zum Friseur? Aha. Lässt dir ne chöne Frisur machen, nä?« Dann lächelte er, legte den Fisch zurück in den Eimer und tätschelte mich mit der fischigen Hand im Nacken. »Wegen die hübchen Mädchen, nä?«

»Genau, wegen die Mädchen. Was muss, das muss, nä?«

»Ja, das chtimmt wohl, nä«, lachte Onkel Willi und band einen neuen Köder an den Angelhaken.

»Ich muss dann mal wieder.«

»Ich auch. Chönen Tag noch, Franky.«

»Dir auch, Onkel Willi.«

Nach der kleinen Unterbrechung legte ich nun einen Schritt zu, um pünktlich zum Termin im Friseurladen zu sein.

Um mich herum wehte der Wind über die Felder und ich hing ein wenig meinen Gedanken nach. Eigentlich war es ganz schön hier. Wenn es nur nicht so weit vom Schuss wäre. Selbst zur Schule musste man erst ewig mit dem Schulbus fahren. Herr Ohnesorge hieß unser Busfahrer, der mit Lederweste und sprießendem Brusthaar jeden Morgen wie der Rattenfänger von Hameln alle Kinder einsammelte und sie nachmittags wieder in den Dörfern in der Rhön ablieferte. Denn auf dem Dorf gab es lediglich eine Grundschule. Also musste man nach Fulda fahren, um eine höhere Schule zu besuchen. Ich ging auf die gleiche Schule wie meine Cousins und Cousinen vor mir. Das war auch so was wie Tradition. Was sich einmal bewährt hatte, wurde beibehalten. Tiere nicht mehr im Haus zu halten, sondern in einem eigenen Stall, einen Schnaps nach dem Schlachten zu trinken und Kinder auf die gleiche katholische Schule gehen zu lassen. Dort wurden jeden Morgen Loblieder gesungen und noch häufiger gebetet. Weder erfreuten wir uns daran noch störte es uns sonderlich. Und ändern konnten wir es schon gar nicht. Wir ratterten die Gebete, Litaneien und Lieder textsicher runter und fertig.

Es war normal.

Wie so vieles.

Es war normal, dass samstagsmorgens gekehrt wurde, mittags die Sirenen losheulten, um die Bevölkerung mit einem Übungsalarm auf einen etwaigen ABC-Angriff vorzubereiten, und es war normal, dass abends im gesamten Haus die Jalousien heruntergelassen wurden. Wer auch immer kommen sollte, um im zweiten Stock in mein Kinderzimmer zu starren. Wir fanden nichts daran und verstanden es wohl auch nicht wirklich, dass wir auf einem Pulverfass namens Fulda Gap lebten. Die Landzunge, die weltweit am weitesten in den Osten züngelte und über die der Warschauer Pakt in die NATO vorgedrungen wäre, wenn es zum Ernstfall gekommen wäre. Ernstfall, was sollte das überhaupt heißen? »Ernstfall«, das war für mich, wenn eine Mathearbeit anstand oder diese Sonja mich mit einer pumpenden Erektion bei den Mangusten stehen ließ. Dass der Russe über uns hinwegfegen könnte, war Normalität, mit der wir Kinder uns nicht wirklich auseinandersetzten. Unser Haus, unser Dorf, alles wäre zwar binnen kürzester Zeit dem Erdboden gleichgemacht worden, doch zum Glück verstanden wir es als kleine Kinder nicht und später interessierte es uns nicht. Und das war auch gut so. Kein Mensch sollte in solch einer ständigen Habachtstellung großwerden. Wir wuchsen in einem geradezu heimeligen Umfeld mit einfachen Regeln auf und mussten zu Hause sein, wenn es dunkel wurde. Für fünf Mark konnten wir ins Schwimmbad gehen und uns dazu noch eine gemischte Tüte aus weißen Mäusen, Gummischnüren und sauren Gurken kaufen. Ja, klar war das provinziell. Allerdings war es nun aber auch nicht so, dass wir auf den Bäumen schliefen oder abends in den Höhlen Steine aneinanderschlugen, um Feuer zu machen. Das Zonenrandgebiet war einfach abgelegener und beschaulicher, wie Pflanzen, die unter dem gleichen Licht der Sonne aufwuchsen wie alle anderen auf der Erde, nur eben ungestörter und durch die Abgeschiedenheit etwas naturbelassener – schwieriger Mutterboden, aber dafür mit weniger Abgasen.

Endlich tauchte das Nachbardorf hinter einem Hügel auf. Der Friseurladen befand sich direkt am Ortseingang. Leicht verschwitzt betrat ich Treppen-Alberts kleines Reich. Über der Tür ertönte die nervige Glocke, die bei jedem bimmelte, der eintrat. Also auch jetzt. Und schon stieß die Lichtgestalt des Ladens aus dem Separee in den Verkaufsraum, um die Kundschaft zu begrüßen.

»Ach, schau an. Je später der Tag … Na, wie geht's dir, Franky?«

Immerhin hatte Treppen-Albert meinen Wunsch nach freier Namenswahl verinnerlicht. Das rechnete ich ihm hoch an.

»Muss, nä?!«, antwortete ich reflexartig und der Code öffnete mir ein weiteres Mal die Tür der Provinz. Der Provinzcoiffeur deutete auf einen freien Platz und schüttelte einmal die Plastikschürze aus, die der zahlenden Kundschaft umgelegt wurde.

»Wie immer?«

»Ja, wie immer.«

Und zack, schon saß ich auf dem rissigen Kunstlederstuhl und wurde samt Stuhl vor den Spiegel gerollt. Das war gut, aber nutzte dennoch nicht viel, da Treppen-Alberts Hauptarbeit an meinem Hinterkopf stattfand. Und Treppen-Albert trug seinen Namen nicht umsonst. Sein Augenlicht war nicht mehr das eines Adlers, jedoch weigerte er sich, eine Brille zu tragen. Und so bekamen alle seine Kunden sein Markenzeichen. Eine Art Brandzeichen. Er verewigte sich auf den Hinterköpfen junger und alter Männer dadurch, dass er gern mal eine nicht vorher vereinbarte Stufe in das Haar seiner Kunden schnitt oder den geraden Abschluss im Nacken sehr eigen interpretierte. Diese Unwucht, wofür heute die Jugend viel Geld ausgibt, nannte man damals noch Pfusch und man regte sich gern darüber auf. Aber Treppen-Albert war der günstigste Friseur der Gegend, was die meisten dazu brachte, lieber mit einer schiefen Frisur herumzulaufen, als in die Stadt zum teureren *Karstadtundkerber* zu gehen. Alberts Treppe war so etwas wie ein Geheimcode, an dem sich seine Jünger erkannten, wenn sie sich über den Weg liefen. Ein einziger Blick in den Nacken und man wusste Bescheid. Und nun war ich also wieder an der Reihe. Albert, von dem ich ebenfalls gar nicht wusste, ob er wirklich Albert hieß oder das nur einer dieser Rufnamen war, begann sein Werk und ich musterte ihn genauer, während die Schere hinter mir zu klappern begann. Er war ein Mann zwischen sechzig und siebzig, der seine Haare und seinen Schnauzbart pechschwarz gefärbt hatte. Das machte ihn zu einer Art männlich, leicht tuckig wirkender Schneewittchen-Kopie. Dazu trug er große Ringe an mehreren Fingern und wirbelte derartig virtuos mit Kamm und Schere um meinen Schädel, dass man meinen konnte, Edward mit den Scherenhänden stünde hinter einem. Gelernt ist eben gelernt. Wenn nur seine Sehschwäche nicht gewesen wäre.

Nach nicht einmal zwanzig Minuten war er fertig und tanzte wie Rumpelstilzchen mit einem Handspiegel um meinen Hinterkopf herum.

»Recht so?«

Natürlich konnte man durch das flattrige Herumhampeln rein gar nichts erkennen.

»Hm, ja«, brummte ich, ohne wirklich zu erkennen, ob das Haar gerade abgekantet war oder er seinem Ruf nachgekommen war und eine dezente Treppe eingebaut hatte. Und wenn, wäre es eh zu spät gewesen. Für Treppen-Alberts Kunstwerke entrichtete ich im Anschluss den sagenhaften Obolus von fünf Mark und verließ wieder für vier Wochen die Welt des männlichen Schneewittchens.

»Grüße an deinen Vater.«

»Richte ich aus.«

»Was macht der Opa?«

»Muss, nä?!«

Treppen-Albert hatte sich schon wieder abgewandt. Er schob den Frisierstuhl beiseite und fegte mit einem Besen mein abgeschnittenes Haar zusammen, während ich mich zur bimmelnden Ladentür bewegte.

»Ja, muss wohl. So hat jeder seins. Der soll mal wieder vorbeikommen.«

»Sag ich ihm«, antwortete ich und wusste, dass ich dies nicht tun würde. Warum auch? Opa hatte eine Glatze.

JA, WENN WIR ALLE ENGLEIN WÄREN

»Und warum gefällt dir dein Name plötzlich nicht mehr?«

Kaum wieder zu Hause, war ich wieder einmal mit meiner Mutter aneinandergeraten, weil sie mich zweimal hintereinander Frank genannt hatte. Zweimal! Dabei hatte ich meiner Mutter schon tausendfach erklärt, warum ich nicht mehr Frank genannt werden wollte. Natürlich hatte sie kein Verständnis dafür, doch mit neuer Frisur und neuem Mut wollte ich einen weiteren Erklärungsversuch wagen. Selbst Onkel Willi nannte mich Franky, da musste es doch wohl möglich sein, dass meine eigene Mutter das ebenfalls akzeptierte. Wir standen nebeneinander in der Küche und ich musste ihr dabei helfen, das Geschirr abzutrocknen.

»Ja, halt so«, antwortete ich. Das war zugegebenermaßen eine schwache Argumentation. Das ging besser. Also legte ich nach: »So heißt eben fast jeder.« Ich nahm einen Suppenteller zum Abtrocknen entgegen. »Franks gibt's wie Sand am Meer.«

»Ja, frag dich mal warum. Weil es eben ein sehr schöner Name ist«, antwortete meine Mutter. »Wir haben uns damals wirklich viele Gedanken darüber gemacht. Weißt du, wie dein Vater dich zuerst nennen wollte?«

»Ne, wie?«

»Balduin. Dein Vater wollte dich allen Ernstes Balduin nennen. Was sagst du dazu? Da kannst du mit Frank doch nun wirklich zufrieden sein.«

»Balduin?«, wiederholte ich und musste zugeben, dass es tatsächlich schlimmer hätte kommen können.

»Ja, Balduin. So wie dein Ururgroßvater.«

»Habt ihr irgendwas gegen Kinder oder warum wollt ihr sie bestrafen? Man nennt sein Kind doch nicht Balduin.«

»Haben wir ja auch nicht. Deswegen heißt du ja Frank und nicht Balduin.«

»Ist ja auch nichts Persönliches gegen euch. Damals war Frank wahrscheinlich ein richtig angesagter Name. Versteh ich schon. Aber die Idee hatten eben ein paar andere auch. Deswegen will ich ja auch nicht Pavel oder Ingmar heißen, sondern nur einen einzigen Buchstaben anhängen.«

Mutti klapperte mit dem Geschirr im Wasser und reichte mir einen neuen Teller.

»Aber Franky ist doch kein richtiger Name, das ist ein Spitzname.«

»Ne, ist es nicht. Franky Goes to Hollywood heißt auch so.«

Ich hörte meine Mutter neben mir schwer atmen. Dann folgte eine kurze Pause. Hatte ich es geschafft? War Mutter nun überzeugt? Doch ich hatte mich zu früh gefreut.

»Und wer ist dieser Herr Hollywood?«, fragte sie interessiert. »Kennst du den aus der Schule?«

»Mama, das ist ein Sänger. Franky Goes to Hollywood ist ein amerikanischer Sänger. Das ist wahrscheinlich sein Künstlername.«

»Siehst du.«

»Was? Siehst du was?«

»Für Herrn Hollywood ist das auch nur ein Künstlername. Wahrscheinlich heißt er wie du einfach nur Frank. Frank Hollywood. So wird er heißen.«

»Nein, kein Sänger heißt in Wirklichkeit Frank. Und das auch aus gutem Grund. Mit Frank wird man kein Star, damit wird man höchstens zweiter Vorsitzender bei der Freiwilligen Feuerwehr. Kein Star heißt Frank.«

»Das ist doch Blödsinn.«

»Ne, ist es nicht. Sag mir einen, der Frank heißt.«

Natürlich gab es Stars, die Frank hießen. Frank Zappa zum Beispiel. Aber den kannte meine Mutter eh nicht. Also musste ich ihr das auch nicht sagen.

»Zander«, kam es zurück. »Frank Zander. Der heißt Frank und ist Sänger. Und er ist sogar ein richtiger Star.«

»Zander? Wer ist das denn?«

Meine Mutter ließ einen Teller zurück ins Wasser gleiten und schaute mich ungläubig an.

»Du kennst doch wohl Frank Zander!«

»Nein, sonst würde ich ja nicht fragen. Was macht der?«

»Na, Musik. Sagte ich doch.«

»Metal oder Rock oder Punk? Frank Zander hört sich für mich irgendwie nach Punk an.«

»Ne ne«, schüttelte meine Mutter den Kopf. »Musik. Der macht Musik.«

»Ja, Mama, das ist mir schon klar. Punk ist eine Musikrichtung. Und dieser Frank Zander muss doch auch irgendeine bestimmte Musikrichtung haben. Was hat er denn für Hits geschrieben?«

Musik war nicht die Kernkompetenz meiner Mutter. Weder las sie gern Bücher noch hörte sie Musik.

Sie spitzte die Lippen und überlegte.

»Ja, wenn wir alle Englein wären«, antwortete sie schließlich und spülte dabei mit einem schäumenden Lappen einen Teller ab.

»Was dann?«, fragte ich. Ich verstand den Zusammenhang nicht und wurde langsam wütend. »Was wäre, wenn wir alle Englein wären, Mama?«

»So heißt das Lied von Frank Zander. *Ja, wenn wir alle Englein wären.* Das war ein schönes Lied.«

Und dann summte sie eine Melodie, die ich nicht kannte. Und dann sang sie ein paar Zeilen, die ich auch nicht kannte, und als sie zu Ende gesummt und gesungen hatte, bezweifelte ich, dass Herr Zander tatsächlich jemals solch eine schwachsinnige Komposition zu Papier gebracht hatte. Zumindest hoffte ich das für meinen Namensvetter.

»Das ist doch kein Lied, das hast du dir ausgedacht. Ich bin doch nicht blöd, Mama.«

»Natürlich ist das ein Lied. Das ist das Frank-Zander-Lied. *Ja, wenn wir alle Englein wären.* Das kennt doch jeder.«

»Na, ich nicht.«

Wir schwiegen und meine Mutter schäumte dermaßen in dem Becken umher, dass ich mir nicht sicher war, ob sie noch abspülte oder sich ein Schaumbad einließ. Ich startete einen letzten Versuch.

»Na, jedenfalls möchte ich das jetzt beantragen.«

»Warum willst du denn jetzt Frank Zanders Lied beantragen? Du kennst das ja nicht einmal.«

»Den Namen will ich beantragen, nicht das Lied.«

»Zander?«

»Mama! Jetzt mach dich nicht noch lustig darüber.«

»Entschuldige.«

»Ich möchte den Namen Franky offiziell als meinen Vornamen beantragen. Beim Amt. So richtig mit Ausweis und so. Das geht. Wenn man psychische Schäden an seinem Namen nimmt, kann man das ändern lassen.«

»Was für psychische Schäden? Du heißt Frank. Das ist doch wohl kein Schaden.«

»Nein, aber wenn man sich unwohl fühlt und der Name einen so sehr belastet, dass man kein normales Leben mehr führen kann, dann geht das wohl. Dann kann man das ändern lassen und das mach ich jetzt. Kannst drauf wetten, wenn ich achtzehn bin, werde ich das auf jeden Fall ändern lassen. Aber lieber wäre es mir schon jetzt. Aber dafür bräuchte ich deine Unterschrift.«

»Also, ich weiß nicht. Wenn du jetzt so einen komischen Namen hättest, den keiner aussprechen kann oder der anrüchig klingt, dann könnte ich das verstehen. Einer meiner Lehrer hieß damals zum Beispiel Friedrich Frauenschläger. Und wenn ich es mir recht überlege, glaube ich, er hieß auch nicht nur so. Er sah auch schon so aus wie ein Frauenschläger.« Nun ging alles seinen Weg. Meine Mutter hatte sich in Rage geredet. Da konnte sie keiner mehr aufhalten. »Ach Herrgott, die arme Frau Frauenschläger. Die hatte es sicherlich nicht leicht. Wer will schon wie ein Gewalttäter heißen? Stell dir das mal vor: Du hießest Frauenschläger. Frank Frauenschläger.«

»Wenn, dann hieß ich Franky Frauenschläger.«

»Was?«

»Ach nichts.«

Ich ließ die Frage unbeantwortet. Hier ging es um Wichtigeres als eventuelle Frauenschläger.

»Jedenfalls würde ich das verstehen. Aber so ein schöner deutscher Name wie Frank hat doch nichts mit psychischen Schäden zu tun.«

»Aber bei mir in der Klasse gibt es allein schon zwei andere Franks. Frank Engels und Frank Kowalski. Und mit denen möchte ich nicht in einen Topf geworfen werden.«

»Frank Engels? Ist das von den Engels vom Engelshof ein Sohn? Die haben ja einen ganz tollen Hof. Wusstest du, dass die dort ein eigenes Backhaus haben?«

»Nein, wusste ich nicht. Und die Engels sind mir auch egal.«

»Ja, wenn wir alle Engels wären«, begann meine Mutter erneut zu singen und lachte über ihren eigenen Wortwitz. Den

113

fand sie gut. Sie kringelte sich geradezu und widmete sich dem schäumenden Becken und den Tellern, die irgendwo darunter verborgen lagen. Irgendwie nahm mich meine Mutter nicht für voll. Heute kam ich da wohl nicht mehr weiter. Aber das Namensthema war noch nicht abschließend besprochen. Es war nun mal schwierig, weil hier oben in der Rhön immer nur dieselben vier, fünf Namen existierten. Dass man in einem Zipfel des Landes lebte, der für fremde Namen nicht allzu berühmt war, merkte man spätestens in der Schule. Ich hatte ausschließlich deutsche Mitschüler. Eine Anhäufung von Christians, Michaels, Silkes und Nicoles war die Folge. Auch an weiteren Franks haperte es nicht. Doch irgendwie musste ich nun auch schmunzeln und stimmte mit in das seltsame Lied ein.

DOSENBIER UND MUSCHILOCKEN

Schon seit geraumer Zeit investierte ich mein Taschengeld nicht mehr in weiße Mäuse und Schnüre, sondern vorwiegend in Dosenbier. Treffpunkt unserer Clique war eine steinerne Tischtennisplatte im Dorfpark. Was heute eine WhatsApp-Gruppe ist, war 1986 für uns diese Tischtennisplatte. Hier tauschte man sich über alle relevanten Themen aus: welches Mädchen die größten Brüste hatte, welche LP man sich neu gekauft hatte und wie viel Bier man auf der letzten Party in sich hineingeschüttet hatte. Das Schöne an solchen Treffpunkten war die Tatsache, dass man nicht einmal eine genaue Uhrzeit ausmachen musste. War die Schule vorbei und hatte man das Mittagessen hinter sich gebracht, wusste man, dass die Clique früher oder später dort aufschlagen würde. Der harte Kern unserer Truppe bestand aus ein paar wechselnden Mädchen und sechs Jungs. Da waren zunächst einmal mein bester Kumpel Björn und ich. Wir waren die Taktgeber der Truppe. Das Herz und Hirn, wobei unklar war, wer welchen Part für sich beanspruchte. Björn war Punk. Na ja, zumindest so sehr Punk, wie es die Lebenssituation im Zonenrandgebiet und seine Mutter zuließen. Sein Vater war vor ein paar Jahren an irgendeiner

Scheißkrankheit gestorben, die ihn erst klapperdürr werden ließ und ihn dann schließlich gänzlich auslöschte. Seither gestand Björns Mutter ihrem Sohn ein gewisses Maß an Revoluzzertum zu. Im Dorf hatte er sich so einen Ruf als Sonderling verschafft, der ihm ziemlich gut gefiel. Anders sein als der Rest war erstrebenswert, und so hatte er sich die Seiten seiner Kopfhaare abrasiert und einen Irokesen auf dem Restschädel gebastelt und diesen sogar grün eingefärbt. Das war es dann aber auch mit Punk, denn ansonsten trug er die gleichen fragwürdigen Klamotten wie wir anderen auch. Dennoch hielt ich mich gern in seinem Umfeld auf. So konnte ich in seinem Licht ebenfalls ein Stück Unangepasstheit erhaschen. Dazu gesellten sich Bernd Roth, Peter, der Stumme und Tanne. Tanne hieß Tanne, weil er trotz seiner fünfzehn Jahre bereits ein Baum von Kerl war und sich wohl schon in der Grundschule nass rasiert haben musste. So richtig mit Stoppeln und Armen wie Baumstämme. Gefangen im Körper eines Fünfundzwanzigjährigen hinkte sein geistiges Niveau allerdings irgendwo zwischen Grundschule und Popelfressen. Als Nächstes Bernd Roth. Er war eigentlich kein Vollmitglied und hing nur mangels Alternativen mit uns rum. Er war unser soziales Projekt. Anstatt Weihnachten für die Caritas zu spenden, kümmerten wir uns das Jahr über um Bernd Roth. Bernds Eltern waren beide Alkis, die Wohnung der Roths so schmuddelig, dass man sich nicht vorm Reingehen, sondern beim Rausgehen die Füße abstreifen musste. Bernds Klamotten waren dermaßen oldschool, dass man meinen konnte, dass die Familie Carepakete aus der Ostzone zugeschickt bekam. Ja, er wirkte auch ungepflegt. Aber er war sonst echt okay und hatte immer noch mehr in der Birne als die meisten anderen Typen im Dorf. Dagegen war Peter schwieriger einzuordnen. Er ging mit Ute aus der Mädchen-Clique. Und da hätten wir auch schon das Problem: Er war nämlich immer nur gemeinsam mit seiner Ute anzutreffen. Eine Mensch-Mensch-Symbiose, auf die ich bei Gelegenheit noch näher eingehen werde. Und dann war da noch der Stumme – zu dem aber ebenfalls später mehr.

Alle trudelten nacheinander ein und man entschied dann vor Ort, ob man mit dem Mofa ins Schwimmbad ein paar Dörfer weiter fuhr oder doch lieber einfach nur abhängen wollte. Egal wie die Entscheidung ausfiel, Dosenbier war ein nicht zu verachtender Faktor dabei. Unsere Wahl fiel immer auf *Donnerquell*. Ein Dosenbier, das solide gebraut war und das unsere Teenagermägen auch in Übermengen relativ gut vertrugen. Sogar wenn wir es shooteten, indem wir unten ein Loch in das Blech bohrten, den Mund saugend an das Bohrloch setzten und im Anschluss die Dose öffneten und so das ganze Bier innerhalb weniger Sekunden durch den Unterdruck in unsere Kehlen gepresst wurde. Das entscheidende Kriterium pro *Donnerquell* war jedoch weniger seine Verträglichkeit als vielmehr der unschlagbare Preis von fünfundzwanzig Pfennigen pro Dose.

Doch es gab ein Problem: Erst mit sechzehn durfte man Alkohol kaufen. Und wir waren allesamt erst fünfzehn. Außer Björn. Und wir brauchten stets raue Mengen Bier. Denn eins war klar, wir kauften immer komplette Steigen. Entweder mussten wir also hoffen, dass Björn kam, denn der war schon siebzehn, oder ein, zwei der Älteren im Dorf sich zufällig ebenfalls bei der Tischtennisplatte einfanden und uns aus unserer Misere halfen. Option drei bestand darin, dass wir den losschickten, der am ältesten aussah. Diese Variante funktionierte immerhin mit einer fünfzigprozentigen Erfolgsquote.

»Gude Franky, wo issen der Björn?«

Bernd Roth schaute mich fragend an. Er war nicht die hellste Kerze auf der Torte, aber ein Virtuose in allen Facetten des Mofafrisierens. Es war Freitag und alle waren sehr entspannt unterwegs. Die Sonne schien. Wir waren gut drauf. Wochenende halt. Nur das Bier fehlte.

»Keine Ahnung«, zuckte ich mit den Schultern. Björn und ich waren dickste Kumpels oder, wie meine Mutter immer sagte, das Duo Fatale. Wir machten jeden Scheiß zusammen. Doch Bernds Frage zielte wohl eher darauf ab, dass wir Björn doch wohl fürs Bierholen brauchten. Seine Punkigkeit verlieh ihm eine Aura, die allen Kassiererinnen signalisierte, dass man besser nicht mit ihm diskutieren sollte. Er war mit Abstand unsere beste Option im *Donnerquell*-Organisieren. »Ich dachte, er wäre schon da.«

»Ne, isser nicht.«

»Ja, das seh ich auch.« Das mit Bernds Intellekt wollte einfach nicht funktionieren. »Dann müssen wir halt warten, bis er kommt, oder jemand anderen losschicken.«

Bernd sah sich in der anwesenden Clique um.

»Wen denn?«

»Ja, was weiß ich? Irgendwen.«

Wir beratschlagten, wer am ehesten geeignet sei, Bier kaufen zu gehen. Tanne sah zwar aus wie Mitte zwanzig, war aber einfach zu dumm. Immerhin langte sein Intellekt, um das zu verstehen. Er stand somit nicht zur Disposition. Es blieb nur eine Option:

Der Stumme musste dran glauben.

Um sich den Stummen vorstellen zu können, muss man einiges wissen. Er war eher der Typ »klassischer Mitläufer«. Der Stumme hieß eigentlich Thomas und bekam die Zähne nie auseinander, daher sein Spitzname. Der Stumme war ein netter Kerl, aber beim Fußball nicht zu gebrauchen. Ein Todesurteil in der Provinz. Entweder du kannst Fußball spielen, Unmengen an Bier saufen oder die anderen zum Lachen bringen. Dem Stummen war nichts davon gegeben. Er musste immer ins Tor, war immer als Erster besoffen und die personifizierte Unwitzigkeit. Nicht einmal sein Mofa war frisiert, weil der Stumme Angst hatte, dass sein Vater es merken könnte. Der arbeitete nämlich bei der

Polizei, genauer gesagt beim Bundesgrenzschutz. Jedenfalls war der Stumme zwar auch nicht älter als wir anderen, aber er hatte eine erstaunlich tiefe Stimme, wenn er denn mal was sagte. Wir stopften dem Stummen unser Kleingeld in die Jackentasche und hofften, dass unsere Rechnung aufging. Als er mit fünfundzwanzig Stundenkilometern langsam davonzuckelte, diskutierten wir, ob er es wohl vor der Dämmerung zurückschaffen würde, weil seine Mühle das einzige unfrisierte Mofa war. Aber tatsächlich kam er, schneller als erwartet und mit einer Steige Bier auf dem Fußbrett zwischen seine Füße geklemmt, zurück in unsere Mitte gefahren. Allgemeiner Jubel und zischende Bierdosen waren die Folge und der Stumme genoss für eine Millisekunde sichtlich stolz seinen Heldenstatus.

»Hat mich erst komisch angeschaut, aber dann hat sie es einfach abgezogen«, brummte er im tiefsten Bariton eines Grizzlybären. Sein kurzer Augenblick im Zentrum unserer Aufmerksamkeit verflog jedoch so schnell, wie er gekommen war, weil Björn just in diesem Moment mit seinem Mofa um die Ecke geknattert kam. Wie immer hatte er eine Kippe im Mundwinkel und trug den Helm während des Fahrens über seinen rechten Ellenbogen gestülpt. Das sah nicht nur cool aus, es war auch gar nicht anders möglich, da ansonsten sein Irokesenschnitt zerstört worden wäre. Helmpflicht hin oder her, es gab gewichtige Gründe, die gegen das Tragen eines Helms sprachen. Und ein Irokesenschnitt gehörte definitiv dazu. Wir hatten schon des Öfteren darüber philosophiert, ob man dies nicht sogar ganz offiziell durchsetzen könnte, mit Genehmigung und so. Dann würden die Bullen ihn beim Anhalten erstaunt anblicken, wenn er das Schreiben zücken würde, das erklärte, dass das ganz legal sei, weil das eben gar nicht anders ginge. Meinetwegen auch aus psychischen Gründen oder so. Genau wie bei Motorradfahrern, die unter Platzangst litten und sich dies bescheinigen ließen, um so der Helmpflicht entgegenzuwirken.

119

Jedenfalls sah es immer cool aus, wenn er so angerollt kam, und alle blickten neidvoll auf so viel Unangepasstheit. Der Stumme war wieder stumm. Sein Moment des Ruhms verrauchte im Abgas von Björns Hercules-Mofa.

Das Wetter war für Mai wirklich richtig gut und wir beschlossen, schwimmen zu gehen. Es war noch nicht richtig warm, aber das Freibad hatte bereits geöffnet. Leicht angeschädelt fuhr die gesamte Clique eine halbe Stunde später mit den Mofas also ins Schwimmbad. Einer der coolsten Momente war das Abstellen unserer Mofas in einer langen Reihe. Einer der uncoolsten Momente hingegen das Bezahlen an der Kasse mit Schülerrabatt. Als wir eintraten, checkten wir die Lage: Nur einige ältere Damen trieben bereits mit Gummibadekappen um die Schädel gespannt durchs Wasser und frönten der Spartendisziplin »Adipöses Synchronschwimmen«. Wir breiteten unsere Handtücher aus, zogen uns aus, sprangen einmal kurz neben den älteren Damen mit Arschbomben de luxe ins Schwimmerbecken und legten uns anschließend wieder auf unsere Handtücher. Wir waren schon cool. Außer Bernd; der hatte es, wie gesagt, mit der Körperhygiene nicht so. Er widersetzte sich sowohl erfolgreich der reinigenden Wirkung von Seife als auch der Möglichkeit, sich mittels einer Schere die Fußnägel zu kürzen. So bogen sie sich auch heute wieder wie Dachrinnen um seine Zehen. Bei jedem Schritt vernahm ich den Klang kratzenden Horns auf Beton, als er direkt hinter mir am Beckenrand entlangging. Es erinnerte mich an sonntagmorgens, wenn wir vor den Fußballspielen mit den Schraubstollenschuhen die wenigen Meter von der gefliesten Kabine zum Platz gingen.

Klack, klack, klack …

Immerhin schaffte es selbst Bernds Fußflora nicht, die Mädels abzuschrecken, sodass sie sich zu uns gesellten und ihre Handtücher neben unseren ausbreiteten. Keine Ahnung, ob es Zufall war oder ob sich irgendwie rumgesprochen hatte, dass wir ins Schwimmbad gefahren waren. Jedenfalls trudelten sie ebenfalls kurz darauf ein. Es wurde nie ausgesprochen, dass sie Teil der Clique waren, aber eigentlich war es so. Heute waren sie in voller Mannschaftsstärke angerückt. Birgit, Dani, »Blasmaul« Jule (die als Kind noch »Froschmaul« gerufen wurde, doch mit Einsatz des Brustwachstums und explodierender Hormone von uns spitznamentechnisch umetikettiert worden war), Ute, Lydia und sogar deren ältere Schwester Frauke. Die war schon einundzwanzig und hatte einen richtigen Freund aus Frankfurt, den sie dort in irgendeiner Disco aufgegabelt hatte. Und nun dachte sie, sie sei was Besseres. Na ja, war sie auch, schließlich hatte sie einen Freund aus der Großstadt, das verlieh ihr etwas Erhabenes. Einmal war ihr Freund sogar mit im Schwimmbad gewesen und die beiden hatten so wild am Beckenrand rumgeknutscht, dass unklar war, ob es ein Austausch tiefster Zuneigung war oder eine Erste-Hilfe-Maßnahme. Er hieß Gunnar und war ein unfassbarer Schlauschwätzer. Dazu beendete er fast all seine Sätze mit *Ohr summen* und ich hatte keine Ahnung, was das heißen sollte.

»Ich war letztens in Frankfurt in einer richtig abgefahrenen Disco, Ohr summen. Müsst ihr unbedingt mal mitkommen, wenn ihr mal in der Stadt seid, Ohr summen.«

Ohr summen?

Was wollte er uns damit sagen?

Vielleicht weil einem nach dem Besuch der Diskothek die Ohren summten? Erst einige Zeit später erfuhr ich, dass er lediglich das englische Wort *awesome,* also genial, meinte, es aber falsch aussprach.

Ach ja, außerdem hatte Frauke unglaublich große Brüste. Richtige Titten. Mindestens so groß wie die von Sonja Stieler. Nur Frauke war schon eine richtige Frau. Komplett ausgebaut und fertig mit der Pubertät. Jedes Mal, wenn sie auf dem Einmeterbrett hüpfte, hielt das Schwimmbad den Atem an, ob das denn wohl gut gehen würde. Wir hofften, dass der Stoff ihres Badeanzugs der Schwerkraft nicht trotzen würde und sie irgendwann blank vor uns stünde, aber das geschah leider nie. Das Zeug musste aus der Raumfahrt sein – anders war das nicht zu erklären. Es war die Zeit der Stretchbadeanzüge. Jedes Mädchen im geschlechtsreifen Alter trug einen solchen in den Farben Schwarz oder Neonpink. Außer Ute. Die trug einen Bikini. Ute zählte aber sowieso nicht. Genau so wie Peter bei den Jungs war sie ja nur im Doppelpack erhältlich. Ute und Peter gingen schon zusammen, seit wir in der zweiten Klasse einen Schulausflug ins Marionettentheater nach Steinau an der Straße gemacht hatten. Wenn man von einem der beiden sprach, nannte man den anderen im gleichen Atemzug mit. Kommen Ute und Peter auch zur Party? Wann ziehen Ute und Peter zusammen? *Uteundpeter* waren das fleischgewordene *Karstadtundkerber.* Weder unternahm Ute was mit den anderen Mädchen noch Peter was mit uns Jungs. Selbst die Eltern der beiden hatten sich schon früh damit abgefunden, dass ihre Kinder keine zweite Vergleichsperson heranziehen würden, um die Familiengene zu streuen. Mit dem Vormittag beim Kasperle waren die Würfel ihres weiteren Lebens gefallen. Die Tischdeko der Hochzeit wurde schon besprochen und bei den Schwiegereltern der Dachbodenausbau geplant. Das alles ging auf Utes Kappe. Sie hatte in der Beziehung die Hosen an. Und wie! Es waren Eisenhosen. Sie bestimmte, was Peter für Musik hören durfte, was für ihn cool war und was nicht. Sie war wie Yoko Ono, nur weniger asiatisch, und Peter war ihr kleiner John Lennon, den sie nach Belieben herumkommandieren konnte. In jedem Dorf gab es so ein Pärchen, das schon immer zusammen war und auch durch alle Unwägbarkeiten hindurch zusammenblieb. *Uteundpeter* waren die Extremvariante davon. Sie dachten gleich, redeten gleich, stoffwechselten gleich. Ich bin davon überzeugt, dass Peter auch für Ute auf Toilette gehen konnte, wenn sie keine Lust darauf hatte. Die anderen Mädchen waren zum Glück nicht so. Die Krassesten tranken mit uns sogar *Donnerquell* aus der Dose und stiegen damit in unserem Ansehen in den Olymp der potenziellen festen Freundinnen. Doch eine war wie keine andere. Eine war mein Traum. Eine war das Referenzmädchen:

Erika!

Mein Schwarm hieß Erika Bohnemann. Scheißname, aber eine Wahnsinnsfrau. Mit braunen Haaren, die wie Seide im Sonnenlicht glitzerten. Keine Ahnung, wie Seide aussieht, die in der Sonne glitzert, aber es muss echt schön sein. Und wenn Erika aus dem Schwimmerbecken stieg, glitzerte wirklich ihr Haar in der Sonne – allerdings ihr Schamhaar, das sich links und rechts aus dem Schrittbereich des Stretchbadeanzugs kräuselte. Ein schwarzes Mooskissen der Reife, auf das ich meinen Kopf nur zu gern gebettet hätte. Das machte mich völlig fertig. So was Geiles gab es doch gar nicht. Wahrscheinlich wusste sie das. Denn nachdem sie damit angefangen hatte, machten das irgendwann alle Mädchen. Alle hatten plötzlich Stretchbadeanzüge und ließen ihren Intimbereich links und rechts rauswuchern – und alle Jungs gafften sich gierig die Augen aus dem Schädel. Aber nur bei Erika sah es so richtig sexy aus. Vielleicht auch noch bei Frauke, aber die fing irgendwann an, sich untenrum zu rasieren, von da an gab es bei ihr nix mehr zu spannen. Wie krass Frauke war, dass sie sich da unten rasierte. Wie eine aus 'nem US-Porno oder so. Das lag bestimmt an ihrem Frankfurt-Großstadt-Freund. Ohr summen!

Erika war da anders. Bodenständiger. Behaarter.

Sie ging auf die gleiche Schule wie ich, eine Klasse unter mir, obwohl wir gleich alt waren. Sie war irgendwie später von der Grundschule abgegangen oder so. Egal. War jedenfalls besser so. Wie hätte ich mich denn konzentrieren sollen, wenn Erika zwei Reihen vor mir saß und ich ständig an ihre kleinen, schwarzen

Muschilocken denken musste? Das hätte meinen ohnehin schon schlechten Notenschnitt wahrscheinlich für alle Zeiten komplett in den Keller gerissen. Spätestens am Wochenende wollte ich Erika auf der Party von Lydia anhauen und fragen, ob sie nicht mit mir gehen wolle. Der Plan lag schon lange ausgearbeitet in der Schublade. Er konnte aber nur umgesetzt werden, wenn ich vorher von ihrer besten Freundin, Nadine, einen Wink bekommen würde, dass Erika ebenfalls auf mich stünde. Die Schmach eines Korbs wollte ich mir auf keinen Fall antun. Aber ich war mir ziemlich sicher, dass sie was von mir wollte. Warum begrüßte sie mich denn sonst immer als Ersten, wenn wir mit der Clique ins Schwimmbad kamen? Das musste doch was bedeuten. Außerdem hatte ich mit Björn schon in meinem Plan genau festgelegt, wie ich sie fragen würde. Das war ein todsicherer Plan. Und dann wäre sie endlich mir. Sie und ihr schwarzes Lustkissen zwischen den Schenkeln.

Als wir im Schwimmbad auf die Gruppe zugingen, sprang sie sofort auf und kam auf uns zu. Ich blieb jedoch ganz cool. Man muss die Frauen zappeln lassen und ihnen immer nur gerade so viel Aufmerksamkeit schenken, dass sie einen Tick mehr von dir wollen. Wie ein Esel, den man vor einen Karren gespannt hat und mit einer vorgehaltenen Karotte zum Laufen bringen will.

»He Björn«, lächelte Erika und umarmte meinen besten Kumpel. So viel zu dem Thema Esel. Was war das denn jetzt für eine Scheiße? Sonst begrüßte sie mich doch immer zuallererst. Nachdem sie von Björn abgelassen hatte, umarmte sie mich, doch für mich war der Tag gelaufen. Ich musste meine Taktik neu überdenken.

»Kommt ihr denn morgen Abend auf Lydias Party?«, fragte sie in die Runde und alle nickten. Alle, außer mir.

Ob ich da hinkomme? Ich wollte dich dort fragen, ob du mit mir gehen willst, du dummes Schaf. Was eben noch für mich das Highlight des Jahres werden sollte, war jetzt nur noch mit Schmerz verbunden. Daher antwortete ich betont uninteressiert.

»Weiß noch nicht. Mal schauen. Wir sind noch woanders eingeladen.«

»Woanders?« Erika schaut zunächst mich, dann Björn an. »Wo denn?«

Eine gute Frage. Die Partystreuung im Dorf war recht überschaubar und Erika kannte zweifelsohne jede Person, die ich auch kannte und die eine Party schmeißen könnte. Es musste also was anderes sein. Was Großes, das außerhalb unseres gemeinsamen Universums lag. Eine Party, die sie nicht kannte und die mich interessanter wirken ließ. Suchend blickte ich mich nach einer plausiblen Antwort um und als ich Frauke sah, wusste ich, wo ich angeblich noch eingeladen war.

»Frankfurt. Wir wollten vielleicht mal nach Frankfurt. Björn kennt da jemanden und wir wollten da feiern gehen.«

Björn sah mich fragend an. Das war ihm wohl auch neu.

»Ach ja?«

»Ja«, sah ich ihn so deutlich an, dass er nicht mehr weiterfragte. Ich würde es ihm später erklären.

»Frankfurt, okay«, lächelte Erika. »Hm, schade. Aber na ja ...«

Sie drehte sich ab und begrüßte den Rest von uns. In meinem Hirn ratterten ihre Worte und deren Bedeutung. Was konnte das alles bedeuten. *Hm, schade. Aber na ja ...* Die komplette Bandbreite.

Ach so? Hm, schade. Aber na ja, du bist mir eigentlich eh scheißegal.

Ach so? Hm, schade. Aber na ja, ich dachte, dass zumindest Björn kommen würde. Den finde ich ja sowieso viel besser als dich.

Würde mir mein bester Kumpel etwa in den Rücken fallen? Hatten die beiden vielleicht sogar schon was am Laufen? Oh Gott, oh Gott, das machte mich jetzt schon völlig fertig.

Und natürlich würde ich auf diese Party gehen. Partys waren so was wie die Singlebörsen im Zonenrand. Ganz oben im Abschleppranking. Gleichauf mit der alljährlichen Kirmes und dem Feuerwehrfest. Unsere Partylücke im Fulda Gap.

Partys waren bei allen sehr beliebt.

Außer bei denen, die sie ausrichten mussten.

Und dafür gab es einen überzeugenden Grund.

DRECKSAUPARTY

Lydia hatte am Wochenende zur Party nach Hause in den elterlichen Palast geladen. Man könnte mit Fug und Recht behaupten, dass Lydias Familie Geld zum Scheißen hatte. Was auch immer ihre Eltern arbeiteten, sie mussten ziemlich gut darin sein. Der Bungalow war mit allem Schnickschnack ausgestattet. Im Garten befand sich sogar ein Swimmingpool, was ziemlich bescheuert war, wenn man mal bedenkt, wie viele schwimmbare Tage der osthessische Sommer in der Rhön offerierte. Aber es sah halt nett aus und man konnte zweimal im Jahr sagen: »He, kommt doch mal vorbei, wir geben eine Poolparty.«

Lydias Eltern waren zu den Großeltern nach Braunschweig gefahren. Braunschweig. Noch so 'ne zurückgelassene Stadt, die man an die Peripherie des Landes gepresst hatte. Lydias Mutter kam von dort.

Die Mutter aus Braunschweig.

Der Vater aus der Rhön.

Als Zonenrandmensch blieb man anscheinend gern unter sich und vermehrte sich zonenrandnah. Wie aus einem entfernten Naturschutzgebiet, in dem es ebenfalls Sumatra-Tiger gibt, siedelte man ein Exemplar erfolgreich in ein anderes Reservat um. Zumindest frischte das den ansonsten überschaubaren Genpool in unserem Dorf etwas auf. Ansonsten war das fast

wie im Zoo. Immer paarten sich die gleichen Gene unter-
einander. Das war teilweise wirklich heftig. Fast jeder war mit
jedem um ein paar Ecken verwandt. Das konnte nicht mehr
lange gut gehen. Ich hatte zwar eine Vier in Biologie, aber selbst
mir war klar, dass ein Mutationssprung unmittelbar bevorstand. Vielleicht entwickelten wir Rhöner ja sogar eine eigene
Menschenart. Der Homo Inzestus – vier Hände, um schneller
Straße kehren zu können, und ein Auge am Rücken, weil man
ja nie wusste, wann der Russe hinter einem stehen würde.

In manchem Nachbardorf hatten Ehepaare schon jetzt
erschreckend gleiche Gesichtszüge. Ehemann und Ehefrau
kannten sich meist seit Kindestagen und waren zusammen
aufgewachsen. Und das oftmals sogar in der gleichen Familie.
Da war so eine Auffrischung durch ein externes Weibchen
aus Braunschweig eine willkommene Abwechslung. Na ja,
mir war es egal. Ich wollte ja nichts von Lydia, sondern von
Erika. Und Erika war weder meine Schwester noch sahen wir
uns irgendwie ähnlich. Sie sah einfach nur Hammer aus. Auch
heute auf der Party war sie wieder der Hingucker. Sie trug eine
enge Moonwashed-Jeans, wie nur sie sie tragen konnte. Ihr
Hintern sah darin so prall und saftig wie ein Hähnchenschenkel
von *Wienerwald* aus. Sie trug gern körperbetonende Kleidung.
Nicht *zu* betonend, aber immer *so* viel, dass es nicht übersehen
werden konnte. Ich glaube, sie kannte das Spiel mit der Karotte
und dem Esel auch ganz gut.

Lydia richtete die Party nicht etwa aus, weil sie Geburtstag
hatte, sondern weil jeder irgendwann mal fällig war. Doch in
ihrem Fall war das keine allzu gute Idee. Sie war im Ansehen
unserer Clique eher im unteren Drittel angesiedelt. Niemand
mochte sie wirklich. Wir Jungs fanden sie unsexy (sie hatte
den hässlichsten Stretchbadeanzug aller Mädchen und ihr
Schamhaar war rot) und selbst die Mädchen verdrehten die
Augen, wenn es im Gespräch um ihre Person ging. Womit

wir wieder beim Swimmingpool wären. Das war der einzige Grund, warum die Mädchen sie in ihrem Kreis akzeptierten. Im Sommer die Beine am Privatpool in die Sonne strecken und dabei einen kalten Drink zu sich nehmen hatte was. Nur Lydias Anwesenheit störte bei diesen Poolpartys. Das einzig Geile an Lydia war ihre Schwester Frauke, und die war ausgerechnet heute bei ihrem Freund in Frankfurt. Lydias kläglicher Versuch, sich durch eine Party in der Beliebtheitsskala der Dorfjugend in eine Poleposition zu hieven, war nachvollziehbar, aber von vornherein zum Scheitern verurteilt. Als sich die Nachricht von der Party weitertrug, war allen klar, was das bedeutete:

Drecksauparty!

Als Drecksauparty wurde eine Party bezeichnet, bei der das Ziel einzig und allein darin bestand, sich komplett danebenzu-benehmen und eine Landschaft der Verwüstung zu hinterlas-sen. Die Kriegstaktik der verbrannten Erde kam hier voll zum Tragen. Man ließ nichts Brauchbares und Verwertbares zurück. Der ultimative Vernichtungsschlag gegenüber dem Ausrichter der Party – was einer gesellschaftlichen Ächtung gleichkam. Und Lydias Name stand ganz oben auf der Liste. Ja, Kinder können grausam sein. Auch wenn ich bei solchen Aktivitäten selten federführend war, schämte ich mich manchmal dafür. Aber wirklich nur manchmal – meistens ging's.

Wie immer rollten Björn und ich gemeinsam auf unseren Mofas an. Wir drehten noch eine Extrarunde direkt vor der Garage, sodass alle von unserer Ankunft Notiz nehmen mussten. Mit Helm unterm Arm schlenderten wir dann extrem cool ins Epizentrum der Veranstaltung – den Partykeller. Wichtig war bei der Begrüßung der anderen Jungs, unaufgeregt und stets Herr der Lage zu sein. Kein Aufheulen der eigenen pubertie-renden Stimme zu riskieren oder sich zu sehr zu freuen. Das war uncool, damit machte man sich klein. Die anderen soll-ten sich freuen, dass wir ihnen eine Audienz gaben. Ich schaute in die Runde, wo sich die üblichen Verdächtigen tummelten. Der Stumme saß stumm und mit geschlossenen Augen auf dem Sofa und war schon besoffen. *Uteundpeter* hielten sich die Hände wund, während Bernd Roth und Tanne sich über die Vorzüge von selbst gemachter Bowle unterhielten. Außerdem war auch einer meiner Cousins mit von der Partie. Alex, der jüngere Bruder von Joachim, war mit seinen Kumpels vorbeigekommen. Die hatten 'ne richtige Mofa-Gang. *Dynamic Wild Hogs* hießen sie. Mit richtigen Clubjacken und so. Kein Mensch wusste, was Dynamic Wild Hogs heißen sollte, es klang aber cool. Wild war schließlich immer gut – das war herrlich anarchisch. Erst später erfuhr ich, dass der Name einzig dem Grund geschuldet war, dass sie sich in einem gemeinsamen *Lloret de Mar*-Urlaub alle die gleichen Jacken mit diesem aufgenähten Schriftzug auf dem Rücken gekauft hatten und ebenfalls nicht wussten, was das heißen sollte. Es waren die einzigen Jacken gewesen, die in verschiedenen Größen vorrätig und vom Preis her erschwinglich waren. Und noch viel später erfuhr ich, dass Wild Hogs nichts anderes als Wildschweine bedeutete. Das war dann nicht mehr ganz so anarchisch, aber eigentlich sogar passender. Trotzdem waren sie cool und ich wollte früher auch so eine Jacke haben. Doch da hatte ich noch kein Mofa und auf 'nem Fahrrad hätte so ein Mofa-Gang-Mitglied mit Clubjacke ziemlich scheiße ausgesehen. Und nach *Lloret de Mar* fuhr auch nicht der nächste Stadtbus, um sich einzukleiden. Also vergingen die zwei Jahre, bis ich selbst ein Mofa unter dem Arsch hatte, und die Lust auf die Billigjacke verblasste ebenso wie der aufgedruckte Schriftzug darauf. Dennoch waren die Dynamic Wild Hogs in Ordnung, sie vertrugen auch mehr als wir Jüngeren. Manchmal suchten sie sich einen von uns aus und verführten diesen zum Mitsaufen. Heute war die Wahl auf den Stummen gefallen – ausgerechnet auf ihn. Die Dynamic Wild Hogs waren in Galaform und hatten ihn in einem Trinkspiel maximal druckbetankt. Berichten zufolge hatte der Stumme vor einer knappen Viertelstunde bereits in den Vorgarten von Lydias Eltern gekotzt. Jetzt saß er mit geschlossenen Augen auf dem Sofa und bekam von der gerade beginnenden Party nichts mehr mit. Am anderen Ende des Partykellers konnte ich die Mädels erkennen, die wie eine Schar Hühner zusammensteckten und gackerten. Sie waren nicht zu übersehen und schon gar nicht zu überhören. Erika mittendrin. Diesmal begrüßte sie mich wieder überschwänglich als Erstes. Na bitte, warum denn nicht gleich so?

»He, Franky. Das ist ja super, dass ihr doch kommen konntet.«

»Ja, warum nicht?«

»Na, du und Björn wolltet doch nach Frankfurt zu eurem Kumpel.«

»Zu wem?«

»Na, zu eurem Kumpel. Du erinnerst dich?«

Ach ja, mein kleines Schauspiel. Lügendemenz ist nicht ohne. Man sollte sich zumindest grob an seine eigenen Lügen erinnern. Björn schaute mich fragend an, doch ich schüttelte nur lässig den Kopf und wusste, was zu tun war. Denn ich war ja ein Meister der Floskel.

»Es kommt, wie es kommt, nä?!«

Das ergab zwar keinen Sinn, doch darum ging es bei Floskeln eh nie. Hauptsache, man sagte irgendwas, dann waren beide Seiten zufrieden. Niemand hörte konzentriert zu, was man bei Begrüßungsfloskeln eigentlich sagte. Und so war es auch diesmal.

»Hm, ja. Haste recht.«

Und schon war das Thema vom Tisch.

Wir unterhielten uns noch eine Weile und ich versuchte Erika ab und zu einen Tick zu lange in die Augen zu schauen, um zu sehen, ob sie darauf reagierte. Ich bildete mir ein, dass sie es zweimal tat und nervös an dem Strohhalm ihres Drinks kaute. Die Party an sich verlief nach dem typischen Schema. Wir Jungs tranken mit traumwandlerischer Sicherheit genau so viel, dass wir es nicht mehr vertrugen, und verloren minütlich ein wenig mehr Hemmungen. Erst würden wir über die möglichen Sexvorlieben der Mädels zu philosophieren beginnen, dann in den Drecksaumodus schalten. Für Stufe eins stand diesmal Blasmaul Jule im Fokus unserer blühenden Sexfantasien. Björn und ich ließen uns zum Stummen aufs Sofa gleiten, der immer noch wie betäubt im Sitzen schlief. Um den Tisch reihten sich nun noch Bernd Roth und Tanne, die uns sofort ein Bier zum Anstoßen reichten. Dazu gesellte sich noch Joschi, den es ebenfalls auf diese Party gespült hatte. Mit Joschi fuhr ich jeden Morgen mit dem Schulbus aus der Rhön nach Fulda in die Schule. Er kam aus einem noch kleineren Kaff als ich. Seine Eltern hatten einen Bauernhof in was weiß ich wie vielter Generation und bei seinen Eltern war ich mir nicht sicher, ob sie nicht Bruder und Schwester waren. Jedenfalls war Joschi von einem sehr netten, aber auch einfachen Gemüt. Dazu sprach Joschi ausschließlich Mundart, das Rhöner Platt. Er konnte gar nichts anderes, da sie zu Hause nur Platt sprachen. Floskelmäßig war Joschi jedenfalls bestens bestückt – und das sogar in feinster Mundart. Ich mochte ihn. Er hielt beim Biertrinken auch einfach mal die Fresse. Eine nicht zu unterschätzende Charaktereigenschaft. Tanne kam als Erster mit einer anzüglichen Bemerkung aus den Startboxen. War er sonst auch eher still, entwickelte er nach ein paar Gläsern ein erhöhtes Mitteilungsbedürfnis. Meist in einfachen Worten und von entfesselnder Plumpheit. Da war Tanne eine sichere Bank. Und heute war er hormonell anscheinend extrem aufgepeitscht und steuerte Thesen bei, die bei dem Rest von uns auf fruchtbaren Boden fielen.

»Ey, die Jule ne, die Jule bläst doch bestimmt wie ein Staubsauger. Mit den Lippen. Ist doch nicht normal.«

Allgemeines Kopfnicken und sabbernde Zustimmung. Heute schienen wir alle sexuell extrem unterzuckert zu sein. Wir trieben uns mit unseren Fantasien gegenseitig an. Allein die ganzen sexuell aufgeladenen Worte zu benutzen machte uns schon geil.

»De hat en Oarsch be en Brauereigull«, steuerte Joschi bei und ich überlegte mir, ob ich für die anderen übersetzen musste, dass Jule seiner Meinung nach einen Hintern so groß wie ein Brauereipferd habe. Aber die Jungs nickten. Pubertäre Lust ist eine internationale Sprache.

»Ja, ne, echt nicht normal«, bestätigte eine Stimme. Wir drehten uns erstaunt in die Richtung, aus der der Wortbeitrag gekommen war. Und stellten voller Erstaunen fest, dass der Stumme gesprochen hatte, der aus seinem Koma erwacht zu sein schien. Ja gab es denn so was? Der Stumme sprach. Dass er mit fortgeschrittenem Alkoholpegel ausgerechnet bei solch einem Thema auftaute, ließ tief blicken. Er spülte sich die letzten Kotzebröckchen mit einem weiteren Bier aus dem Rachen und hob seine Flasche zum Anstoßen.

»Darauf trinken wir. Prost.«

»Prost«, kam es unisono zurück und Flaschen klirrten.

Jetzt war der Stumme gar nicht mehr zu halten und so richtig in Fahrt. Wir anderen schauten uns nur verwundert an. Der Stumme war ein richtiger Bock. Er leckte sich gierig über seine Oberlippe und ich machte mir Sorgen, dass er gleich aufspringen und wild onanierend durch den Partykeller rennen würde.

»Ey, und die Erika braucht es bestimmt auch richtig dreckig. Habt ihr gesehen, wie geil gestern im Schwimmbad wieder ihre Muschihaare raushingen? Abartig geil. Und heute diese enge Jeans, da kann man ihre Lippen sehen. Ich dreh völlig durch.«

Beinahe hätte ich mich verschluckt. Vorsicht, mein Freund. Erika stand bei solchen Themen nicht zur Disposition. Und schon gar nicht, um ausgerechnet für dich als Wichsvorlage herzuhalten. Erst hältst du fünfzehn Jahre lang die Schnauze und jetzt beleidigst du die zukünftige Mutter meiner Kinder? Das ging ja mal gar nicht! Die Freundin von einem aus der Clique war stets tabu. Da wurde nicht drüber abgelästert. Okay, wir waren jetzt nicht so richtig zusammen. Aber Erika war so was Ähnliches wie meine feste Freundin. Das wussten alle. Alle, außer Erika.

»Hast du sie noch alle?!« Ich gab dem Stummen einen Stoß mit meinem Ellenbogen. »Nimm sie sofort aus deinem Kopf raus.«

»Was?«

»Hast schon richtig verstanden. Nimm sie aus deinem Kopf raus. Ich will nicht, dass du so über Erika denkst.«

»Aber … aber, das machen doch alle.«

»Nein, das machen nicht alle«, verbesserte ich ihn und schaute Bestätigung suchend in die Gesichter der anderen Jungs. Doch zu meinem Entsetzen schauten alle in ihr Bier oder wichen anderweitig meinem Blick aus. Erika war wohl so was wie die Lieblingsfantasie aller meiner Freunde. Sie nahmen sie ungefragt in ihr Hirn und vögelten sie dort durch. Ich war geschockt.

»Ehrlich jetzt?«

»Bos weste mach?!«, zuckte Joschi entschuldigend die Schultern. Er also auch. »Die Erika is halt wellich en schönnes Mäje. Da tät jeder gerne ma dro.«

»Dass sie wirklich ein schönes Mädchen ist und da jeder gern mal drangehen würde, ist mir auch klar, aber ich kann dir sagen, was ich machen würde, wenn einer von euch da drangeht. Ich würde jedem Einzelnen von euch …«

Bevor ich den Satz zu Ende bringen konnte, der alles zum Eskalieren bringen würde, stand Björn auf, fuhr sich über seinen Iro und schwenkte auf ein Thema um, das immer zündete.

»Mann Leute, was ist das hier für 'ne traurige Veranstaltung? Sind wir hier, um uns gegenseitig zu stressen oder Spaß zu haben? Was denkt ihr, Drecksauparty?«

»Auf jeden Fall«, stimmten alle mit ein und Erika war mit einem Schlag kein Thema mehr. Zumindest für die anderen. Ich würde mir da durchaus noch den ein oder anderen Gedanken darüber machen. Und warum hatte ausgerechnet Björn darauf reagiert und die Diskussion beendet? Mir wurde ganz übel bei dem Gedanken. Aber auch ich beschloss, das Thema zunächst zur Seite zu schieben und mich der Drecksauparty zu widmen. Und schon ging es los. Tanne entwurzelte im Garten einige Grünpflanzen, während Bernd Roth Kippen auf der Tischplatte ausdrückte. Die Fernbedienung der Hi-Fi-Anlage wurde von Joschi im Tiefkühlfach gelagert und im Hängeschrank der Küche Tassen mit Asche befüllt. Alle waren wie im Rausch. Auch die anderen Partygäste bekamen das mit und wurden ihrerseits von blinder Zerstörungswut gepackt. Alles was nicht niet- und nagelfest war, wurde zweckentfremdet. Wie ein Schwarm Heuschrecken fielen wir über das Haus her und hinterließen ein Feld des Grauens. Gerade als ich im Bad einen Ficus Benjamini in die Badewanne umtopfte und zwecks besseren Anwachsens noch etwas wässerte, trat Björn ein, um sich die Hände zu waschen, die voller Schokolade klebten.

»Was ist denn mit dir passiert?«, fragte ich mit einem Blick auf seine Hände.

»Was meinst du?«

»Na das! Deine Hände.«

»Ach so. Ich habe gerade eine halbe Packung Mohrenköpfe in die Strukturfasertapete im Wohnzimmer eingearbeitet. Ist jetzt ein Unikat.«

»Verstehe.«

»Ich nenne es die Dickmann-Wischtechnik.«

»Respekt«, zog ich anerkennend die Augenbrauen empor. Das hatte Stil.

»Auch nicht schlecht«, lobte Björn wiederum meinen grünen Daumen. »Hast ein Händchen für Pflanzen.«

Er wusch sich die Hände, korrigierte seinen Iro mit einigen Stößen Haarspray, das vor dem Spiegel stand, und ich entschied, dass das ein guter Zeitpunkt war, die Sache zu klären. Ich stieg mit einem unauffälligen Nebensatz ein.

»Der Stumme, ey. Labert der so übel über Erika.«

»Ja. Erst stumm, dann geil. Na ja, was soll's. Er hat's bestimmt nicht so gemeint. Darfst du ihm nicht für übel nehmen. Ist eh besoffen.«

»Hm, ja. Stimmt schon.« Eigentlich war ich auch gar nicht mehr sauer auf den Stummen. Viel mehr beschäftigte mich etwas anders. »Sag mal, geht da eigentlich was mit dir und Erika?«

»Was?«, kam es umgehend vom Waschbecken zurück. Björn sah mich geradezu entrüstet an. Ich drehte mich langsam zu ihm und traute mich kaum, ihm in die Augen zu blicken.

»Na ja, sie begrüßt dich immer so überschwänglich. Da dachte ich halt, dass du und sie vielleicht …«

Björn gab mir einen leichten Fauststoß gegen die Schulter. Dazu sah er mich ernst an. Ich konnte mich nicht daran erinnern, dass er mich jemals zuvor so angesehen hätte.

»Sag mal, spinnst du?! Die steht doch voll auf dich.«

»Ich weiß nicht …«

»Klar, Mann.«

»Denkst du?«

»Na logisch. Da funke ich doch nicht dazwischen. Was denkst du von mir?«

»Dachte nur.«

»Ne, vergiss es. Das ist deine Braut.«

»Okay, wollte das nur klargestellt haben.«

»Du bist mein bester Freund. Komm her!«

Er zog mich an sich und wir hielten uns einen Moment lang fest. Nicht so, wie sich Kumpels normal begrüßen, irgendwie intensiver, es war ein Zeichen tiefster Verbundenheit und Nähe. Und ja, es tat gut. Dann schoben wir uns wieder etwas peinlich berührt auseinander, als wir bemerkten, dass das ziemlich schwul aussehen konnte, wenn jetzt jemand zur Tür hereinkäme. Weil schwul … na ja, das hatten wir ja schon geklärt. Dann knuffte mir Björn seine Faust gegen die Schulter. Ja, das war männlich, das war gut. Wir waren wieder im richtigen Modus.

»Ich werde mich mal heute Abend an Jule ranmachen. Hätte total Bock drauf, dass die mir mit ihren dicken Lippen einen lutscht.«

Das rettete die Situation. Direkt mal etwas Machohaftes hinterhergeschickt, damit hier keine Zweifel aufkamen. Er war immer sehr direkt. Nicht nur im Gespräch mit mir – auch zu den Mädchen. Ich traute ihm zu, dass er das genau so mit diesem Wortlaut Jule sagte. »Jule, ich hätte Bock darauf, dass du mir mit deinen dicken Lippen einen lutschst.« Nicht, dass dies jemals von Erfolg gekrönt worden wäre. Natürlich würde mit an Sicherheit grenzender Wahrscheinlichkeit nichts laufen, aber wir taten so, als ob es das Normalste der Welt sei. Wehe, wenn einmal eines der Mädels auf so einen Spruch eingegangen wäre. Wäre es nicht in einem Fiasko geendet, so doch wenigstens in einer vorzeitigen Ejakulation. Jedenfalls war die Situation für mich jetzt geklärt und ich war zufrieden.

»Gute Idee. Komm, wir gehen wieder zu den anderen.«

Der Weg zurück in den eigentlichen Partyraum führte uns in ein einziges Massaker. Die Jungs hatten ganze Arbeit geleistet. Ich erkannte Löcher in der Rigipswand des Partykellers, die wahrscheinlich von Tanne mit bloßer Hand dort eingelassen worden waren. Außerdem hatte irgendjemand im Gästeklo Fastnachtshaarspray in Neongrün gefunden und dieses großzügig auf Spiegeln und Mobiliar verteilt. Eine Drecksauparty wie so viele in dieser Zeit, aber diese hatte eine erschreckende Durchschlagskraft. Gerade so, als hätten alle ihren über Jahre aufgestauten Pubertätsfrust in diesem Moment kanalisiert und ihm freien Lauf gelassen. Wir waren zufrieden. Lydia saß auf einem Stuhl und heulte, während sie von den anderen Mädchen getröstet wurde. Die hoben jedoch hinter ihrem Rücken die Daumen, um uns zu bedeuten, dass sie unsere Verschönerungsorgie eigentlich ganz lustig fanden. An einigen der hochgestreckten Daumen glaubte ich sogar neongrüne Farbe zu erkennen. Kann mich aber auch täuschen. Tja.

Ich ging hinaus in den Garten, um etwas frische Luft zu schnappen und ein wenig über mich und Erika nachzudenken. Heute musste ich sie einfach ansprechen. Der Abend war perfekt. Eine Drecksauparty schien mir der richtige Rahmen für die Frage zu sein, ob sie mit mir gehen wolle. Ein gewagtes Unterfangen, doch ich war fest entschlossen. So viel Energie, die sich entlud, musste positive Auswirkungen haben. Doch plötzlich vernahm ich ein leises Wimmern, das hinter einem Buchsbaum hervorwaberte. Buchsbaum, dachte ich mir, auch ein geniales Wort, das es wohl so nur im deutschen Wortschatz gab. Buchsbaum, das klang fast schon nach einem Gedicht. Buchsbaum, Buchsbaum, wiederholte ich das Wort immer wieder und schob es in meinem Hirn von links nach rechts, während ich um eben jenen Buchsbaum herumging und Tanne dahinter erkannte. Er kotzte auf allen vieren kniend und jammerte dazu, wie ein kleines Kind.

»Tanne, alles okay bei dir?«

Ich bückte mich zu ihm hinunter und legte ihm eine Hand auf den Rücken. Tanne blickte auf und ich sah, wie ihm etwas Rotze aus der Nase lief. Er wischte sie sich mit dem Handrücken ab.

»Mir geht's so scheiße, Franky.«

»Das sehe ich. Aber das wird schon wieder.«

»Nein«, jammerte er und kotzte einen kleinen Strahl in den Buchsbaum. Jetzt fand ich den Namen nicht mehr so genial. Buchsbaum mit Kotze hatte keinen Stil. »Das wird nicht wieder. Das wird nie wieder.«

»Doch, das kennen wir doch alle. Lass einfach alles raus.«

Ich klopfte unbeholfen mit meiner Hand auf seinen Rücken. Nicht zu viel, gerade so, dass es kumpelhaft blieb. Das Klopfen auf den Rücken half immer, wenn ich als Kind heulte und meine Mutter mich tröstete.

»Ne, du verstehst mich nicht.«

»Doch, klar verstehe ich dich.«

»Mir geht's nicht ums Kotzen. Mir geht's um was anderes. Ich bin verliebt.«

»Ach so.« Ich tätschelte weiter seinen Rücken und überlegte mir, wen er wohl meinte. Er würde doch nicht auch in Erika verschossen sein? Dann bekämen wir ein ernstes Problem miteinander. »Na, wer denn? Kann doch nicht so schlimm sein. Da findet sich ein Weg.«

»Meinste?«

»Klar. Es gibt für alles eine Lösung. Also wer ist es?«

Tanne schnaubte laut und spuckte etwas Kotzebröckchen in den Buchsbaum.

»Ich liebe dich, Franky.«

Tanne ist echt voll, dachte ich mir. So hatte ich ihn noch nie erlebt. Da kniete dieser Kerl vom Kaliber eines Zehnkämpfers vor einem Buchsbaum und heulte wie ein Kind. Was hatte der denn nur gesoffen? Ich lachte etwas auf und freute mich schon auf den nächsten Tag, wenn ich ihm und den anderen erzählte, was er für ein dummes Zeug gefaselt hatte.

»Hm«, brummte ich zurück. Ich musste ihn jetzt aufbauen und beruhigen. »Ich dich auch, Tanne. Bist ein super Kumpel.«

»Du verstehst mich nicht. Ich liebe dich wirklich. Ich bin schwul, Franky.«

»Schon okay, Tanne. Alles gut.«

Wieder wischte er sich irgendwas aus dem Gesicht. Ich glaube, es waren Tränen. Dann sah er zu mir auf.

»Ne, ich meine das ernst, Franky. Ich liebe dich.«

Ich strich ihm weiter über den Rücken. Jetzt dürfte alles aus ihm raus sein, dachte ich mir. Und der Buchsbaum morgen eingehen.

Meine Hand stoppte plötzlich in ihrer Bewegung. Was, wenn er das ernst meinte? Tanne und schwul, das war wie Kirche und Straßenstrich, Tag und Nacht, Ost und West. Das gab es nicht zusammen.

»Du bist besoffen, Tanne. Morgen sieht die Welt wieder ganz anders aus. Wirst du schon sehen.«

»Du meinst, morgen bin ich nicht mehr schwul, oder was? Meinst du, dass das wie ein Schnupfen ist?«

»Ne, aber …«

»Franky, ich habe mir das nicht ausgesucht.«

»Ja, aber …«

»Du hast doch keine Ahnung, wie das ist. Hier im Dorf. Schwul zu sein und das immer zu leugnen. Ich kann nicht mehr. Ich will nicht mehr. Ich hab die Schnauze echt voll, verstehste?«

Ich nickte. Doch verstehen konnte ich es nicht. Tanne meinte das tatsächlich ernst. Das spürte ich. Er war wirklich schwul. Aber wie konnte das sein? Gerade er? Und warum hatte ich nie was bemerkt?

»Du bist also echt …, also ich meine so, du weißt schon …«

»Schwul, Franky, das heißt schwul. Einfach nur schwul. Sonst nix.«

»Homosexuell«, beendete ich meinen Satz.

»Schwul«, schüttelte Tanne den Kopf. »Sag es einfach. Tanne ist schwul.«

»Das kann ich nicht. Schwul sind doch immer nur so …«

»… andere?«, fragte Tanne. »Du meinst, schwul sind immer nur andere. Aber mal ganz ehrlich, wie viele Schwule kennst du denn? Alle hier in diesem Kaff glauben doch, dass schwul sein schlimmer ist als Pest und Cholera zusammen. Und soll ich dir was sagen?«

»Na, was?«, fragte ich.

»Sie haben recht«, sagte er. »Es ist wie Pest und Cholera. Aber nicht, weil ich auf Männer stehe, sondern weil ich mich verstecken muss, weil ich mitreden muss, wie geil Jules Blasmaul ist, weil ihr sonst nichts mehr mit mir zu tun haben wollt und nicht mehr meine Freunde seid. Nicht das Schwul*sein* ist schlimm, sondern als schwul *abgestempelt* zu werden.«

Ich wollte irgendwas Schlaues darauf sagen. Von wegen, dass das alles Blödsinn sei und dass wir ihn natürlich genauso als Freund schätzten, wenn er schwul sei. Doch war das wirklich so? Auf dem Dorf galt schwul sein immer als Schimpfwort. Und niemand fragte, wie es denen wohl geht, die tatsächlich schwul sind. Was war daran denn nun eigentlich so furchtbar? Tanne stand auf Männer. Aber war er dadurch nun ein anderer? Disqualifizierte ihn das als Freund? Fragen, die ich nun aber auch nicht so direkt beantworten konnte. Das war Neuland für mich.

»Ja, ich weiß nun auch nicht, Tanne. Es ist halt so überraschend. Was soll ich sagen?«

»Verstehe ich. Ich hab mich einfach ein bisschen in dich verknallt. Schon seit einem Jahr. Aber ich weiß, dass das nix gibt mit uns. Ist mir schon klar. Du stehst auf Erika und das ist auch völlig okay. Sie ist echt ein Knaller. Ich habe nur keinen Bock mehr auf Lügen und den ganzen Scheiß.«

Meine Hand begann ihm wieder leicht den Rücken zu tätscheln. Fühlte sich mit einem Mal anders als zuvor an. Noch kontrollierter. Komisch. Es würde wohl eine Weile dauern, bis ich damit klarkäme. Also sagte ich das auch so.

»Es wird vielleicht 'ne Weile dauern, bis ich das richtig checke, aber ich komm damit klar. Versprochen. Und es tut mir leid, wenn wir manchmal so blöde Sprüche übers Schwulsein gemacht haben.«

»Vergiss es. Schon okay.«

»Ne, es ist nicht okay. Es ist sogar ausgesprochen dumm. Aber du weißt ja, wie wir es meinen. Große Fresse und wenig dahinter.«

»Ja, weiß ich.«

Tanne musste dabei lächeln.

»Also sind wir weiterhin Kumpels?«, fragte ich.

Tanne wischte sich mit dem Ärmel über Mund und Nase. Und stand langsam auf. Dieser riesige Kerl vor mir. Der Buchsbaum daneben. Er schwul. Ich überfordert. Der Buchsbaum für immer entstellt. Was für eine Situation.

»Klar.«

»Ich umarm dich jetzt aber nicht.« Ich deutete auf seinen Oberkörper. »Also, nicht weil du schwul bist oder so, sondern weil du da Kotzebröckchen hast.«

Tanne wischte sich über Brust und Bauch. Das machte es nicht besser, doch er lächelte.

»Danke fürs Zuhören, Franky. Und sag den anderen erst mal nix, okay?«

»Natürlich nicht.«

»Ich mach das irgendwann selbst.«

»Mach das.«

Wir klopften uns als Freundschaftsbeweis unbeholfen auf die Schultern. Dann ging ich zurück auf die Party. Ein paar Schritte versetzt, schlurfte Tanne hinter mir her.

»Schönen Arsch hast du trotzdem«, hörte ich Tannes Stimme, und als ich mich zu ihm umdrehte, zeigte er mir den Mittelfinger und wir mussten beide lachen.

»Ich weiß, Tanne. Ich weiß. Aber mein Arsch bleibt Jungfrau.«

»Nicht nur dein Arsch, wenn du Erika nicht mal langsam fragst.«

»Stimmt auch wieder.«

Der Rest der Party lief nach bekanntem Strickmuster. Die Mädels bügelten sich literweise Batida de Coco in die Leber und wir Jungs grölten im Kreis hüpfend unsere Hymnen wie »Was wollen wir trinken?«, »Westerland« oder »Black Betty« lautstark mit, dessen Text niemand wirklich kannte. Bis zum Refrain nuschelte man irgendwas mit, nur um dann umso lauter »Ohooo Black Betty, bämmelämm« zu intonieren. Eine seltsamere Songauswahl hätte kein Radio-DJ treffen können. Auch Tanne hatte sich wieder erholt und schüttete sich ein paar weitere Bier rein. Ich glaube, es war das erste Mal, dass ich Respekt vor Tanne hatte. Er war vielleicht nicht der Hellste, aber er hatte den Mut, der mir fehlte. Er hatte seine Liebe gestanden. Sogar zu einem anderen Mann. Und ich trottete seit Ewigkeiten wie ein Depp hinter Erika her, ohne ihr auch nur ein Wort zu sagen. Ich hatte Tanne unterschätzt. Wir alle hatten ihn unterschätzt. Und ich musste mir dringend ein paar Gedanken um meine Naivität und Vorurteile bezüglich schwuler Personen machen. Vielleicht ab morgen.

Wir hüpften, grölten bis zur Heiserkeit und übergaben uns alle gemeinsam am Ende in die Hecke vor dem Haus. Diesmal klopfte mir Tanne beruhigend auf den Rücken und es tat gut. Alle standen wir wie die Orgelpfeifen aufgereiht bei den Buchsbäumen. Links die Mädels in einem zart mintfarbenen Batida-de-Coco-Kotzstrahl, rechts die Jungs mit einem Bier-Asbach-Cola-Gemisch. Und auch der Rest lief wie immer: Ich traute mich nicht Erika anzusprechen und Björn bekam vor versammelter Mannschaft von Jule eine gescheuert.

Warum war allen klar.

OB'S STÜRMT ODER SCHNEIT

The day after. Ich wachte mit einem mächtigen Schädel auf. Aber da Samstag war, wusste ich, was mir bevorstand. Heute war mein Großvater mal wieder mein Aufseher beim Straßekehren. Wenn ich schon meinen Vater dafür hasste, dass er immer fröhlich pfeifend neben mir kehrte, so war mein Großvater der Olymp meines Leidens. Bei ihm glich jede Tätigkeit einer Arbeit im Straflager. Selbst die ansonsten gern wahrgenommenen »Gespräche« mit Nachbarn oder meinen Kumpels, die mit dem Mofa kurz hielten, um eine zünftige Floskel auszutauschen, blieben dann aus. Alle hatten zu viel Angst vor meinem Großvater und Bedenken, dass sie selbst zur Strafarbeit an Besen und Schaufel verdonnert wurden. Und so fuhren in einem Abstand von nicht einmal zwanzig Minuten sowohl der Stumme als auch Björn vorbei. Eine lockere Handbewegung als Gruß war alles, was ich an Mitleid bekam. Nur Tanne sah ich nicht. Ich hoffte, dass es ihm gut ginge, und musste nochmals an seinen Mut denken, mir seine Gefühle zu gestehen. Von einem Typen hatte ich das bislang auch noch nie gesagt bekommen. Ein wenig Stolz mischte sich in meine Gefühlsmenge, während ich die Straße kehrte.

Es stürmte und der Wind blies ständig neuen Schmutz gegen den Bordstein. Es war völlig unsinnig, heute zu kehren.

Aber es war Samstag, also kehrten wir. Unsinnig, dachte ich mir, total unsinnig. So unsinnig wie eine Pornokassette einzulegen, wenn man gerade masturbiert hat. Das bringt doch alles nix. Ich musste bei dem Gedanken lächeln und freute mich auf meine Raubkopie von Björns Porno, die ich mir nach getaner Arbeit noch mal ansehen würde. Der Wind schnitt im Gesicht und wehte mir dazu Staubkörner in die tränenden Augen, als ich die Stimme meines Großvaters hörte. Allerdings redete er nicht, sondern eine Melodie unterlegte seine Worte. Ihm schien diese unsinnige Arbeit bei dem furchtbaren Wetter jetzt erst richtig Spaß zu machen. Und er sang, ja tatsächlich, er sang … das hatte ich ja noch nie gehört.

»Ob's stürmt oder schneit, ob die Sonne uns lacht. Der Tag glühend heiß oder eiskalt die Nacht. Verstaubt sind die Gesichter, doch froh ist unser Sinn – ja unser Sinn. Es braust unser Panzer im Sturmwind dahin.«

Ehrlich jetzt? Mein Opa sang alte Soldatenlieder während unseres vergeblichen Kehreinsatzes? Okay, verstaubt waren unsere Gesichter tatsächlich, nur unser Sinn war alles andere als froh. Zumindest meiner.

»Was ist das, Opa?«, fragte ich.

»Panzerlied«, kam es zurück, ohne dass er aufblickte oder seine Kehrbewegung unterbrach.

»Panzerlied?« Ich weiß nicht, was es war, aber irgendeine kleine, miese Stimme in mir drängte mich wieder einmal zur Revolution. Eine imaginäre rote Fahne fest in der Hand, lief ich in mein verbales Unglück. »Du weißt aber schon, dass der Krieg vorbei ist, oder?«

Das Kehren meines Großvaters stoppte abrupt. Er legte eine Hand auf das Ende des Besens und winkte mich mit der anderen zu sich.

»Geh mal bei mich bei, Frank.«

Mundart wurde mit Vorliebe bei Schimpftiraden oder hoher Emotionalität benutzt. Das verhieß nichts Gutes. Ich rollte meine imaginäre rote Fahne zusammen und ging auf ihn zu. Hätte ich nur die Klappe gehalten. Warum konnte ich das nicht? Ich überlegte mir, wie ich seiner Hand ausweichen könnte, und stellte mich sicherheitshalber eine Armlänge entfernt von ihm auf.

»Ich meinte nur, weil …«

»Komm näher.«

Das mit der Armlänge war nun nichts mehr.

»… weil ich halt …«, stotterte ich weiter unsinnige Worte vor mich hin. Ich senkte wie ein unterwürfiger Hund meinen Blick zu Boden.

»Schau mich an, wenn ich mit dir rede.« Ich tat, wie mir geheißen. Den Blick immer auf seine rechte Schulter gerichtet, wann diese zucken und zum Schlag ausholen würde. »Jetzt hör mir mal genau zu.« Nun redete er wieder in einwandfreiem Deutsch. Irgendwas stimmte hier nicht. »Du bist vorlaut, das wissen wir ja alle nur zu gut.«

»Ich wollte nicht …«

»Klappe, Frank.« Er hob den Zeigefinger, um seinen Worten noch mehr Gewicht zu verleihen, und ich zuckte instinktiv zusammen. »Du denkst vielleicht, ich merke das nicht immer, wenn du deine Bemerkungen machst. Oder dass ich dich nicht leiden kann, weil ich dich so hart rannehme, stimmt's?«

»Darf ich jetzt wieder was sagen?«, fragte ich.

»Ja«, sagte er.

»Stimmt. Ich glaube, du magst mich nicht. Ich glaube, du magst niemanden.«

Wow, das war mutig. Doch statt zu sagen, dass das nicht stimmen würde, nickte Opa nur und fuhr weiter fort.

»Und du fragst dich, warum das so ist. Du fragst dich außerdem, warum wir heute, bei dem Sauwetter, Straße kehren.«

Ich nickte. »Ist unsinnig.«

»Ist es nicht. Vielleicht geht es gar nicht um die Straße, sondern um viel mehr.«

Ich sah einmal links, einmal rechts die Straße entlang.

»Du willst jetzt aber nicht sagen, dass wir jetzt auch noch Köhlers Karl die Straße kehren, oder?« Karl Köhlers Grundstück grenzte an unseres an. Er war schon alt, alleinstehend, und schaffte es nicht mehr so oft, die Straße zu kehren. Manchmal kehrten wir sie daher einfach mit, was eine gute Stunde Mehrarbeit bedeutete.

»Ich meine das im übertragenen Sinn. Manchmal macht man Dinge nicht, weil man sie so sehr mag, sondern weil man es kann. Demut und Dankbarkeit für das, was man hat, und nicht darüber beschweren, was man nicht hat.«

»Bin ich doch auch«, antwortete ich. »Ich bin dankbar dafür, dass wir dieses Grundstück besitzen, und beschwere mich nicht, dass uns das von Köhlers Karl nicht auch noch gehört.«

War das ein Lächeln auf dem Gesicht meines Opas? Nein, er hatte sicher nur eines der Staubkörner ins Auge bekommen.

»Na ja, um ehrlich zu sein, mag ich dein vorlautes Mundwerk oftmals wirklich nicht besonders. Aber es ist immerhin besser, den Mund aufzumachen, als zu schweigen.« Hatte er tatsächlich soeben Verständnis geäußert? Das hatten wir bislang noch nie. Erst das Singen und nun das. Dass wir überhaupt miteinander redeten, war ein Wunder. Noch nie hatte er mehr als drei Sätze am Stück mit mir ausgetauscht. Ich allerdings auch nicht mit ihm. »Auch wenn du es nicht glaubst, ich war ja auch mal jung. Als ich so alt war wie du, musste ich auch Dinge tun, auf die ich keine Lust hatte, nur weil ein anderer sagte, dass es so gemacht werden muss.«

»Uropa?«

»Hitler.«

»Ach der.«

»Ja, der. Und dieses Lied erinnert mich an diese Zeit. An meine Kameraden von damals. Sind alle tot. Zum Beispiel der Otmar Hahner. Oder der Paul Kostler.«

»Fandst du ihn gut?«

»Paul Kostler?«

»Nein, Hitler.«

Er überlegte.

»Gut? Nein. Aber wir waren voller Energie, jung und sehr naiv.«

»Und warum singst du dann dieses Panzerlied? Wenn deine Kameraden doch genau wegen diesem ganzen Scheiß nicht mehr leben?«

»Na, genau deswegen. Mir geht es nicht um die Textzeilen, mir geht es um die Erinnerungen an meine Kameraden. Denn meine Kameraden will ich nicht vergessen und den Krieg kann ich nicht vergessen. Aber, und jetzt hör genau zu, wenn du das, was wir hier haben, für ein gottgegebenes Geschenk hältst, auf dem man sich ausruhen kann, dann hast du dich geschnitten.«

»Aber wir haben keinen Krieg mehr.«

»Ach nein?«

»Nein.«

»Was denkst du, was das hier ist?«

Er klopfte mit dem Ende seines Besens auf den Kanaldeckel zu seinen Füßen. War das wieder so ein schräger Test von ihm? Was sollte diese Frage? Das war ein Kanaldeckel. Der war schon immer hier, seit ich denken konnte.

»Na, ein Kanaldeckel.«

»Ein Kanaldeckel«, wiederholte er, »ein Kanaldeckel und sonst nichts?«

»Nein. Nur ein Kanaldeckel.«

»Komisch, wo hier doch gar kein Abwasser entlangfließt.«

Hm, da hatte er recht. Die anderen Kanaldeckel waren allesamt am Fahrbahnrand, dieser hier war mindestens einen Meter in die Fahrbahn hineingebaut. »Das ist ein Straßensprengschacht.«

»Wie jetzt?«

»Das ist Tarnung. Das soll nur so aussehen wie ein Kanaldeckel. Hier drunter ist ein Sprengschacht, der im Ernstfall mit Sprengstoff bestückt und dann gezündet wird, wenn der Russe kommt.«

Da war er wieder. Der Russe. Diesmal würden wir ihm sogar direkt den Hintern wegsprengen. Und das auf der Straße, die ich gekehrt hatte.

»Du meinst, wir kehren hier jede Woche über einer Bombe?«

»Über dreien, um genau zu sein.« Opa wandte sich zur Seite und deutete mit dem Besen die Straße entlang zu zwei weiteren Kanaldeckeln. »Dort ist einer, und dort hinten noch einer. Das ist die einzige Straßenkreuzung im Dorf. Wer hier durchwill, muss hier vorbei. Auch der Russe.«

»Aber ist es dann nicht gefährlich, hier zu kehren?«

»Na ja, die Sprengladungen sind ja noch nicht angeschlossen. Erst beim Einmarsch des Russen würden Pioniertrupps die Schächte bestücken. Das geht dann aber zackig, schätze mal, keine zwei Stunden und die Straßen sind vermint. Ich schätze mal, dass die Sprengladungen dann einen Krater von mindestens fünfzehn Metern Durchmesser und acht Metern Tiefe reißen würden. Also, so sicher wäre ich mir mit deiner Äußerung über Frieden nicht. Das kann ganz schnell vorbei sein.«

»Aber es ist doch besser als damals bei Hitler.«

»Natürlich. Und genau das gilt es eben zu verteidigen. Um Frieden wird man immer kämpfen müssen. Und wenn ich erlebe, dass du einmal deinen Mund nicht aufmachst, wenn du Unrecht erkennst, dann versohle ich dir den Hintern, wie du es noch nicht erlebt hast. Verstanden?«

»Verstanden.«

»Deswegen ertrage ich auch dein Geschwätz und dein Mundwerk. Ist mir lieber als so ein Mitläufer. Davon gab es in meiner Zeit viel zu viele. So, und jetzt mach weiter und sei froh, dass dein größtes Problem nur das Kehren ist.«

Ich drehte mich um, um weiterzuarbeiten. Doch die Worte meines Opas hallten noch nach. Dann drehte ich mich wieder zu ihm.

»Gegen Unrecht soll man seinen Mund aufmachen. Hast du gesagt. Gerade eben. Wenn Unrecht herrscht, muss man seinen Mund aufmachen. Das hast du gerade gesagt, oder?«

»Ja, habe ich.«

»Dann finde ich es Unrecht, dass ich hier kehren muss, obwohl es unsinnig ist. Der Wind weht doch ständig von Köhlers Grundstück neuen Dreck hier rüber. Das macht doch gar keinen Sinn. Dann könnten wir es ja gleich mitkehren.«

Jetzt lächelte Opa tatsächlich. Das war nicht zu übersehen. Irgendwas bereitete ihm Freude. Das sah man nur ganz selten.

»Jetzt hast du es begriffen.«

Er widmete sich wieder seiner Arbeit und stimmte erneut das Panzerlied an, während ich dastand und zum Grundstück von Köhler Karl rüberschaute. Vielleicht hatte Opa recht. Stell dich net schö!, sagte ich zu mir und ging hinüber zu dem Nachbargrundstück. Ich begann damit, auch Köhler Karls Straße zu kehren.

»Aber Unrecht bleibt es trotzdem«, rief ich meinem Opa zu, der nur kurz aufsah und zufrieden schien.

»Stell dich net schö un kehr weiter, du Gewitter-Jung.«

Aha, da war er wieder. In Mundart und mit gewohnt mürrischer Laune. Ich grummelte etwas, doch eigentlich war ich gar nicht grummelig. Ganz im Gegenteil. Ich war stolz auf meinen Opa. Er war vielleicht ein harter Hund, aber anscheinend hatte er das Herz doch am rechten Fleck. Nur hatte er es irgendwann in einen Raum ohne Türen gesperrt. Oder es war dort hineingesperrt worden. War vielleicht gar nicht seine eigene Entscheidung gewesen. Von wegen Krieg und so.

Wir kehrten noch für eine Stunde stumm nebeneinander weiter. Doch ich fühlte mich ihm nah wie nie zuvor. Er sang dieses unsägliche Panzerlied noch zwei-, dreimal. Auch er schien zufrieden. Gerade als wir mit unserem und Köhler Karls Grundstück fertig waren, kam mein Vater mit seinem Auto angefahren und stoppte direkt auf der Straße. Er wirkte aufgelöst und fahrig, als er ausstieg und hastig zu uns rannte. Er kam wirklich angelaufen, mit Tempo, und stoppte erst kurz vor meinem Opa, der ihn irritiert ansah.

»Kelle, was ist denn mit dir los? Mach mal halblang. Hat dich der Hafer gestochen oder was ist los?«

Papa kniff die Augen eng zusammen und schüttelte den Kopf.

»Oma hatte einen Schlaganfall und liegt im Krankenhaus.«

* * *

Das Krankenzimmer wirkte erdrückend. Der Linoleumboden quietschte bei jeder Bewegung und es roch nach Desinfektionsmittel. Oma Frieda lag in ihrem Bett und wirkte furchtbar zerstreut. Alles, was sie gebetsmühlenartig immer wiederholte, war ein einziger Satz: »Wird das wieder?«

Meine Mutter war auch mitgekommen und strich ihr über die zittrige Hand.

»Das wird wieder.«

Mein Vater und mein Großvater standen hilflos um das Bett herum. Nicht aus ihrer Haut könnend. Körperlichkeit war ihnen fremd und sie wussten nicht wohin mit ihren Emotionen, die spürbar in ihnen wirkten. Es war das erste Mal, dass ich in einem Krankenhaus war. Bislang kannte ich das nur von außen und das war mir auch immer ganz lieb gewesen. Ich konnte diese Schwere nicht ertragen, die über allem und jedem lag. Wie das Vorzimmer zum Leichenschauhaus.

Und dann wieder.

»Wird das wieder?«

»Das wird wieder.«

Tätscheln seitens meiner Mutter und der verzweifelte Blick in den Augen meiner Oma, die nach irgendwelchen Worten in ihrem Hirn suchte, diese aber nicht fand. Ich stellte mir das furchtbar vor. Zu wissen, was man sagen will, aber es nicht mehr ausdrücken können. Und dann zu merken, wie die anderen um einen herum langsam verzweifeln.

»Wird das wieder?«

Meine Mutter atmete schwer und ersparte sich diesmal ihre Antwort.

»Wird das wieder?«, wiederholt meine Oma.

»Nun hör doch endlich auf zu fragen!«, brüllte mein Opa, der sie noch immer als das verstand, was sie nun nicht mehr war. »Find dich damit ab.« Ich war mir nicht sicher, ob er das meiner Oma oder sich selbst riet. Oma verstummte kurz und fragte dann in Richtung meines Vaters, ob das wieder werden würde.

Es wurde nicht wieder.

Der letzte Anruf des Krankenhauses ereilte uns keine drei Monate später. Meine Eltern fuhren schweigend mit mir, meiner Schwester und meinem Opa ins Krankenhaus, um alles Weitere zu klären. Keine Ahnung, was da zu klären war, schließlich war sie ja nun tot. Da gab es nicht mehr viel zu klären, dachte ich mir. Aber es gab wohl ein paar Dokumente zu unterschreiben. Man fragte uns, ob wir sie gern noch mal sehen wollten. Ich wollte nicht. Ich wollte sie lieber als lebendige Person in meinen Erinnerungen behalten. Als die Oma, die sie für mich immer gewesen war. Als meine Oma Frieda, die jeden Sonntag fromm in der Kirche saß und für alles betete, was es gab. Als

eine wahnsinnig schlechte Köchin mit einem wahnsinnig großen Herzen, die Kinderteller mit Zwergen auf dem Tellerboden
besaß.

Aber mein Vater wollte sie sehen. Also führte uns einer der
Ärzte in einen viel zu hellen Raum. Meine Oma lag dort wie
eine Marionette, der man eine Lederhaut übergezogen hatte,
in ihrem Bett. Die Wangen eingefallen, die Augen geschlossen.
Man hatte ihr die Hände betend über die Brust gelegt.

Das hätte ihr gefallen.

Da war ich mir sicher.

So fromm und gläubig, wie sie gewesen war.

Es war Samstag.

Und ich hätte liebend gern gekehrt.

Sexuelles Erwachen

Den Tod meiner Großmutter steckte ich erstaunlich gut weg. Das lag wohl auch zu einem großen Teil daran, dass meine Hormone immer mehr die Kontrolle übernahmen. Meine Gedanken und Triebe wurden immer fordernder. Ging das eigentlich allen anderen auch so? Die Tage und Nächte waren geprägt von peinlichen Spontanerektionen und der ewigen Suche nach einem weiblichen Gegenpart, der ebenfalls auf scharf geschaltet war. Leider waren die meisten Mädchen in der Region zwischen vierzehn und siebzehn Jahren sexuell noch nicht gänzlich von der Pubertät wachgeküsst. Anders als die Jugend in den viel zu weit entfernten Großstädten übten sich ihre Altersgenossinnen im Zonenrandgebiet mit geradezu buddhistischer Hingabe in den Disziplinen Enthaltsamkeit und Scham. Ob dies der katholischen Erziehung, der ländlichen Prägung oder der Unfähigkeit der männlichen Geschlechtspartner geschuldet war, bleibt reine Spekulation. Außer *Uteundpeter,* die schon lange miteinander Sex hatten und diesen bereits so routiniert wie ein altes Ehepaar vollzogen, waren wir alle noch sehr unerfahren. Unsere Erlebnisse beschränkten sich auf Knutschereien bis zum Wundbrand der Mundwinkel und ungelenke Fummelei. An besonders zügellosen Tagen durfte man vielleicht auch mal mit seiner Hand eine Expedition unter dem Pulli der Angebeteten starten. Das verlief jedoch, wie so viele Expeditionen verlaufen: Große Hoffnungen wurden mit ernüchternder Realität erstickt und die Mission irgendwann erfolglos abgebrochen. Nicht selten kreiselte man mit seinen Onaniergriffeln in einer stundenlangen Endlosschleife um den BH des Mädchens herum, bis die Haut um die Brust empfindlich gereizt war. Ansonsten ging nix. Das war ein echtes Dilemma, da der Trieb im gleichen Zeitraum jeden Tag ein Stückchen mehr anzuwachsen schien. Die Probleme waren einerseits die Planlosigkeit der männlichen Teenagerhand, andererseits die keuschheitsgürtelartigen Sicherheitsvorkehrungen der jungen Damen. Warum sonst trieben sie uns Jungs mit diesen oftmals tückischen Verschlüssen wie bei einem französischen BH oder, noch schlimmer, einem Body in den Wahnsinn? So verließ man mit hochrotem Kopf nach Stunden das Kinderzimmer der Pubertierenden mit wunden Mundwinkeln, einer durchgescheuerten Jeans mit Flecken im Innenfutter und der Hoffnung, dass man das nächste Mal aber ganz sicher einen Schritt weitergehen dürfe.

Unsere eigentliche Leidenschaft galt allerdings sowieso unseren Mofas. Eine Art Ersatzdroge. In jeder freien Minute saß unsere Clique gemeinsam in der Garage von Björns Mutter, wo wir dann an unseren Höllenmaschinen schraubten. Das machten wir ständig. Irgendein Vergaser musste dringend aufgebohrt, ein Ritzel verändert, eine Flöte ausgebaut oder ein Zierstreifen verklebt werden. Ich fuhr eine blaue Prima 5, die ich einem Mädchen aus dem Nachbardorf abgekauft hatte. Das fand ich reichlich uncool. Ausgerechnet einem Mädchen das Mofa abgekauft zu haben. Aber was will man machen?! Dafür motzte ich meine Kiste dermaßen auf, dass man kaum noch Originalteile an dem Grundgerippe finden konnte. Anderer Lenker, anderer Motor, Moosgriffe, einen zweiten Außenspiegel, Seitenständer, damit das Mofa neben den anderen auf den Zeltdiscos immer auffallen konnte. Sämtliche Umbauten fanden in Eigenregie statt und verstießen natürlich gegen jede Straßenverkehrsordnung. Aber Polizei gab es hier eh nicht. Außer dem Vater des Stummen, aber der war ja beim BGS und sollte mal lieber aufpassen, dass der Ivan nicht einmarschierte, anstatt eine Handvoll Fünfzehnjähriger zu jagen. Die Wahl des Mofas war eine Glaubensfrage. Da schieden sich die Geister. Hercules, Puch oder Zündapp. Zündapp waren auch super Maschinen, die man extrem gut frisieren konnte, Puch dagegen war scheiße und verpönt bei uns. Anhand der Lenkerstellung konnte man darüber hinaus erkennen, aus welchem Dorf der jeweilige Fahrer stammte. Bei uns fuhren alle mit weit nach vorn gekipptem Lenker. Wir hingen auf den Böcken so weit vornüber gebeugt, als wollten wir Galopper des Jahres werden. Schon in den nächstgelegenen Dörfern sah das ganz anders aus. Eine Truppe fuhr mit den Lenkern so weit nach hinten gezogen, dass sie praktisch am Knie schalten mussten, wiederum andere schworen auf breite Rennlenker. Wie gesagt, alles eine Glaubensfrage. Unsere Eltern glaubten auch an was, nämlich, dass wir alle einen an der Klatsche hatten. Wahrscheinlich hatten sie recht. Es war ein Wunder, dass so wenig passierte und nicht mal bei siebzig Sachen eine Lenkergabel einfach brach und sich einer unserer Clique überschlug und sich den Hals brach.

Jedenfalls saßen wir gern in der Garage um unsere Mühlen herum, tranken Bier und schraubten an irgendwas herum, fetteten die Ketten oder reinigten die immer verdreckten Zündkerzen. Wenn es dunkel wurde, verlegten wir unsere Gespräche nach drinnen, wobei das immer bei den jeweiligen Eltern angemeldet werden musste.

»Äh, der Björn ist noch mit da, wir wollen noch wegen ein paar Platten was gucken.«

»Aber nicht so lang. Und macht leise.«

»Mh.«

Damit war das Thema meistens durch. Bei diesen Themen war meine Mutter wirklich cool. Wir blätterten dann meist in Katalogen, um uns neue Aufnäher oder Mofazubehör zu bestellen, und beratschlagten, welches Mädel wohl ganz offensichtlich dringend gevögelt werden musste. Wir waren zwar allesamt noch Jungfrauen, doch das hinderte uns nicht daran, zumindest per Getratsche die Tiefen der weiblichen Wesen in unserer Region zu erkunden. Ja, wir waren echte Maulhelden. Pubertierende Jungs eben. Wenn doch mal einer hinter einem Zelt einer Dorfdisko rumgefingert hatte, hielt er den anderen Jungs noch tagelang voller Stolz seinen Muschifinger unter die Nase. Unser Respekt war ihm sicher, bis sich der Geruch und unsere Ehrerbietung langsam wieder verflüchtigten. Es gab aber auch peinliche Situationen. Zum Beispiel, als ich den Stummen einmal auf frischer Tat ertappte, als er eine besonders interessante Onaniertechnik für sich entdeckte. Das Jugendzimmer des Stummen lag ebenerdig zum Garten des elterlichen Wohnhauses. Da man, wie erwähnt, Besuch eigentlich immer anmelden musste und man abends nach zwanzig Uhr sowieso nicht mehr klingeln durfte, war es zur Gewohnheit geworden, direkt den Weg durch den elterlichen Garten einzuschlagen, um dann durch sein Kinderzimmerfenster einzusteigen, noch 'ne Runde zu quatschen und Platten, MAD-Hefte oder Werner-Comics auszutauschen. Der Stumme hatte die bestbestückte Sammlung von allen. Ich wollte ihm an diesem späten Sonntag wieder einmal ein paar Platten von Iron Maiden und Depeche Mode (seltsame Mischung, das muss ich zugeben) zurückgeben und seine Eltern dabei nicht in Aufruhr versetzen. Also schlich ich leise durch den Garten. Das Fenster stand offen und ich sah hinein.

Der Stumme besaß eine alte Couchgarnitur. Ein Multifunktionssofa mit dunkelgrünem Stoffbezug, das man aufklappen und als zusätzliches Bett verwenden konnte. Modell

»Sperrmüll« mit durchgesessenen Sprungfedern und hässlich wie die Nacht. Doch ihm schien die Couch zu gefallen.

Und wie! Anscheinend hatte auch der Stumme mit seinen Hormonen zu kämpfen.

Halb liegend, halb kniend und mit der Hose in den Kniekehlen, hatte er sein Gemächt wie einen Hotdog zwischen die zwei Polsterkissen gepackt. In dieser Position penetrierte er seine Couch mit seinem Penis und wirkte dabei sexuell sichtlich aufgepeitscht. Da bekam der Begriff *Multifunktionssofa* eine völlig neue Bedeutung.

Aber ich zollte ihm ob seiner Fantasie auch Respekt. Während das halbe Dorf in stupider Eintönigkeit mit der Hand den Kasper klatschte, hatte der Stumme hier eine geradezu revolutionäre Variante entwickelt. Einzig die Beseitigung des abzugebenden Lendensekrets warf letzte Fragen auf. Trocknete es einfach ein? Hatte er ein Handtuch dazwischengelegt? Waren die Bezüge abwaschbar oder drehte er sich kurz vorher um und schoss es kontrolliert in den Raum?

Halb in Schockstarre, halb in Trance klopfte ich an das Kinderzimmerfenster. Sofort zuckte der Stumme empor, riss sich die Hose über das erigierte Gemächt und fuhr wie unter Strom stehend zum Fenster herum, wo er in mein verschrecktes Gesicht blickte. Eine Sekunde beiderseitiger Leere – dann tat er das, was er am allerwenigsten konnte: sprechen.

»Was machst du denn hier?«

»Na ja, ich wollte dir eigentlich nur deine Platten wiedergeben.«

Ich hielt ihm die beiden Platten entgegen.

»Ach so.«

»Ja.«

»Die Platten, nä?«

»Ja, die Platten halt.«

Er nahm sie an sich und musterte mich, wie er es noch nie getan hatte. Ich konnte seine Worte förmlich hören, die er nicht sagte. Nämlich ob ich was von seiner Aktion mitbekommen hatte und ob ich wohl ebenso stumm darüber schweigen könnte, wie er es stets zu allen anderen Dingen tat. Doch es quoll nur eine Ersatzfrage aus seinem Mund. Eine Floskel. Was sonst?

»Und sonst? Alles okay bei dir?«

Was für eine Frage. Ob bei mir alles okay ist? Bei mir?! Du nagelst hier dein Sofa durch, als ob Pamela Anderson breitbeinig vor dir liegen würde, und fragst *mich,* ob bei *mir* alles okay ist? Nicht schlecht, mein Lieber. Aber sollte ich es tatsächlich ansprechen? Wohl eher nicht, entschied ich.

»Alles super. Morgen auf ein Bier in Björns Garage?«

»Hm«, nickte er.

Dann nickte ich.

Dann wieder er.

Dann wir beide zusammen.

»Na dann mal, nä!«

»Ja, bis morgen.«

In diesem Moment stürmte seine Mutter in das Zimmer, die wir nur die heilige Klara nannten, da sie frommer und katholischer war als Jesus selbst. Sie war im Kirchenvorstand und befand, dass sich alle Antworten auf das Leben in der Bibel finden ließen, und hielt Masturbation für eine Sünde. Sie war sicherlich davon überzeugt, dass man davon blind werden würde. Dann wäre der Stumme auch noch der Blinde, schoss es mir durch den Kopf und ich musste innerlich lachen. Dann fuhr ich mit meinem Mofa vom Hof, in meinem Kopf der Gedanke, was wohl passiert wäre, wenn die heilige Klara eine Minute früher ins Zimmer gestürmt wäre. Wenn sie gesehen hätte, wie ihr eigen Fleisch und Blut das Gästesofa vögelte. Wahrscheinlich hätte sie sich noch vor Ort in seinem Zimmer selbst ausgepeitscht. Dass so etwas Verkommenes aus ihren eigenen Lenden stammte, hätte sie sich nie verziehen und sofort ein *Vaterunser* gebetet.

»... und vergib uns unsere Schuld, wie auch wir vergeben unseren Schuldigern. Und führe uns nicht in Versuchung, sondern erlöse uns von dem Bösen. Denn dein ist das Reich und die Kraft und der Veloursbezug seines Sofas. Amen.«

Dann wäre sie die zwei Kilometer zur Pfarrei auf Knien gerobbt und hätte den Pfarrer um einen Exorzismus bei sich und ihrem Sohn gebeten.

Mea culpa.

Mea culpa.

Mea maxima culpa.

Eigentlich hatte ich ihn also gerettet.

Ich musste laut lachen, während ich auf unseren Hof fuhr. Doch dann nahm ein weiterer Gedanke Besitz von mir und mein Lachen verstummte.

Ich hatte doch auch ein Sofa in meinem Zimmer stehen ...

Wenn es Brei regnet, muss man Löffel haben

Kurz vor den Sommerferien war es wieder mal so weit. Mit der neunten Klasse ging es auf Exerzitien. Nach den bereits bekannten Klassenfahrten ins Senckenbergmuseum und in den Zoo ein weiteres Highlight des Provinzschullebens. Diese Besinnungstage dienten dazu, dass wir Schüler uns mit unserem eigenen Glauben auseinandersetzten und zu Gott fanden, so wir ihn denn hinter dem Kirmeszelt oder beim Daueronanieren verloren hatten.

Ich mochte diese Pausen vom klassischen Schulalltag. Man kochte gemeinsam, unternahm Nachtwanderungen, machte Sportspiele und hielt Stockbrot über das abendliche Lagerfeuer. Vor allen Dingen soffen wir aber jede Nacht heimlich mitge-brachtes Bier in unseren Dreibettzimmern. Am meisten hatte ich, wie gesagt, mit Kübi zu tun. Er war echt in Ordnung und vertrug auch ganz gut einen. Dann waren da noch Boris und einer der beiden anderen Franks. Klassische Mitläufer, aber auch nicht verkehrt. Zu guter Letzt: Joschi, der Mundartkönig aus der Parallelklasse. Zu diesen Exerzitien fuhr nämlich die gesamte neunte Klassenstufe gemeinsam in zwei großen Bussen in die … na, wohin? Richtig: in die Rhön! Jubelstürme. Ich fuhr also in die Region, in der ich eh schon wohnte. Das Schullandheim lag zwei Käffer von meinem Heimatort entfernt in einem Waldstück. Ich fuhr also von zu Hause nach Fulda in die Schule, um dort in einen Bus zu steigen, der mich drei Kilometer Luftlinie von meinem Zuhause entfernt wieder in einem Mischwald rauswarf. Na ja, egal, so konnte ich zur Not nach Hause joggen, wenn ich Wechselwäsche brauchte oder mein Biervorrat sich dem Ende zuneigte. Apropos Bier! Das war, wie bereits erwähnt, wichtig. Zusammen mit Kübi, Joschi, Boris und einem der beiden Franks hatten wir zusammengelegt und uns jeweils vier Sixpacks für das Wochenende in die Reisetaschen gestopft. Beim Ausladen klapperten die Taschen, dass man meinen konnte, das Schullandheim erwarte seine Jahreslieferung an Getränken. Der erste Tag verlief wie gewohnt: Abendmesse, Abendbrot, Abräumen, Abwaschen, am Lagerfeuer *Laudato si* singen, Nachtruhe. Von wegen! Das erste Sixpack wurde geöffnet und wir betranken uns auf dem Zimmer, während die anderen Jungs versuchten, sich heimlich in die Zimmer der Mädchen zu schleichen. Ich fand das schon immer albern. Und natürlich saß draußen auf dem Flur Herr Kress, unser Klassenlehrer, zusammen mit Herrn und Frau Schmittke, den Eltern von Beate Schmittke. Die Eltern waren als Begleitpersonen mitgefahren und mussten nun Nachtwache schieben, um ihre Tochter und alle anderen Mädchen vor der Entjungferung durch notgeile Nachtschwärmer zu schützen.

»Sag mal, hättest du was dagegen, wenn ich was mit Sonja machen würde?«, fragte mich Kübi.

»Nein, warum sollte ich?«

»Na, weil du doch mit ihr damals im Nachttierhaus …«

Das war mir unangenehm. Schließlich war das eigentlich eine Sache zwischen Kübi und mir und ging die anderen nichts an. Und sofort waren die anderen Jungs auch angespitzt und fragten nach. Allen voran Joschi.

»Wellich woar, du host mit de Sonja rumgemacht? Komm, verzähl ma e bissi ebbes.«

»Da gibt's nicht viel zu erzählen. Ein bisschen gefummelt halt. Die war aber eh nicht so mein Fall.«

»Dos hätt ich von dere nett gedoacht. Prost.«

Ich glaube, die anderen verstanden nichts, außer, dass Joschi Prost sagte. Doch das genügte auch. Wir nahmen einen großen Schluck und Kübi wägte weiter ab, was noch für ihn möglich wäre.

»Oder wie findest du die Anke?«, fragte er in die Runde, wobei er wohl wieder mich meinte, da Kübi die Meinung der anderen kaum interessierte. Anke war schon ein Jahr älter und hatte eine Klasse wiederholen müssen, weil sie mit ihren Eltern aus Portugal zurückgekommen war, wo ihr Vater einen Job als Ingenieur angenommen hatte. Warum sie nach Ablauf des Vertrags in diese gottverdammte Provinz zurückwollten, wird mir auf immer ein Rätsel bleiben. Jedenfalls war Anke weder hübsch noch hässlich, weder dumm noch klug, weder dick noch dünn. Sie war der fleischgewordene Durchschnitt. So was wie Max Mustermann oder Lieschen Müller. Irgendwie irreal. Aber sie besaß zwei sehr reale Brüste und das qualifizierte sie für die nächste Runde. Also beantwortete ich das auch so wahrheitsgetreu.

»Schöne Titten, ja, gefällt mir. Und du?«

»Ich find die super. Die ist nicht so albern und zickig wie die Sonja. Da merkt man einfach, dass sie schon älter ist.«

Allseits zustimmendes Kopfnicken, gepaart mit bierseligem Lächeln. Auch Boris stimmte zu.

»Die aus der B sind eh geiler. Die haben Anke, Jeanette und diese Ariane.«

»Ariane?«, entgegnete Kübi. »Das Narbengesicht?«

»Ja, schon, aber eigentlich doch ganz hübsch, und die hat eine Mörderfigur.«

»Aber halt auch 'ne Mördernarbe.«

Ariane war erst dieses Jahr auf unsere Schule gewechselt, weil sie es auf dem Gymnasium nicht packte. Sie hatte schulische Schwierigkeiten nach einem Autounfall bekommen, bei dem ihr Vater bei der Rückfahrt aus dem Sommerurlaub während der Fahrt eingepennt und die Karre eine Böschung heruntergeschossen war. Die ganze Familie hatte dringesessen. Die Mutter kam bei dem Unfall ums Leben, der Vater überlebte mit ein paar Brüchen, und Ariane und ihre kleine Schwester trugen Schnittwunden davon. Ihre Schwester nur an den Armen, Ariane mitten im Gesicht. Die eine Gesichtshälfte wurde von der Wange bis zum Ohr von einer groben Narbe geteilt, auf der anderen war nichts zu sehen. Das war fast noch schlimmer, denn so war der Effekt um einiges höher, wenn man erst die gesunde Seite sah und Ariane sich dann zu einem drehte und die entstellte Seite hervortrat. Vor dem Unfall musste sie ein richtig hübsches Mädchen gewesen sein, die alle Typen um den Finger wickeln konnte. Jetzt war ihr dieser Vorteil genommen worden. Man erzählte sich, dass sie ein halbes Jahr lang gar nicht mehr in die Schule wollte, weil sie sich so schämte. Man entschied sich für einen Schulwechsel und nun war sie in den gütigen Armen der katholischen Privatschule gelandet. Ariane versuchte mit ein paar tief ins Gesicht gekämmten Strähnen die Narbe zu überdecken, was ihr jedoch nicht wirklich gelang. Es verstärkte eher noch die Blicke. Ein paar Arschlöcher pfiffen auf dem Schulhof immer die Melodie vom *Phantom der Oper,* wenn sie vorbeilief. Ich hatte mir oft vorgenommen, ihnen einfach mal auf die Schnauze zu hauen, gemacht hatte ich es allerdings nie.

»Ich steh auf Anke. Morgen bei der Nachtwanderung greif ich an«, wechselte Kübi das Thema und kam auf die Fummelwanderung zu sprechen, wie wir sie scherzhaft nannten. Bei einbrechender Dunkelheit ging es los. Ausgerüstet mit

Fackeln ging es auf einen einstündigen Fußmarsch über Feld- und Wiesenwege. Bog man dann in den Wald ein, war die Zeit für das große Highlight gekommen. Ein paar Fußsoldaten kamen aus dem Wald geschossen und brüllten sinnfrei vor sich hin, um die Mädchen zu erschrecken. Obwohl diese natürlich wussten, dass genau das passieren würde, spielten sie mit und schrien künstlich auf oder klammerten sich an die Jungs, die sich vorher taktisch clever neben ihnen positioniert hatten. Dann hielt man sich den Weg durch den dunklen Wald fest im Arm und wenn die sexuelle Verzweiflung bei beiden groß genug war, wanderte man mit der Hand unter das Shirt der Hilfesuchenden und fummelte im Schutze der Dunkelheit gegenseitig an sich herum. So in etwa. Manchmal wurde sich auch heimlich in den Wald abgesetzt, um zu knutschen und zu fummeln. Das war allerdings nur was für Profis, da man nicht viel Zeit hatte, bis der Lehrer das Fehlen bemerkte. »Ich werde diesmal neben Anke laufen, vielleicht geht da ja was.«

»Mach mal«, entgegnete der eine der beiden anderen Franks, »ich glaube, bei der machst du keinen Stich.«

»Das werden wir ja sehen.«

»Ja, das werden wir sehen. Ich bin jedenfalls präpariert.«

Voller Stolz zog Kübi eine Packung Kondome hervor und legte sie vor uns auf den Tisch. Joschi nickte anerkennend und nahm einen großen Schluck Bier aus seiner Dose. Dann rülpste er und nickte wieder.

»Banns Brei räänt, muss mer Löffel ho.«

»Was?«, drehten sich die anderen zu ihm. Ich deutete auf die Kondome und übersetzte das Gesagte in unsere Sprache.

»Joschi meint, wenn es Brei regnet, muss man Löffel haben. Also gut vorbereitet sein. Und das scheint Kübi auf jeden Fall.«

Wieder prosteten wir uns zu. Ich ahnte nicht, dass ich der Einzige sein würde, der diese Dinger schon einen Tag später gebrauchen konnte.

FUMMELWANDERUNG

Wir hatten den Tag über einige *Ave Maria* gebetet und alle Strophen von *Herr, deine Liebe ist wie Gras und Ufer* gesungen. Jetzt war es Zeit, dass wir uns um unsere eigene Liebe kümmerten. Ganz ohne Gras und Ufer. Dafür aber mit Anke und Jeanette. Es war Zeit für die Fummelwanderung!

Wir Jungs hatten uns mit einem weiteren Sixpack in Stimmung gebracht und die meisten waren scharf wie Nachbars Lumpi. Besonders Kübi war rattig wie ein triebiger Border Collie und brachte sich schon kurz nach dem Aufbrechen zur Wanderung in eine taktisch gute Feldposition. Die anderen Jungs tappten auch in Schlagdistanz zu irgendwelchen Mädchen und warteten auf das Signal, sodass sich die Damen in ihre Arme flüchten konnten. Zwei Deppen, einer der beiden Franks und der ständig Popel fressende Helge Drüschler, waren für das Aufschrecken der Hühner eingeteilt. Sobald wir in den Wald einbogen, wo es stockfinster wurde, sollten sie aus dem Unterholz stürmen und für die nötige Aufregung sorgen. Meine Geilheit hielt sich in überschaubaren Grenzen. Ich hatte die Morgenlatte genutzt und mir heimlich auf der Toilette im Schullandheim einen runtergeholt. Eigentlich wollte ich die Wanderung so schnell wie möglich durchziehen und lieber wieder zurück ins Zimmer, um noch zwei, drei Bier trinken zu können und mich so dezent in den Schlaf zu saufen.

»Baaaaaaahhhhh!«

Ein Aufschrei aus dem Unterholz. Das mussten die zwei Schergen sein, die für die Jäger das Wild zum Abschuss auf die Lichtung trieben. Es folgte Gekicher und schrilles Gejaule der Mädels und kurz darauf klebten wie aufs Stichwort diverse helfende Jungenleiber an den Mädchen. Kübi hatte Anke schon an sich gerissen, bevor die überhaupt den Schrei gehört hatte. Nur Popel-Helge übertrieb es wieder und rannte durch die Menge, die im Halbdunkel auszuweichen versuchte. Prompt stolperte er über seine eigenen Füße und riss dabei eine kleine Gruppe um, die abseits der Fummelleute ging. Kurzes Fluchen und ein verzweifeltes »Sorry«, doch anscheinend hatte es einige erwischt. Sofort kam Herr Kress von ganz vorn zu der Gruppe nach hinten gelaufen. Herr Kress wurde hinter vorgehaltener Hand von uns nur Diddi genannt. Ein ganz netter Kerl, der es gut mit uns meinte und wahrscheinlich lieber selbst ein Bier getrunken und mit den Mädels im Wald rumgeknutscht hätte. Diddi hieß mit vollem Namen Dietrich Kress und hatte erst vor Kurzem seinen Job angetreten. Er befand sich mental noch im Spagat zwischen Student und verantwortungsbewusstem Lehrer. Zu diesem Zweck hatte er sich auch einen Schnauzbart stehen lassen, der Autorität heucheln sollte. Der Erfolg des Schnauzers war nur mäßig. Allerdings konnte Diddi Gitarre spielen, was bei den Mädels aus der Stufe super ankam. Er konnte neben den ganzen Kirchensachen auch ganz passabel Sachen von AC/DC und Metallica spielen, was wiederum bei uns Jungs Eindruck machte. Diddi war okay.

»Jemand verletzt?«

Joschi deutete nervös auf das Knäuel von Armen und Beinen vor sich am Boden, als ich neben ihm stoppte.

»Da hot sich ei verletzt un es ümgeknöchelt.«

»Wie bitte?«

Diddi schaute sich fragend um. Da ich der Einzige war, der irgendetwas davon verstanden hatte, übersetzte ich Joschis Worte und machte gleich simultan weiter.

»Er meint, dass sie umgeknickt ist und sich wohl verletzt hat, richtig?«, fragte ich in Joschis Richtung.

Er nickte.

»Warum sagt er das denn nicht?«

Diddi hasste es, wenn Joschi Platt sprach. Diddi wusste nie, ob Joschi ihn dann aufzog oder ihn gar beleidigte. Aber Joschi konnte nicht anders. Er gab sich sogar in der Schule die größte Mühe, Hochdeutsch zu sprechen, doch jetzt stand er nur mit ausgestrecktem Zeigefinger deutend vor dem Unfallort und gab Wortfetzen von sich.

»Dos serrt net gud uis. De hot sich wehgedo. Die blutt au eweng.«

Auch dieser Aussage gab ich eine hochdeutsche Bedeutung.

»Er meint, das sehe nicht gut aus. Sie scheint sich wirklich wehgetan zu haben, weil sie sogar ein wenig blutet.«

Und dann noch mal Joschi.

»Ümgeknöchelt.«

Ich konnte erkennen, dass zwei Mädchen auf dem Boden lagen. Doris, Dörte oder Doreen oder so ähnlich. Sie war eine aus der Parallelklasse, von der ich nur wusste, dass sie angeblich mal auf 'ner Party vor allen anderen mit ihrem Cousin auf Zunge geknutscht hatte. Das hatte schnell die Runde gemacht. Ihr schien es einigermaßen gut zu gehen. Daneben hockte Opfer Nummer zwei und hielt sich den Knöchel. Dazu blutete sie am Ellenbogen. Ariane. Ausgerechnet Ariane. Sie schien bei Unfällen ein Abonnement zu haben. Beide versuchten aufzustehen. Die Knutscherin hatte sich lediglich das Knie etwas aufgeschlagen. Ariane humpelte etwas.

168

»Warte, ich stütze dich«, bot Diddi seine Hilfe an. »Wird es denn gehen?«

»Ich bin umgeknickt. Tut beim Auftreten weh.«

»Mensch, Helge, musste das jetzt sein?« Diddi rügte den Popel-Mann, der wie immer nur dumm die Achseln zuckte. »Und du, Dagmar? Alles okay?«

Ah, richtig, Dagmar hieß der Stolz der Familie also. Sie nickte, bei ihr schien es also schon wieder zu gehen.

»Kannst du laufen, Ariane?«

»Nicht so gut. Ich glaube, ich geh zurück ins Schullandheim und leg mir etwas Eis auf den Fuß.«

»Äh ja. Gute Idee.« Diddi blickte sich um, was sinnlos war, da um uns herum nur Dunkelheit herrschte. »Das Blöde ist nur, dass ich allein hier bin. Die Schmittkes sind im Heim geblieben. Und allein lass ich dich natürlich nicht zurückgehen.« Er drehte sich zu den anderen und klatschte einmal laut in die Hände. »Dann war es das wohl mit der Nachtwanderung. Alle mal zusammenkommen, wir gehen zurück.«

Allgemeines Aufstöhnen. Das war doch die Fummelwanderung. Eines der wenigen Highlights der Exerzitien. Kübi und viele andere hatten große Hoffnungen in diesen Abend gesetzt. Ich erkannte meine Chance, vielleicht doch schneller zu meinem Bier auf dem Zimmer zu kommen als gedacht. In meiner Position als Schul- und Klassensprecher räusperte ich mich und trat einen Schritt vor.

»Did… äh, ich meine, Herr Kress, ich kann Ariane doch begleiten. Ist kein Problem. Ich kenne mich hier aus. Und es ist ja auch nicht weit.«

»Franky. Das ist sehr nett von dir, aber so allein in der Dunkelheit, ich weiß nicht.«

»Das ist kein Problem. Ich kenne den Weg. Ich wohne doch hier um die Ecke. Und außerdem nehmen wir noch 'ne Fackel mit. Ist echt kein Ding.«

Die gesamte Stufe unterstützte meinen Vorschlag. Unter diesem Druck konnte Diddi nur zustimmen. Außerdem vertraute er mir, dass ich Ariane sicher zum Schullandheim begleiten würde. Das war das Schöne: Die Lehrer vertrauten mir wirklich. Konnten sie auch. Meistens … solange es nicht um Hausaufgaben oder Leistungstests ging.

»Na ja, warum eigentlich nicht? Ist das okay für dich, Ariane?«

Ariane senkte den Kopf ein wenig, sodass alle um sie herum nur ihre unversehrte Gesichtshälfte sehen konnten. »Ja, klar.«

»Gut, dann gebt Franky eine Fackel. In anderthalb Stunden sind wir auch wieder da. Dann schau ich nach dir, Ariane. Morgen fahren wir wieder zurück, dann gehst du am besten gleich mal zum Arzt.«

Wir gingen zurück in die Richtung, aus der wir gekommen waren. Nach einigen Schritten verebbte das Gegröle der anderen, die sichtlich erleichtert waren, dass ihre Fummelwanderung weiterging. Ariane humpelte einige Minuten neben mir, ohne dass wir miteinander sprachen. Dann riss ich mich zusammen und machte den Anfang.

»Ich bin übrigens Franky.«

»Weiß ich doch.«

»Ach ja?«

»Klar. Ich habe dich schließlich als Schulsprecher gewählt.«

»Ach was, hast du, ja?«

Ich glaubte ein Lächeln auf ihrem Gesicht zu sehen, konnte mich aber auch täuschen.

»Na ja, die anderen waren echt Pfeifen. Da warst du das geringste Übel.«

Nun musste ich lachen.

»Ja, das war meine Strategie. Wählt das geringste Übel. Hat gut funktioniert.« Ariane lief neben mir an der Seite. An ihrer *guten* Seite. Sie hatte sich geschickt an der Seite positioniert, an der ich nur ihre unversehrte Gesichtshälfte ausmachen konnte. Das flackernde Licht der Fackel ließ ab und zu ihre helle Haut aufleuchten. Sie war wirklich hübsch. Aber man merkte, dass die Narbe auf ihrem Gesicht verschwindend gering im Vergleich zu der Narbe auf ihrer Seele war. Sie war verschüchtert, wie ein junges Reh, das aufgeschreckt worden war und vor allem flüchtete, was Gefahr darstellte. Und Gefahr war alles. »Geht das so oder soll ich dich ein wenig stützen?«

»Fummelwanderung, oder was?«, entgegnete sie trocken und ich stutzte einen Moment.

»Nein, ich meinte nur, weil …«

»War nur ein Witz.« Ariane schien allmählich aufzublühen. Sie konnte nicht angestarrt werden und verwandelte sich im Schutz der Dunkelheit zu einem ganz normalen Mädchen. Sie begann sogar richtig frech zu werden. »Nein, geht schon. Ehrlich gesagt ist es gar nicht so schlimm. Ich habe nur keinen Bock mehr auf die anderen gehabt. Da war Popel-Helges Überfall meine Chance, um wieder zurückzugehen.«

»Ging mir auch so. Von daher war es mir ganz recht, dass du dir den Fuß verknackst hast.«

»Diese Fummelwanderungen sind doch kindisch.«

»Absolut.«

Wir quatschten die zwanzig Minuten zurück zum Schullandheim locker miteinander und ich glaube sagen zu können, dass es die beste Nachtwanderung war, die ich bis dato erlebt hatte. Ariane war witzig und ich begann sie zu mögen. Dann löschten wir die Fackel in einem Sandhaufen vor dem Gebäude und standen vor dem Eingang. Für einen kleinen Moment sahen wir uns an, schwiegen und wussten, dass das wohl gerade unser Schicksal war. Ich nahm ihre Hand, zog sie zu mir und küsste sie. Einfach so. Und sie küsste gut. Sehr gut sogar. Dann lösten wir uns wieder und gingen wortlos hinein.

Sie folgte mir zu meinem Zimmer und ich zog sie hinein. Automatisch schaltete ich das Licht ein. Doch sofort wirkte sie wieder unsicher, wehrte sich wie ein Vampir gegen das auf sie fallende Licht und knipste es wieder aus.

»Können wir das aus lassen?«

»Klar«, gab ich zurück und sie küsste mich erneut. Jedoch fordernder.

Das war das Letzte, was ich sagte. Dann sanken wir auf das Bett und knutschten, was das Zeug hielt. Sie schien wie von einer Last befreit und all die aufgestaute Wut und der Hass entluden sich bei ihr in fordernde Lust. Wir entledigten uns hastig unserer Kleidung und ich versuchte mich an alle Details zu erinnern, die ich bei Björns Porno gesehen hatte. Doch Denken war mangels Blutversorgung im Hirn gar nicht mehr so einfach.

»Hast du irgendwas dabei?«, hauchte sie mir schließlich ins Ohr.

»Nein, leider nicht, ich … das heißt, Moment.«

Ich stand auf und ging zu Kübis Rucksack. Ich durchwühlte jede Tasche darin. Nichts. Verdammt! Irgendwo musste Kübi doch diese verdammten Gummis gebunkert haben.

»Macht nichts. Wir müssen ja auch nicht …«

»Doch, doch, warte.« Ich durchsuchte nun die Hosentasche seiner Hose, die über einem Stuhl lag. Auch nichts. Das durfte doch alles nicht wahr sein. Da hatte ich endlich die heiß ersehnte Chance und dann war ich so schlecht vorbereitet. Irgendwo in diesem Zimmer waren Kondome und ich fand sie einfach nicht. »Mist, ich finde sie nicht.«

»Egal. Komm wieder her.«

Ich legte mich wieder zu ihr und sie begann wieder damit, mich zu streicheln. Ich glaube, man nannte das Petting, was wir machten – jedenfalls fühlte es sich verdammt gut an. Und es war mein erster Orgasmus, der fremd erzeugt wurde.

Im Anschluss lagen wir einen Moment noch stumm nebeneinander, bis uns die Realität wieder gefangen nahm.

»Ich glaube, ich geh dann mal, bevor die anderen zurückkommen.«

»Ja, okay.«

Peinlichkeit und Scham gewannen wieder die Oberhand, als sie sich anzog. Sie richtete sich wieder ihre Haare so, dass man ihre Narbe nicht erkennen konnte, und warf mir einen Kussmund zu.

»Na dann.«

»Ja.«

»Man sieht sich.«

»Ja, klar.«

Man sieht sich, dachte ich mir noch, als sie die Tür hinter sich zuzog. Was ein Schwachsinn. Natürlich sieht man sich. Spätestens morgen früh sitzen wir wieder beim Abschlussgottesdienst nebeneinander und singen Kirchenlieder.

Am nächsten Tag waren die Exerzitien vorbei und wir fuhren mit dem Bus zurück nach Fulda. Dann setzte ich mich in einen anderen Bus und fuhr die beinahe gleiche Strecke wieder zurück in mein Dorf. In den nächsten Tagen bis zu den großen Sommerferien sah ich Ariane noch ab und zu auf dem Schulhof. Wir lächelten uns zu, ohne jedoch noch ein einziges Mal miteinander zu reden. Den anderen Jungs erzählte ich nichts von unserem Abenteuer. Sie überboten sich derweil mit Geschichten über die Fummelwanderung. Kübi erzählte, wie er auf der Wanderung die Kondome mit Quellwasser gefüllt und mit den Wasserbomben die Mädchen beworfen hatte. Idiot!

Nur mit Björn sprach ich über Ariane, der mir dazu riet, unbedingt nach den Sommerferien mit ihr zu sprechen. Er hatte recht. Auf keinen Fall wollte ich, dass sie sich ausgenutzt oder schlecht vorkommen sollte. Ich mochte sie wirklich und unser gemeinsames Abenteuer war toll gewesen. Wenn wir

auch nicht ein Paar werden würden, weil ich ja in Erika verliebt war, so würde ich sie dennoch gern näher kennenlernen.
Als die Sommerferien vorbei waren, hatte ich ihr zum ersten
Schultag des neuen Jahres sogar einen Brief geschrieben, mit
dem ich sie auf ein Eis einladen wollte. Einfach so, wie Freunde
es halt machen. Ich hatte mich darauf gefreut, sie wiederzu-
sehen, und mir Kondome gekauft für den Fall, dass wir doch
noch unsere Pettingaktion zu Ende bringen wollten. Ich suchte
sie auf dem Schulhof, aber fand sie nicht. Anke erklärte mir
schließlich, dass Ariane mit ihrem Vater und ihrer Schwester
nach Niedersachsen gezogen war. Dort gab es eine Spezialklinik
für Gesichtsrekonstruktion, die ihre Narbe wohl durch zwei,
drei kosmetische Operationen beinahe verschwinden lassen
konnte. Ein bittersüßer Schmerz. Aber ich war mir sicher, dass
dieses tolle Mädchen die Männer in Niedersachsen um den
Finger wickeln würde. Ob mit oder ohne Operation.

NIGHTLIFE IN DER PROVINZ

Und wieder einmal warf das Wochenende seinen dunklen Schatten voraus. Und wieder einmal bedeutete das für mich, zunächst einige Stunden in meinem Außenbüro auf der Straße zu verbringen. Mein Vater pfiff seine vergnügten Melodien, während ich grimmig mit dem Besen über den Boden fegte. Heute half uns Onkel Willi beim Kehren. Wobei das mit der Hilfe relativ war. Es wehte etwas und Onkel Willi hob die mit Staub und Dreck beladene Schaufel immer so unglücklich in Richtung des Mülleimers, dass der Wind einen Großteil des Staubs wieder auf der Straße verteilte. Dazu fluchte Onkel Willi dann jedes Mal lautstark. Die Eingebung, sich besser mit dem Rücken gegen den Wind zu stellen und so den Staub vor dem Windeinfluss zu schützen, hatte er nicht. Nasser Lappen halt.

»So ein Cheiße. Immer die gleich Cheiße mit der Cheißchaufel. Mann, Mann, Mann …«

Während Onkel Willi fluchte und mein Vater sein Liedchen pfiff, fragte ich mich, ob die beiden wohl von den Sprengfallen unterhalb der Kanaldeckel wussten oder ob ich zusammen mit Opa exklusiv über dieses Wissen verfügte. Zum anderen überlegte ich mir, ob ich es ihnen überhaupt erzählen sollte, wenn sie es denn nicht wussten. Denn seitdem ich von den Sprengschächten wusste, lebte ich nicht glücklicher.

Ganz im Gegenteil, ich hatte jeden Samstag ein beschissenes Gefühl, wenn ich mit meinem Besen über die Kanaldeckel mit den Kreuzen fegte. Vielleicht würde sich ja doch mal versehentlich eine Ladung entzünden, auch wenn angeblich gar keine angebracht war. Wer konnte das schon wissen? Von daher hatte Onkel Willi schon recht: »So ein Cheiße ... Mann, Mann, Mann.«

Das Außenbüro hatte aber auch seine Vorteile. Zumindest war ich dadurch immer bestens darüber unterrichtet, was abends anstand, weil jeder meiner Kumpels irgendwann vorbeikam. Das war der Vorteil, den das Straßekehren an der einzigen Kreuzung des Dorfs mir bot: Jeder musste hier früher oder später vorbei. Viele der Fahrzeuge erkannte ich schon am Motorengeräusch. Wenn der Dieselmotor meines Opas in der Ferne gluckerte, klang es nach Verderben und Schmerz. Auch sämtliche Mofas des Dorfs konnte ich auseinanderhalten. Ich hörte jedes Einzelne heraus. Wie das von Adi, das sich gerade ankündigte. Adi war aber keiner aus unserer Mofa-Gang, sondern ein Alkoholiker um die fünfzig, der den Führerschein schon vor zehn Jahren verloren hatte und der festen Überzeugung war, dass man fürs Mofa keinen benötigte. Und wenn man den stark übergewichtigen Adi auf seinem hoffnungslos überforderten Mofa so von der Kneipe nach Hause tuckern sah, musste man konstatieren, dass das in der Tat wenig mit Mofafahren zu tun hatte. Es glich eher therapeutischen Gleichgewichtsübungen und Adi meisterte sie auf virtuose Weise. Auch heute gelang es ihm, wie ein dressierter Tanzbär in der Manege seine Kurven auf dem Motorrad unfallfrei zu bewältigen. Applaus für Adi. Der angesoffene Tanzbär stoppte sein Mofa direkt neben uns, ließ den Motor weiterlaufen und sah meinen Vater fragend an. Wartete er tatsächlich auf Applaus? Doch das Publikum, bestehend aus meinem Vater und mir, schwieg. Also warf er die erste Floskel in die Manege.

»Gude, ihr Männer, und wie?«

»Muss, nä?!«, grüßte mein Vater zurück. »Und selbst?«

»Immer weiter.«

»So ist das, Adi.«

Adi stellte den Motor ab. Das bedeutete dann wohl, dass da noch mehr an Worten kam. Während ich für Willi einen weiteren Haufen zusammengekehrt hatte, den er fluchend neben den Mülleimer werfen oder wie Asche in der Luft verstreuen konnte, kniff Adi seine Augen zu zwei schmalen Schlitzen zusammen und warf sich in Pose. Da musste heute aber was wirklich Wichtiges anstehen.

»Herbert, du könntest mir vielleicht helfen. Ich hab mich ausgesperrt und nun komm ich zu Hause nicht rein.«

Es war nicht das erste Mal, dass sich Adi ausgesperrt hatte. Und es war auch nicht das erste Mal, dass er meinen Vater darum bat, ihm zu helfen. In der Werkstatt hatten wir einen Dietrich, mit dem man die alten Schlösser problemlos aufsperren konnte. Wohl ein Grund, warum sich Adi bis heute kein Sicherheitsschloss hatte einbauen lassen. Mein Vater war eindeutig billiger, als einen Schlüsseldienst zu rufen.

»Ach so?«

»Ja, das ist ganz dumm gelaufen. War irgendwie in Gedanken und zack, war die Tür zugefallen.«

Du warst wieder sternhagelvoll, Adi, das war es, was mein Vater und ich sofort im Kopf hatten, aber so was sagt man ja nicht. Man verzieht stattdessen sein Gesicht zu einer verständnisvollen Fratze und sagt Sätze wie: *Ach, das ist ja echt blöd,* oder: *Das passiert ja schnell, ne?*

»Ach, das ist ja blöd«, antwortete mein Vater und fügte noch weiter an, dass so etwas ja schnell passiere.

»Ja, eben. Und nun komme ich nicht rein. Hast du noch diesen Dietrich in der Werkstatt, womit wir die Tür vielleicht aufkriegen könnten?«

177

»Der müsste noch da sein«, nickte mein Vater. »Das sollten wir hinbekommen. Warte.« Mein Vater drehte sich zu Willi. »Willi, der Adi hat sich ausgesperrt, hol doch mal schnell den Dietrich.«

»Den Dietrich?«

»Ja. Weißt doch, wo der ist, ne?«

»Ja, weiß ich«, nickte Willi, legte die Schaufel beiseite und lief umgehend los. Jedoch nicht in Richtung Werkstatt, sondern die Straße hinab. Mein Vater und ich schauten uns verständnislos an. Aber Onkel Willi war halt Onkel Willi und ehe wir ihn zurückrufen konnten, war er schon um die Ecke verschwunden. Er hatte heute halt wieder seinen nassen Lappen auf. Also deutete mein Vater zu mir.

»Frank, dann schau du mal in der Werkstatt nach.«

»Okay.«

Ich fand ihn. Mein Vater setzte sich hinten zu Adi aufs Mofa und die beiden tuckerten los. Das war jetzt aber wirklich eine zirkusreife Nummer. Der Tanzbär und der tapsige Clown auf einem heillos überforderten Zweitakter. Mein Vater versuchte etwas Schwung zu gewinnen, indem er das Mofa mit den Füßen immer wieder anschob, während Adi mit schleifender Kupplung das Letzte aus der Mühle herausholte. Für so etwas hat Gott die Fotokameras erfunden. Leider besaß ich keine. Ich hatte aber auch gar keine Zeit, denn fast zeitgleich kündigte sich Björns Mofa an, das ihnen entgegenkam. Wie immer kam er lässig mit dem Helm am Ellenbogen vorgefahren. Dennoch kontrollierte er seinen Iro im Spiegel am Lenker des Mofas, als er den Motor abgestellt hatte.

»Na, Franky.«

»Na.«

»Was ist denn das?«, deutete er auf den sich wie in Zeitlupe entfernenden Doppelsitzer. Adi und mein Vater kamen nur sehr schleppend voran.

»Ach, frag nicht.«

»Ist wohl besser so.« Björn kramte Tabak und Papers heraus und begann, sich eine Zigarette zu drehen. »Du auch?«

»Bist du verrückt? Wenn das meine Mutter sieht, ist hier die Hölle los.«

»Verstehe. Sag mal, was geht denn heute Abend?«

»Keine Ahnung. Hast du eine Idee?«

Björn leckte das Paper an, spuckte den Rest des Tabaks auf den Boden und zündete sich die Zigarette an. Das war cool. Das hatte was.

»Wir könnten nach Fulda. *West Coast* und dann ins *Green Goose.«*

»Klingt gut, könnten wir machen. Wenn wir reinkommen.«

»Kommen wir schon, verlass dich drauf. Ich hätte mal wieder Lust auf 'nen Bucket.«

»Bin ich dabei.«

In der Stadt gab es exakt drei Diskotheken. Eine Kinderdisco, für die wir zu alt waren, eine Schicki-Micki-Disco, für die wir noch zu jung waren, und eine Diskothek für die US-Soldaten, in die wir nur selten reinkamen, weil wir zu unamerikanisch waren. Für das *Green Goose* (auf Deutsch *Grüne Gans* – ja, auch die Amerikaner schienen ein Faible für Farb-Tier-Kombinationen zu haben) benötigte man einen möglichst souveränen Auftritt, um zunächst am Türsteher vorbeizukommen und im Anschluss eine der heiß begehrten Memberkarten an der Tür zu erlangen. Denn im *Green Goose* herrschte ein Hauch von Freiheit und großer weiter Welt. Die Amis hatten die coolsten DJs, die die neusten Platten auflegten, dazu Poolbillardtische mit leuchtenden Neon-Queues, und man konnte Eimer, sogenannte Buckets, saufen. Das, was die Deutschen später am Ballermann perfektionierten, wurde schon in den Achtzigern im Zonenrandgebiet im *Green Goose* eingeführt. In einen Sektkübel wurde alles Alkoholische, was hinter der Theke dringend wegmusste, hineingeschüttet und mit Cola aufgegossen. Dazu noch ein paar klein geschnittene Orangen und Zitronen, ein Dutzend Strohhalme hinein, und fertig. *Fertig* war hier sowieso das passende Stichwort, denn meist legten wir zusammen, um uns solch einen Bucket leisten zu können. Dies hatte zur Folge, dass jeder seinen Anteil zurücksaufen wollte und wie ein Gestörter an seinem Strohhalm zog. Somit senkte sich mit einer Affengeschwindigkeit der Flüssigkeitspegel des Eimers und erhöhte sich gleichzeitig der Alkoholpegel im Blut der Konsumenten. Ruck, zuck hatte man ordentlich einen im Tee. Dennoch rissen wir uns am Riemen, da wir eine Höllenangst hatten, negativ aufzufallen und in Zukunft dann gar nicht mehr hineinzukommen. Was uns noch mehr Respekt einflößte: dass die MP uns hinauswerfen würde. Was eigentlich unmöglich war, weil die amerikanische Militärpolizei nur für die US-amerikanischen Soldaten zuständig war und es tunlichst vermied, es sich mit der deutschen Bevölkerung zu verscherzen. Dennoch konnte ein vorbeifliegender Gummiknüppel schnell versehentlich ein germanisches Haupt treffen. Die MP fragte nicht nach Staatsangehörigkeit, bevor sie austeilte. Erst mal den Schlag ausführen und dann schauen, wer da vor einem am Boden lag. Sie war für ihre konsequente Handhabung bekannt und auf seltsame Art immer binnen kürzester Zeit vor Ort. Gerade so, als wäre sie in die Dehnungsfugen des Tanzbodens eingelassen gewesen, schossen die Typen empor und waren auf einmal wie aus dem Nichts da. Wer einmal miterlebt hatte, wie die MP ins *Green Goose* stürmte, um einen Streit zu schlichten, weiß, was exekutive Gewalt bedeutet. Meist sah man nur die Helme der MP über die Tanzfläche huschen und Sekunden später ein paar Schlagstöcke und Gummiknüppel durch die Luft wirbeln. Da wollten wir auf gar keinen Fall in die Schusslinie geraten.

»Wir könnten aber auch ins *Kreuz*. Da waren wir schon lange nicht mehr.«

»*Kreuz* wäre auch cool. Da kommen wir auf jeden Fall rein. Wäre einfacher.«

»Na dann.«

»Ja. *Kreuz* also?«

»Ja.«

Das *Besenfloskeln* war auch zwischen uns perfekt. Und zum *Kreuz* konnte man auch nicht viel mehr sagen als *Ja*. Es war die alternative Disco für die Linken. Und mit Björn als Punk an meiner Seite gab es keine Probleme bei der Gesichtskontrolle. Das *Kreuz* war verrucht. Zumindest was wir für verrucht hielten. Vielleicht hatten wir es aber auch nur falsch verstanden und man meinte verraucht. Es lag dort nämlich immer ein Duft Hasch in der stickig verrauchten Luft. Jedenfalls hatte mich meine Mutter vor meinem ersten Besuch dort gewarnt, dass ich auf keinen Fall mein Getränk unbeaufsichtigt lassen solle, da man mir sonst Drogen ins Glas werfen könnte. Ich ließ meine Cola keine Sekunde aus den Augen, was wohl auch daran lag, dass ich gerade zuvor *Christiane F. – Wir Kinder vom Bahnhof Zoo* gelesen hatte. Aus heutiger Sicht bin ich mir ziemlich sicher, dass es relativ schwierig war, an Drogen heranzukommen, und man sicherlich Besseres damit vorhatte, als sie einem pubertierenden Jungen in das Glas zu schütten, anstatt sie sich zu bewusstseinserweiternden Selbstzwecken zuzuführen.

»Auf *S. E. M.* habe ich dieses Wochenende nämlich irgendwie keinen Bock.«

»Nein, ich auch nicht«, pflichtete ich bei. »Keinen Bock. Lieber *Kreuz*.«

S.E.M. Zu guter Letzt gab es noch diese bei der Landbevölkerung beliebten Zeltdiskotheken, auf denen aufgetakelte Dorfschönheiten sich von einfach gestrickten Testosteron-Helden im zweiten Lehrjahr auf einen Southern Comfort Kirsch einladen ließen. Die Zeltdiscos waren für alle, die keine eigene Meinung hatten und weder ins *Kreuz* wollten, geschweige denn es jemals ins *Green Goose* schafften. In die Zeltdiscos durfte jeder rein. Und so sah es dort dann auch aus. Aus dem ganzen Umkreis kamen die geschlechtsreifen Premiumprodukte des Zonenrands angereist. Ein Sammelsurium der Gescheiterten. Elfjährige, die ihr erstes Bier tranken, genauso wie ältere Herren in karierten Hemden, die hier auf Brautschau gingen. Nicht selten kamen sie mit dem Trecker, das Hemd über dem Bauch spannend in die zu weite Jeans gesteckt und in Gummistiefeln. So mancher Bauer sicherte sich auf solchen Zeltdiscos den Fortbestand seines Hofs, indem er im Vollrausch eine der adipösen Schönheiten abschleppte und noch in dieser Nacht schwängerte. Pünktlich zur Asbach-Cola-Happy-Hour eskalierte die Stimmung regelmäßig und gipfelte am Ende in einer Zungenkussorgie in der spärlich beleuchteten Sektbar des Bretterpalasts. Egal ob Feuerwehrfest, Jubiläumsfest des Männerchors oder Kirmes, jedes Dorf richtete mindestens einmal im Jahr eine Zeltdisco aus. Und zwar nicht irgendeine, sondern *S.E.M.,* was für *Sound Electric Musicbox* stand, was uns weder interessierte noch Sinn ergab. So geschah es, dass jedes Wochenende DJ Erwin auf einem anderen Sportplatz oder Ortsmittelpunkt sein Zelt aufstellte und Hof hielt. Es gab sogar einen richtigen Tourplan, den man im Geldbeutel zusammengefaltet mit sich trug und schaute, was im Einzugsbereich lag. Der unsere richtete sich nach dem Machbarkeitsradius unserer Mofas, den wir regelmäßig überschätzten. Besonders bei Regen war es nicht nur unfassbar unangenehm, ständig das Spritzwasser seines Vordermanns in die Fresse zu bekommen, auch die Zündkerzenstecker wurden durch das Spritzwasser nass, sodass alle paar Kilometer einer von uns rechts ranfahren musste, weil sein Motor abgesoffen war. Daher waren besonders die *S.E.M.*-Veranstaltungen beliebt, die zu Fuß erreichbar waren, da man hier mehr trinken konnte und keine Schleichwege nach Hause fahren musste. Ich erinnere mich an einen Abend, an dem wir schon deutlich angeschädelt über einen Feldweg zum *S.E.M.*-Zelt ins Nachbardorf liefen. ›Liefen‹ ist vielleicht etwas zu schmeichelhaft ausgedrückt. Einige krochen auf allen vieren, während Tanne plötzlich komplett verschwunden war. Gerade als uns sein Fehlen auffiel, hörten wir ihn laut johlend hinter uns. Auf einem Feld galoppierte er auf dem Rücken eines Schafbocks an uns vorbei. Ein seltsames Bild, wie sich dieser riesige Kerl in das Fell des Bocks krallte und sich trotz seines Alkoholpegels erstaunlich lange auf ihm hielt. Jeder Rodeo-Cowboy wäre vor Neid erblasst.

»Also, *Kreuz* oder *Green Goose* heute Abend?«

»Ja, vielleicht doch eher *Green Goose*. Bucket halt, ne?!«

Björn nahm einen letzten Zug seiner Zigarette und schnipste den Rest der Kippe neben sich zu Boden.

»Damit du noch was zu kehren hast.«

Ich streckte ihm den Mittelfinger entgegen, was nett gemeint war.

»Bis dann.«

Ich kehrte weiter und freute mich auf den Abend mit meinen Kumpels und einen Bucket mit vielen Strohhalmen. Das klang super. Ich machte mich gerade wieder an die Arbeit, als Onkel Willi schweißgebadet um die Ecke gelaufen kam.

»Mensch Willi, was ist denn mit dir los? Du bist ja pitschnass geschwitzt!«

»Ich bin ja auch gerannt wie ein Gechtörter.«

»Aber warum denn?«

»Weil ich bei Chteinmanns war.«

»Was wolltest du denn von den Steinmanns?«

»Na, dem Dietrich Chteinmann Becheid geben. Den sollte ich doch holen. Ich hab geklingelt, aber der Dietrich cheint nicht zu Hause zu sein.«

183

Jetzt verstand ich. Als Papa ihn mit dem Auftrag losgeschickt hatte, den Dietrich zu holen, war Onkel Willi zu Dietrich Steinmann, dem ersten Mann an der Spritze des Feuerwehrvereins, gelaufen. Das war mal wieder eine Glanzleistung von ihm gewesen. Ich schloss kurz die Augen, entschied dann aber, das Ganze auf sich beruhen zu lassen.

»Verstehe. Na ja, macht nichts. Das hat sich erledigt. Papa ist mit Adi losgefahren und die beiden haben die Tür auch anders aufbekommen.«

»Mench, Mench, Mench«, schimpfte Onkel Willi wie ein Rohrspatz, »und ich dachte chon, ich hätte was falch gemacht. Ich hol mir jetzt erst mal 'ne Flache Bier.«

»Mach das. Ich bring das hier noch schnell zu Ende.«

Und nachdem niemand mehr den Dreck neben die Eimer verteilte, brachte ich es auch zügig zu Ende. Ich ging hinüber zu Onkel Willi und gönnte mir dann ebenfalls schmunzelnd erst einmal eine Flache Bier mit ihm.

* * *

»Also *S.E.M.!* Geil«, sagte der Stumme.

Meine Begeisterung hielt sich in Grenzen. Eigentlich hatten wir ja *Green Goose* oder das *Kreuz* ausgemacht. Björn und ich wären lieber in die Stadt gefahren, aber das Mofa vom Stummen machte Zicken und so standen wir mit unseren Mofas im Kreis an der Kreuzung herum und hatten uns für die kurze Fahrt ins Nachbardorf entschieden. Björn, Tanne, der Stumme und Bernd Roth. *Uteundpeterpeter* war bei *Uteundpeterute* zu einem Fernsehabend und wollte es sich überlegen, ob er später noch hinzustoßen würde. *Uteundpeterpeter* würde nicht mehr kommen, das war uns allen klar. Es sei denn, *Uteundpeterute* würde plötzlich ihre Vorliebe für Zeltdiskotheken entdecken, was nahezu ausgeschlossen war.

»Tut mir leid«, sagte der Stumme. »Ich muss die Mühle wohl komplett zerlegen. Vielleicht der Vergaser oder eine Düse, ich weiß auch nicht. Jedenfalls kann ich damit keine großen Sprünge machen.«

»Schon okay«, befand Björn. Ich überlegte mir kurz, etwas zu sagen, sparte mir dann jedoch den Spruch, dass er ja schon zu Hause auf seiner Couch große Sprünge gemacht habe. Das wäre nicht fair gewesen.

»Außerdem musst du noch deine Kutte einweihen«, deutete Tanne auf die Jeansweste des Stummen. Und der wusste sofort, was damit gemeint war. Auf dem Land war es üblich, dass eine Jeanskutte durch die heilige Dreifaltigkeit getauft oder, besser gesagt, geweiht werden musste. Diese Dreifaltigkeit bestand aus drei Ingredienzen:

Alkohol, Pisse und Kotze.

Dazu musste die Kutte auf dem Boden liegend mit allen drei dieser Faktoren bearbeitet werden. Erst wurde Apfelkorn pur darübergegossen, dann draufgepisst und nach einem fulminanten Vollrausch wurde sie vollgekotzt. Im Idealfall alles an einem Tag. Und das Allerwichtigste: Die Kutte durfte nie gewaschen werden. Dadurch wurde sie entweiht! Was einige unserer voreiligen Mütter jedoch anders sahen und sie in einem Anfall von Aktionismus in die Waschmaschine warfen. Großer Fehler! Sehr großer Fehler!

»Muss das denn ausgerechnet heute sein?«

Der Stumme schien wenig begeistert davon, heute seine Jeansweste zu verschandeln. Doch wir anderen waren von dem Timing überzeugt.

»Ist doch perfekt.« Björn zählte die Vorzüge des heutigen Tages auf. »Die haben heute neben einer Asbach-Cola-Runde auch eine für Apfelkorn. Außerdem ist heute die Heimfahrt kurz. Das ist perfekt. Also los.«

Björn trat seinen Kickstarter kräftig durch, zog sich den Helm am Ellenbogen zurecht und rollte los. Wir anderen hinterher.

Die Fahrt war kurz. Unser Auftritt dennoch heroisch. Wie eine Bande Gringos ihre Pferde vor dem Saloon festbanden, stellten wir unsere Mofas vor dem Zelt ab. Der Eintritt ins Zelt glich dem Einmarsch von Boxern auf dem Weg in den Ring. Zumindest empfanden wir das so. Die anderen im Zelt scherte das wenig. Nach einem ersten Bier an der Theke folgte der übliche Ablauf. Zunächst begannen wir damit, uns über die Musik zu beschweren. Wobei alle Musikrichtungen außer Hardrock lächerlich zu finden waren. Das war wichtig. Hardrock war für uns pubertierende Jungen das Äquivalent der Mannwerdung.

Hart ausschauen.

Harte Texte mitgrölen.

Harte Drinks dazu trinken.

Hart rocken.

DJ Erwin war bereits zur Hochform aufgelaufen und spielte nach mehrmaligem Auffordern unsererseits endlich einige Songs von Metallica und Guns N' Roses. Das war für uns das Startsignal, unserer weiteren Bestimmung nachzukommen. Diese lag darin, den Bretterboden der Tanzbühne mit den Sohlen unserer Cowboystiefel zu bearbeiten. Den Ritterschlag erhielt derjenige, unter dessen stetem Trampeln eine Bohle schließlich barst. Das war heute, wie fast an jedem Abend, Tanne. Ich war irgendwie ein wenig stolz auf ihn. Wenn so viel Männlichkeit schwul war, dann war so viel Schwulheit ziemlich männlich. Das Horrorgespenst »schwul sein« verlor immer mehr von seiner lähmenden Angst. Was änderte sich schon dadurch? Tanne war unser Kumpel. Er war mein Kumpel. Und ob er nun auf Männer oder Frauen stand, war schließlich seine Sache. Sicher, ich würde ihn ab und an damit aufziehen. So wie die Älteren Björn wegen seines Irokesenhaarschnitts aufzogen oder mich, weil ich Franky genannt werden wollte. Aber an sich war es mir völlig egal. Irgendwie fand ich es sogar ziemlich cool, einen schwulen Freund zu haben. Wer hatte das schon hier auf dem Land? Mir brannte es nur auf den Nägeln, dieses Geheimnis mit Björn zu teilen. Aber ich hatte es Tanne versprochen. Ich sah zu ihm hinüber, wie er mit seinen Cowboystiefeln die Bühne bearbeitete. Seine Stiefel hämmerten wie blöd auf den Holzboden nieder. Es schien, als ob sein Frust sich in jedem einzelnen Tritt manifestierte. Wie von Sinnen stoppte er erst, als das Holz splitterte. Nach zwei weiteren gezielten Tritten zeichnete sich ein Loch in der gesplitterten Holzbohle ab und er ließ von ihr ab. Auftrag erledigt.

Das Schuhwerk war von elementarer Wichtigkeit. Tanne trug original Buffalo-Cowboystiefel. Die hatte er sich vom Mund seines Azubigehalts abgespart und sie aus einem Katalog bestellt, der schon ziemlich teuer aussah. Die Buffalos waren nicht nur sauteuer, sondern für die Waden der meisten Pubertierenden denkbar ungeeignet geschnitten. Einstieg in die Stiefelwelt erlangte man nur mithilfe eines Utensils, das jeder Stiefelfreund allzeit in seiner Jacke bereithielt: eine handelsübliche Plastiktüte! Man füßelte sich dabei in die Tüte und schlüpfte damit hinein in die Lederwelt des zugespitzten Cowboystiefels. Ich hatte nur einen Wildlederstiefel mittlerer Qualität von *Karstadtundkerber,* dessen Sohlen recht schnell abgelaufen waren, sodass ich früher als gedacht das tat, was man sowieso machen musste: Ich zog noch zwei bis drei Sohlen auf.

Der *Schusters Kall* (offiziell: Herr Karl Köhler, seines Zeichens der örtliche Schuster) legte sie mir wie Unterlegscheiben unter die Laufsohle, was mich zwar mindestens drei Zentimeter größer werden ließ, aber auch unfassbar scheiße aussah, da ich auf den *S.E.M.*-Partys wie Paco der Clown durch die Manege watschelte. Auch unser restliches Outfit lag ganz im Trend der

Zeit. Vielleicht auch nur im Trend in unserer dörflich geprägten Region. Wir trugen Kapuzen-T-Shirts, darüber Jeansjacken oder Jeanskutten. Alle eingeweiht – außer einer. Nachdem Tanne die Bühne zerstört hatte, fanden wir uns hinter dem Zelt zur Verrichtung der Heiligen Messe ein. Der Stumme hielt ein Tablett mit einer Runde Apfelkorn in der Hand und hatte die Jeansweste vor sich auf dem Boden ausgebreitet. Er sah uns alle der Reihe nach an und zog fragend die Augenbrauen zusammen.

»Jetzt?«

»Jetzt«, kam es unisono zurück.

Der Stumme trank einen Apfelkorn nach dem anderen und schüttete das letzte Glas über den Jeansstoff. Dann hob es ihn zweimal. Doch es wollte noch nicht richtig hochkommen. Also steckte er sich den Finger tief in seinen Hals und reizte sein Zäpfchen damit. Dann zuckte er, zog den Finger schnell aus dem Hals und kotzte in einem breiten Strahl über seine Jeansweste. Wir zollten unseren Tribut, indem wir applaudierten und johlten. Tanne stand direkt neben mir und deutete auf die Hose des Stummen.

»Jetzt fehlt nur noch … na, du weißt schon.«

Dem Stummen schien nun alles egal zu sein und er zog seine Hose herunter, um die letzte Stufe hinter sich zu bringen. Als er sich breitbeinig über die Weste stellte und zweimal an seinem Glied repetierte, sah ich zu Tanne, um seine Reaktion zu überprüfen. Er bemerkte meinen Blick und flüsterte mir ins Ohr.

»Der Stumme? Das glaubst du nicht wirklich, oder?«

»Dachte nur.«

Dampfend quoll der Urindunst in die kalte Nacht empor. Der Stumme malte kleine Kreise mit seinem Strahl auf die vor ihm auf dem Boden liegende Kutte. Tanne legte mir freundschaftlich den Arm um die Schultern.

»Ne, ne. Vielen Dank. Ich steh doch eher auf so Schmalärschige wie dich, weißt du doch.«

Ich musste laut auflachen. In der Tat hatte ich einen extrem flachen Arsch.

»Was geht da bei euch?«, fragte Bernd Roth.

»Ach nix. Wir haben nur überlegt, ob der Stumme mit der Kutte um die Schultern heute Abend noch eine abbekommt.«

»Rock 'n' Roll«, rief der Stumme und reckte dazu eine Hand in den Nachthimmel. »Rock 'n' Roll«, riefen wir anderen zurück und fanden uns abartig gut.

Die letzte Stufe der Weihe war vollzogen und der Stumme zog sich die Hose wieder hoch. Das war insofern einfach, als wir als Beinkleid lediglich eine atmungsinaktive Sporthose aus Ballonseide trugen. Es muss ein großartiges Bild abgegeben haben: Pubertierende Pickelgesichter in Rockerkutten mit glänzenden Fitnesshosen und Cowboystiefeln, die man nur besteigen konnte, indem man noch eine Plastiktüte in selbigen versenkte, stehen um einen der ihren und huldigen ihm, weil er sich auf seine eigene Kleidung übergeben und zu guter Letzt noch daraufgepinkelt hat. Dieser Abend muss wohl zweifelsohne der Tiefpunkt des Rock 'n' Rolls gewesen sein.

* * *

Der restliche Abend verlief erwartungsgemäß unspektakulär, und so fuhren wir alle morgens gegen halb vier mit etwas zu viel Alkohol im Blut und einige von uns stark nach Apfelkorn und Urin riechend in einer Mofakolonne über schlecht beleuchtete Schleichwege nach Hause. Vornweg der Stumme, dessen Mofa nicht genug Gas annahm und der somit unser Tempomacher war. In seinem duftenden Abgasstrahl aus Kotze und Pisse fuhren Björn, Bernd Roth, Tanne und ich. Im Dunkel der Nacht und in Ermangelung von Björns Scheinwerfer, der wieder einmal kaputt war, orientierten wir uns am Rücklicht des Stummen und dessen Duftfahne, die er hinter sich her zog. Vor einer Kurve leuchtete mit einem Mal kurz sein Rücklicht auf, dann war er verschwunden. Wie in einer Folge aus *Twilight Zone*. Einfach weg. Gerade so, als hätte sich die Erde aufgetan und ihn aufgesogen. Es dauerte einen Moment, bis wir an dem Punkt ankamen, an dem der Stumme zum Verschwundenen geworden war. Denn als wir näher kamen, fanden wir zwar sein Mofa in einem nicht abgesicherten Sandhaufen, doch wo war er?

Wo war der Stumme?

Er war weg!

Wie vom Erdboden verschluckt.

»Stummer?«, rief ich.

»Stummer«, rief Bernd Roth lauter.

»Stummer!«, rief Björn noch lauter.

»Stummer!«, rief Tanne am lautesten von uns vieren.

Aber nichts war von ihm zu hören.

Wir stellten unsere Motoren ab, stiegen von den Mofas und erkannten, dass quer über die Straße ein Graben ausgehoben worden war. Ein großer Sandhaufen davor. Und als wir in den Straßengraben hinunterschauten, sahen wir ihn. Der Stumme lag dort unten drin. Er war kopfüber über den Lenker abgestiegen und direkt in den Graben gefallen.

»Stummer!«, rief Tanne erneut in das dunkle Loch. »Lebst du noch?«

Der Stumme hob einen Daumen als Zeichen dafür, dass er noch lebte.

»Ich bin okay. Glaube ich zumindest.«

Sein leicht angesoffener Zustand hatte ihn wohl vor Schlimmerem bewahrt. Wir zogen ihn gemeinsam aus dem Graben und er klopfte sich seine Kleidung ab, was ziemlich unsinnig war, wenn man die Vorgeschichte kannte. Er hatte einen kleinen Riss am Ohr, ansonsten schien er gesund zu sein.

»Der Typ ist echt 'ne Marke, oder?«, fragte Björn in die Runde. Und alle mussten lachen. »Der hat doch echt 'nen Schaden. Du hast uns einen Riesenschrecken eingejagt.« Wie recht er hatte. Wir hatten alle einen Schaden. Es war einer dieser Abende, an denen nicht alles gut lief, aber vieles richtig war. Es war alles im Einklang. Die restliche Heimfahrt verlief ohne weitere Zwischenfälle. Der Abend hatte wohl schon genug Highlights hervorgebracht.

Jedenfalls dachte ich das.

Als ich zu Hause ankam und die Haustür aufsperrte, musste ich immer noch schmunzelnd an den Stummen denken, wie er dort unten im Graben lag. Und an Tanne, den ich beinahe um sein Geheimnis beneidete. Das hatte was Großes, etwas mit Bedeutung. Es fiel mir zwar schwer zu schweigen, aber das war ich ihm schuldig.

»Das gibt es doch nicht!«, hörte ich die Stimme meine Mutter. Das war ungewöhnlich. Um diese Uhrzeit war sie sonst nie wach. Es würde doch nichts passiert sein? Ich beschleunigte meinen Schritt und trat ins Wohnzimmer.

Doch es war etwas passiert. Und zwar etwas wirklich Großes!

Die ganze Familie war versammelt. Alle schüttelten den Kopf, meine Mutter legte sich eine Hand vor den Mund, als wolle sie einen Aufschrei unterdrücken. Dazu redeten alle in einer Aufgeregtheit, die ich so weder von meiner Mutter noch von meinem Vater kannte. Ich dachte erst, dass vielleicht jemand gestorben war. Doch dann erklärte mir meine Mutter, dass es irgendwo im Osten geknallt hatte. Ich verstand das zuerst nicht. Hatte der Russe geschossen? Stand er schon am Ortseingang und begann damit, alles plattzumachen? Von hier bis da? Würden jetzt die Sprengfallen bestückt werden? War das der Grund für die unabgesicherte Baustelle auf der Straße gewesen? Hatten wir am Ende bereits Glück gehabt, dass sie nicht gezündet hatten, als wir mit den Mofas darübergefahren waren?

»Es ist passiert, Frank. Es gab irgendwo in der Ukraine einen atomaren Zwischenfall und nun haben alle Angst vor der Wolke.«

»Franky«, verbesserte ich, doch niemand regte sich darüber auf. Es musste wirklich was Schlimmes passiert sein. Ich konnte es zunächst nicht einordnen. Aber während wir uns auf der Zeltdisco zugesoffen hatten, war wohl irgendwo irgendwas Schlimmes passiert. Was, das sollte ich erst in den nächsten Tagen verstehen. Es war der 26. April 1986 und von einer Stadt namens Tschernobyl hatte ich noch nie gehört.

TSCHERNOBYL

All die Jahre in der Schule mit den unendlichen Übungen für einen Bombenalarm ergaben nun also doch noch einen Sinn. Die atomare Bedrohung war greifbar wie nie. Irgendwo im Osten hatte es geknallt. Ein Super-GAU, sagten alle Erwachsenen. Wieder so ein Wort. Super-GAU. So positiv. Super-GAU. Das klang nach einer neuen Kaugummisorte. *Der neue Super-GAU – superlanger Gauspaß mit Riesenblasen für Groß und Klein.* Konnte man sich nicht ein anderes Wort dafür ausdenken? Irgendwas Bedrohlicheres? Ich wusste nicht einmal, was so einen Super-GAU zu einem Super-GAU machte und was ihn von einem normalen GAU unterschied. Und richtig erklären konnte es mir auch keiner. Nur langsam rieselten Nachrichten durch, wonach ein Atomkraftwerk in der sowjetischen Teilrepublik Ukraine explodiert war und nun eine atomar verseuchte Wolke auf uns zuwehte. So richtig verstand es wohl niemand. Was wussten wir schon von Kernreaktoren, radioaktivem Niederschlag, Kontamination und Becquerel? Die Kacke war am Dampfen – das hatten wir verstanden. Und nun drohte alles zu sterben. Unsere Clique, meine Eltern, Erika, alle. Ein Sprecher in den Nachrichten erklärte, dass das Wort *Atomarer GAU* den **G**rößten **A**tomaren **U**nfall bedeutete. Immerhin. Das war geklärt. Beruhigen tat es mich jedoch nicht.

Ein paar Tage danach saß ich auf meinem Mofa und trank eine Dose Bier mit Björn, der wie ich immer wieder nur den Kopf schüttelte und einen Schluck nach dem anderen nahm.

»Ey, Franky, die sagen: Wenn es regnet, ist hier alles verseucht. Die Bäume, das Gras, alles.«

Schluck.

Kopfschütteln.

»Ja, ich weiß. Ich habe gehört, wenn man erst einmal verseucht ist, dann fällt einem langsam die Haut von den Knochen. Wie 'nem Grillrippchen, das du zu lange geschmort hast. Oh Mann, ey …«

Schluck.

Kopfschütteln.

»Ich habe gelesen, dass man nur noch Nahrung aus Konserven essen soll. Ravioli und so'n Zeug.«

»Hm.«

Schluck.

Kopfnicken.

»Ich mag Ravioli.«

»Ich eigentlich auch.«

»Ist vielleicht ja doch nicht so schlimm.«

»Vielleicht.«

Schluck.

Kopfnicken.

»Wenn wir Glück haben, schaffen wir es aber vorher in einen sicheren Bunker.«

»Glück? Dann können wir nicht mehr raus. Keine Mofatouren, kein S.E.M. mehr. Oh Mann, ey …«

Schluck.

Kopfschütteln.

»Da geht gar nix mehr. Ein Leben im Atombunker. Was denkste, wie lange man da drin wohl überleben kann?«

Schluck.

Kopfschütteln.

»Mit Ravioli 'ne ganze Weile.«

»Muss aber viel Ravioli sein. Ob wir so viel überhaupt zusammenbekommen?«

»Stimmt. Dann wollen ja nicht nur wir Ravioli, sondern alle anderen auch. Alle wollen Ravioli. Das geht nicht lange gut.«

»Ne.«

Schluck.

Kopfschütteln.

»Vielleicht ein Jahr. Wenn man die großen Dosen hat.«

»Denkste?«

»Ja.«

»Ne, Björn. Niemals! Vielleicht drei Monate.«

»Drei Monate? Scheiße.«

Schluck.

Kopfschütteln.

»Höchstens.«

»Dann kann ich meine Lehre zum Technischen Zeichner nicht mehr machen und gevögelt haben wir auch noch nicht. Scheiße.«

»Scheiße. Aber echt.«

Schluck.

Kopfschütteln.

Schluck. Schluck.

* * *

Als ich am Abend nach Hause kam, war ich davon überzeugt, dass das alles nun sehr bald schon vorbei sein würde. Mein Leben, meine Familie, unsere Wohnung. Alles.

Wobei unsere Wohnung jetzt nicht so einen großen Verlust darstellen würde. Unsere Wohnung war von herber Schönheit und zweckmäßig eingerichtet. Die Diele sowie Küche und Esszimmer waren komplett durchgefliest. In dunklem Rot. Meine Mutter erklärte dies gern mit den Schlagworten »pflegeleicht« und »praktisch«. Wenn mein Vater jegliches Grün im Hof zupflasterte, so setzte sich das in unserer Wohnung weiter fort. Der karminrote Fliesenwahn wurde nur von den Wänden gestoppt und von einem Perserteppich unterbrochen, der in der Mitte unter dem Holztisch ausgebreitet lag und der Stolz meiner Mutter war. Wie eine Autistin kämmte sie beinahe täglich die Fransen mit einem Teppichkamm wieder auf Linie.

Mein Vater missachtete den Teppich samt Fransen mit ebenso autistischer Gleichgültigkeit und stolperte jeden Samstag darüber, wenn er leicht angetrunken von der Kneipe nach Hause kam. Sofort rückte das Kämmkommando aus, um zu retten, was noch zu retten war. Und der unsinnige Kreislauf der Repetition begann von Neuem. Wie Lachse, die sich gegen den Strom hinauf zu ihren Laichplätzen schieben. Völlig unsinnig, schließlich könnten sie überall gebären, aber nein, es muss dieser Scheißplatz sein, an dem sie selbst als Fischei zwischen Alge und Stein gefurzt wurden. Zur Not überspringen sie sogar Staustufen, um dorthin zu gelangen und alles in der Ordnung zu halten. Meine Mutter hüpfte nicht, sie kniete sich den Weg zu ihrem Laichplatz und kämmte sich an den Enden des Teppichs entlang. Sie war ein Fransenlachs. Doch was nützte es dem Fransenlachs, wenn er morgen atomar verglühen würde?

Ich kickte meine Schuhe in mein Zimmer und ging in die Küche, aus der ich Stimmen hörte. Meine Mutter saß dort mit unserem Nachbarn Herrn Randel zusammen und sprach mit ihm über die atomare Katastrophe. Ich hörte aufmerksam zu, denn Herr Randel hatte Ahnung. Wenn er sagte, dass man mit Ravioli hundert Jahre überleben könnte, dann war das so. Dann glaubte ich ihm das. Er war ein alter Mann, der schon alt gewesen war, als ich noch ein Baby war. Er musste schon als Neunzigjähriger zur Welt gekommen sein. Aber ich mochte ihn. Er war anders als die anderen alten Männer. Er saß nie in der Kneipe, besaß einen gewissen Witz und hatte im Gegensatz zu den meisten in unserem Dorf die Welt gesehen. Er hatte Anfang des Jahrhunderts die sechzehnhundert Kilometer lange Bagdadbahn als Ingenieur mitgebaut. Die verlief einmal quer durch das Osmanische Reich bis nach Bagdad. Sie war laut Herrn Randels Erzählungen eine ingenieurtechnische Meisterleistung und eines der aufwendigsten Infrastrukturprojekte jener Zeit. Meine Mutter kannte jeden einzelnen Meter der Bahntrasse, denn Herr Randel saß mindestens dreimal die Woche bei uns in der Küche und erzählte davon. Meine Mutter bügelte sich derweil einen Wolf oder packte fleißig Pakete für Herrn Randels Verwandtschaft im Osten. Die lebte noch in Halle an der Saale und Herr Randel war einzig aus dem Grund nach seiner Rente aus der DDR ausgereist, um sie von hier aus mit Westwaren zu versorgen. Wahrscheinlich war er nur deshalb hier bei uns gestrandet. Kurz hinter der Grenze. Da war der Weg für die Ostpakete nicht ganz so weit.

Und so schnürte meine Mutter wahre Kunstwerke, um Kaffee, Säfte und was weiß ich noch in Paketen zu verstecken, damit sie die DDR-Grenzer nicht fanden. Es war ein immerwährendes Spiel zwischen den Wächtern des antifaschistischen Schutzwalls und meiner Mutter. Ihr Meisterstück war bis dato das Versenden eines kompletten Monopoly-Spiels gewesen. Monopoly war das spielgewordene Armageddon der Marktwirtschaft und somit auf der schwarzen Liste bei allen Grenzern. So was durfte es im Sozialismus nicht geben. Daher war das Spiel auch dort verboten. Also beschlossen Herr Randel und meine Mutter, das Spiel in mehreren Carepaketen zu schmuggeln. Das Spielbrett wurde in einem Waschmittelpaket versteckt, die Figuren in einer Dose Kaffee und die einzelnen Geldscheine sorgfältig zwischen einzelnen

Tempotaschentüchern gefaltet und mit ihnen zurück in die Päckchen gesteckt. Eine Sisyphusarbeit. Die Grenzer hatten immer wieder einige Verstecke der Postsendung enttarnt und die Spielsachen entwendet, sodass in Halle nur Teile des Spiels ihr Ziel erreichten. Aber die Ost-Grenzer hatten nicht mit der Durchhaltefähigkeit eines Rentners und der kriminellen Energie meiner Mutter gerechnet. Die ganze Prozedur wurde insgesamt dreimal wiederholt, bis endlich alle Einzelteile in Halle vollständig wieder zusammengesetzt werden konnten und man sich am Spiel des Klassenfeindes erfreute.

Zum nuklearen Zwischenfall hatte Herr Randel eine ganz eigene Meinung. Ihn wunderte es nicht, dass es zu diesem Zwischenfall gekommen war, und er stellte die These auf, dass es wahrscheinlich nicht das erste Mal geschehen sei, nur, dass es diesmal publik geworden war.

Oha!

Ich schaute an meinem Körper herab. Noch war kein Fleisch von meinen Knochen gefallen. Aber das konnte ja schnell gehen. Waren wir also alle schon längst verseucht und wussten es nur nicht? Das würde auch die wuchernden Fußnägel von Bernd Roth erklären. Wir waren Zombies. Untote. Wir tanzten jedes Wochenende auf *S.E.M.* unseren Tanz der Vampire und ahnten nicht, dass wir längst dem Tode geweiht waren. Herr Randel wusste weiter, dass es wohl sehr darauf ankäme, wo der radioaktive Regen niedergehen würde. Wir sollten die Wetterberichte verfolgen und darauf achten, woher der Wind wehte. Gab's denn so was? Wir lebten in einer modernen Welt, in der wir Menschen auf den Mond schossen, und unser aller Leben hing nun davon ab, wohin der Wind sich drehte? Ziemlich gewagtes Spiel. Aber wenn Herr Randel das sagte, dann war das so. Und so verfolgten wir in den nächsten zehn Tagen die Wetterberichte wie Hobbymeteorologen.

Und wir hatten Glück im Unglück.

Die Hauptwolke mit dem radioaktiven Fallout verteilte sich hauptsächlich in Russland und Weißrussland und trieb dann zunächst über weite Teile Europas und schließlich über die gesamte nördliche Halbkugel. Wechselnde Luftströmungen jagten eine weitere, kleinere Wolke nach Skandinavien, dann über Polen, Tschechien, Österreich, Italien bis nach Bayern. Eine dritte erreichte den Balkan, Griechenland und die Türkei. Eine von mir täglich erwartete vierte Wolke direkt über der Rhön blieb aus. Die Regierung riet den Bürgern, erst mal keine Pilze und noch ein paar andere Dinge nicht zu essen. Das war kein Problem, ich hatte nämlich bereits dafür gesorgt, dass wir genügend Dosen Ravioli im Haus hatten.

GENSCHER MACHT RÜBER

In den nächsten Wochen flog kein weiterer Reaktor in die Luft und das Fleisch fiel uns auch nicht von den Knochen. Dafür hatte Genscher mal wieder Durchfall und meine Mutter beschloss, dass er nun mal dringend untersucht werden müsse.

»Fahr doch mal zu Doktor Gerlach rüber. Der soll sich Genscher mal anschauen.«

»Aber Doktor Gerlach macht doch eher was mit Kühen und Schweinen, wenn die krank sind, oder Abferkeln. Ich weiß nicht, ob er ein Experte für Reptilien ist.«

»Das sind alles Lebewesen, Frank. Was soll da schon groß anders sein? Genscher hat ein Herz und einen Magen und eben Durchfall. Das muss halt behandelt werden. Ist doch alles gleich bei Lebewesen.«

»Dann gehst du das nächste Mal auch zu Doktor Gerlach?«

»Rede nicht so einen Blödsinn. Und jetzt stell dich net schö und fahr los.« Dann wandte sie sich ab und rief mir noch hinterher, dass ich Genscher in einen Karton packen und vorsichtig sein solle.

Mit Genscher im Karton zwischen meinen Beinen fuhr ich auf dem Mofa in Richtung Doktor Gerlach. Es regnete und ich befürchtete, dass die Pappe des Kartons aufweichen würde. Die Praxis lag zwei Dörfer weiter, in einem der letzten vor dem

Grenzzaun. Auf einer Anhöhe kurz vor dem Ortschild war die Grenze ganz nah und man hatte einen erstaunlichen Blick in eine Senke, an deren Ende die ersten Häuser des Ostens zu sehen waren. Ich hielt hier immer und schaute gern in das Panorama. Doch heute hatte ich nicht die Straßenverhältnisse bedacht. Als ich bremste, rutschte mein Vorderreifen weg und ich verlor die Kontrolle über das Mofa. Ich schlitterte über den Asphalt und konnte hören, wie der Motor aufheulte und hochdrehte. Meine Schulter schmerzte, als ich mich aufsetzte, doch ansonsten hatte ich Glück gehabt. Aufgrund des Regens hatte ich sogar meinen Helm auf und trug ihn nicht am Ellenbogen. Ich stand auf und ging hinüber zum Mofa, um den heulenden Motor auszustellen. Der Lenker hatte was abbekommen und eine Pedale war locker. Das ließ sich alles wieder hinbiegen. Doch etwas anderes beunruhigte mich. Hatte Genscher Schaden genommen? Der Karton war an zwei Seiten beschädigt und lag gut zwei Meter weiter im Gras.

»Scheiße!«, entfuhr es mir.

Ich hatte Angst hineinzuschauen. Als ich den Karton leicht anhob, war aber kein Genscher zu sehen. Hastig hob ich den restlichen Karton an. Doch auch darunter war kein Leguan. Ich sah mich um.

»Genscher?«

Ich war mir nicht sicher, ob Leguane überhaupt hören können. Vielleicht rief ich mir auch selbst zu. Jedenfalls war kein toter Leguan zu sehen. Allerdings auch kein lebendiger mit Durchfall.

»Scheiße, Genscher. Es tut mir leid. Komm her. Bitte.«

Da stand ich nun im Regen mit einer zerschlissenen Hose, Schulterschmerzen und einem leeren Karton. Ich suchte noch weitere zwanzig Minuten. Vergeblich. Irgendwann zog ich mein Mofa aus dem Graben und machte es wieder startklar. Zum Glück sprang es trotz Regen und Unfall sofort an. Ich blickte mich noch einmal um und fuhr los. Und dann, gerade als ich mich mit Genschers vorzeitigem Ableben abgefunden hatte, sah ich ihn. Er reckte den Kopf aus dem Gras, fixierte die Richtung, aus der das Motorengeräusch gekommen war, und lief los. Richtung Grenze. Sofort stellte ich mein Mofa ab und rannte hinterher. Genscher machte richtig Tempo, sodass ich kaum mithalten konnte. Zumindest war er durch den Unfall offensichtlich nicht verletzt worden. Vielleicht etwas verwirrt. Denn wer lief denn schon freiwillig gen Osten? Und er rannte wie von Sinnen. Es war ein Rennen Mensch gegen Leguan. Er rannte und rannte, ich immer hinterher. Bis wir tatsächlich am Zaun standen. Ich stoppte. Genscher lief ein paar Meter am Zaun entlang, dann stoppte auch er.

»Ha, scheiße, was? Das Ding funktioniert in beide Richtungen, Genscher. Und nun komm her. Ich bring dich nach Hause.«

Vorsichtig setzte ich jeden einzelnen Schritt vor den nächsten. Als ich nur noch etwa einen Meter von ihm entfernt war, ging ich in die Knie und sprach mit sanfter Stimme auf Genscher ein. »Es wird alles gut. Vertrau mir. Es wird alles gut.«

Dann sah er mir in die Augen, verharrte einen Augenblick und sprang mit einem einzigen Satz gegen den Zaun. Seine Krallen klammerten sich perfekt in die kleinen Rauten des Stahlzauns.

»Das ist jetzt nicht dein Ernst. Das machst du nicht.«

Mit zwei weiteren Bewegungen war er bereits auf Kopfhöhe von mir. Ich sah den Zaun links und rechts entlang. Es war niemand zu sehen. Kein Grenzer auf Patrouille. Weder im Westen noch im Osten. Aber ich hatte Angst, dass er irgendeinen Mechanismus auslösen würde, wenn er irgendwelche Drähte berührte. Also griff ich geistesgegenwärtig nach Genscher und bekam seinen Schwanz zu fassen. Dieser kleine Bastard hatte richtig Kraft darin, und da ich ihn nur halb gestreckt mit einer einzigen Hand zu fassen bekam, war das Kräfteverhältnis ziemlich ausgeglichen.

»Genscher, mach jetzt keinen Scheiß und komm da runter.«

Doch Genscher scherte sich nicht um meine Worte und klammerte sich noch fester an den Zaun, sodass ich Bedenken hatte, seinen Schwanz abzureißen.

»Genscher, ich sag's nicht noch einmal. Komm vom Zaun runter.«

Und dann geschah es. Die Symbolik des geteilten Deutschlands, des Eisernen Vorhangs, aller Fluchten manifestierte sich in einer einzigen Aktion. Nein, ich riss ihn nicht in zwei Teile. Vielmehr entlud sich in diesem Moment all der Hass und die Abneigung zu diesem Grenzzaun. Und das wortwörtlich. Genscher schiss mir ins Gesicht. Das war ein Statement. Reflexartig ließ ich seinen Schwanz los und mit zwei, drei weiteren Bewegungen hatte er spielerisch die Kante des Zauns überwunden und war bereits auf der anderen Seite zur Hälfte hinuntergeklettert. Ich saß auf meinem Hosenboden, wischte mir die Leguankacke aus dem Gesicht und sah ihn ungläubig an. Er hatte es wohl wirklich gewollt. Vielleicht hatte er seine Flucht auch minutiös geplant. Seinen Durchfall, die Fahrt zum Arzt, den Regenschauer, einfach alles. Ich stand auf. Genscher war genau auf Höhe meines Kopfes. Keine zehn Zentimeter entfernt und doch in einer anderen Welt. Und dann musste ich schmunzeln.

»Na dann, Genosse, vorwärts immer, rückwärts nimmer. Ich wünsche dir viel Glück. Und pass auf dich auf! Könnte sein, dass sie dich essen wollen, wenn sie dich sehen, weil sie dich für eine unreife Banane halten.«

Genscher schien mich zu verstehen. Mit einem weiteren Satz war er auf dem Boden gelandet und lief los. In diesem Moment erinnerte ich mich an die ganzen Geschichten meines Großvaters und aus der Schule. Dass der gesamte Todesstreifen auf der Seite im Osten mit Minen versehen war, die ausgelöst wurden, wenn man darauftrat. Ich schlug die Hände vor den Mund und starrte zu Genscher, der nach einigen Metern stehen blieb und zurückschaute. Bekam er doch kalte Füße?

»Nein, weiter, Genscher. Nicht zurück. Lauf weiter. Einfach weiter.«

Und Genscher lief, wie nie zuvor ein Leguan durch ein Minenfeld gelaufen war. Er lief und lief und lief, bis ich mir sicher war, dass sich dort kein Minenfeld mehr befand. Den Willen eines Leguans mit Durchfall kann niemand aufhalten. Ich war stolz auf ihn. Er hatte es geschafft, sich gegen die bestehenden Regeln durchzusetzen. Das war wahre Freiheit.

Als ich später ohne Genscher nach Hause kam, sagte ich niemandem, was wirklich geschehen war. Das war nur eine Sache zwischen Genscher und mir. Ich erklärte stattdessen, dass Doktor Gerlach nichts mehr für ihn tun konnte und wir ihn gleich dort gelassen hätten. Meine Mutter und meine Schwester waren etwas traurig, trösteten sich aber mit dem Gedanken, dass er nicht hatte leiden müssen. Mein Vater schenkte das Terrarium dem Pfarrer, der sich schon lange ein größeres für seine drei Zwergschildkröten gewünscht hatte. Wir brachten es ihm am darauffolgenden Samstag vorbei. Er stellte uns voller Stolz die drei kleinen Schildkröten vor. Sie hießen Cogitant, Spes und Caritas. Das fand ich noch suspekter als Genscher, doch dann erklärte er mir, dass dies Lateinisch sei und übersetzt Glaube, Liebe und Hoffnung bedeutete.

Dann gefiel es mir.

Das passte zu Genscher.

Pubertierendes
Bananenweizen

Die Tage verliefen schablonenhaft langweilig nach dem immer gleichen Schema. Rumhängen im Dorf, an den Mofas schrauben, *Donnerquell* trinken und onanieren. Für den anstehenden Freitag hatten wir jedoch ein wahres Highlight geplant. Wir wollten nach Fulda in eine Kneipe namens *West Coast* fahren. Das *West Coast* war weder besonders günstig noch gut und hatte auch rein gar nichts mit einer Bar an der Westküste der Vereinigten Staaten gemein. Eigentlich hatte die Bar überhaupt keine Besonderheit aufzuweisen, außer einer einzigen, die jedoch genügte, um uns Jungs auch bei widrigsten Wetterlagen immer wieder dorthin strömen zu lassen. Wie Gläubige sich auf den Jakobsweg begaben, pilgerten wir zu ihr: Tanja!

Tanja war die Bedienung im *West Coast* und der fleischgewordene Traum eines samenproduzierenden Wesens im Teenageralter. Sie war auf eine provokante Art attraktiv, wie wir es vom Dorf nicht kannten. Sie wusste um ihre Reize und setzte sie nicht nur ein, sie stellte sie bereitwillig in ihr imaginäres Schaufenster, an dem wir uns die Nasen platt drücken durften. Tanja war Anfang zwanzig, hatte lange, lockige Haare, katzenhafte Augen, die sie durch Einsatz von Schminke zu betonen wusste, und einen Körper, den man nur als unverschämt bezeichnen konnte. Sie trug ausschließlich Kleidung, die uns in den Wahnsinn trieb. Entweder spannte sich eine hautenge Jeans oder Leggings über ihren Körper, die Björn scherzhaft als Taubstummenhose bezeichnete. Er meinte, dass das gut passen würde, weil sich zwar Lippen bewegten, aber man nichts hörte. Mir stockte regelmäßig der Atem. Aber ich war nicht verliebt in sie, dafür spielte sie einfach eine Liga zu weit über uns. Ich war ein Fan von Tanja. Und das waren meine Kumpels wohl auch, denn wann immer wir planten, ins *West Coast* zu fahren, waren plötzlich alle dabei – egal ob jemand tags zuvor noch krank im Bett gelegen hatte oder gerade eine drohende Atomwolke über die Erde zog. Und so fuhren wir auch an diesem regnerischen Tag in Kolonne ins *West Coast*. Kaum dort angekommen, erblickten wir sie auch schon. Heilige Scheiße, was sah sie wieder gut aus. Das war ja nicht auszuhalten. Wenn wir über die Mädchen aus unserem Dorf schon sexuelle Wunschträume hegten, die uns die Lenden rotieren ließen, so war Tanja per se die Mutter aller Fantasien. So was wie sie gab es eigentlich gar nicht. Höchstens im Film. Aber Tanja war real. Man konnte sie mit eigenen Augen begaffen, wenn sie Bier zapfte, und riechen, wenn sie neben einem stand, um die Bestellung aufzunehmen. Es war wie ein Live-Porno, den man interaktiv mitgestalten konnte.

»Na Jungs, auch mal wieder da?« Allgemeines Kopfnicken, gepaart mit erötenden Gesichtszügen. Sie erinnerte sich an uns. »Wie immer?«

»Wie immer«, gab ich zurück und war stolz, der Redenführer zu sein. Das ließ mich männlicher als die anderen wirken.

Kurz darauf kam sie zurück und stellte uns randgefüllte Weizengläser auf den Tisch. Aber nicht irgendwelche Weizengläser. Es gab nämlich noch einen weiteren Grund, warum wir die lange Anfahrt auf uns nahmen. Vielleicht auch nur als Alibi, um uns selbst neben Tanja noch einen weiteren Grund zu liefern, aus dem wir wöchentlich ins *West Coast* strömten:

Bananenweizen!

Wenn das billige Dosenbier unser täglich Brot war, so war Bananenweizen unser Sonntagsbraten. Der Nektar unserer Jugend. Hierzu wurde bevorzugt *Paulaner* Weißbier mit Bananensaft in einer 80 : 20-Mischung vereint. Ein Kuss des Unmöglichen. Es kam zusammen, was nicht zusammengehörte. Doch uns mundete die süß-bittere Mischung großartig. Ein einziger, geiler Geschmackskick. Zumindest beim ersten Schluck. Ab dem zweiten Schluck legte sich die Faszination relativ schnell, weil es wahnsinnig sättigte. Außerdem setzte sich mit voranschreitender Dauer der Bananensaft am Boden ab, sodass man die letzten Schlucke nur noch als süße Plörre bezeichnen konnte. Ein ähnliches Phänomen stellte sich nur bei *Cherry Coke* ein, nur dass die nicht so ballerte, wenn man drei bis vier davon hintereinander trank. Ich missionierte mit dem Bananenweizen sogar einmal einen US-Soldaten namens Jason, den wir im *Green Goose* kennengelernt hatten und der in Fulda stationiert war. Er trank eigentlich gar keinen Alkohol. Eigentlich. Denn dann zeigten wir ihm Bananenweizen – oder wie er in seinem amerikanischen Dialekt zu sagen pflegte: *Banana-Uaisen.* Er war ab und an mit uns einen trinken gegangen, nur um dann sterngranatendicht zurück in die Kaserne zu fallen. Wir hatten ihn angefixt! Irgendwann meldete er sich nicht mehr. Wahrscheinlich war er wieder in die USA zurückgegangen und verdiente sich mit *Banana Uaisen* eine goldene Nase.

Goddamn – banana uaisen, the fucking greatest of Germany!

Wobei es im *West Coast* eher ums Prinzip als ums Wegballern ging. Es ging um den Tanja-Faktor, und da wollten wir natürlich nüchtern genug sein, um alles abspeichern zu können, was unsere Teenageraugen einfangen konnten. Alle Jungs unseres Masturbationsgeschwaders wussten, warum wir dort Woche für Woche hinpilgerten. Waren wir außerhalb des *West Coast* mit unserer Klappe immer ganz weit vorn und überboten uns mit ausgedachten Stellungen, wie wir es Tanja besorgen würden, so waren wir beim Betreten der Kneipe genau die kleinen Teenager, die wir auch altersmäßig noch waren. Tanjas bloßer Anblick ließ uns geradezu ehrfürchtig erstarren. Es fehlte nur noch, dass wir mit dem Finger aufzeigten, wenn wir unsere Bestellung aufgeben wollten. Wir beobachteten sie, inhalierten sie, und ab und an lächelte sie uns sogar zu oder machte einen kessen Spruch, der uns sofort die Röte ins Gesicht und die Säfte ins Gemächt steigen ließ. Vielleicht spielte sie sogar ein wenig mit uns und wir spielten bereitwillig mit. Was musste das für ein Kerl sein, der sie Abend für Abend neben sich im Bett liegen hatte?

Nachdem wir ausgetrunken hatten, blickte Björn in die Runde.

»Sind wir so weit?«

»Ja.«

Die Frage zielte nicht darauf ab, ob alle ausgetrunken hatten, sondern darauf, ob jeder so weit war, das Highlight anzugehen. Denn am Ende eines jeden *West-Coast*-Besuchs stand noch das Sahnehäubchen an. Der hormonelle Overkill! Der Lusttropfen des Tages! Das Begleichen der Rechnung.

»Können wir zahlen, Tanja?«

Björn machte das sehr routiniert. Man konnte ihm beinahe glauben, dass es ihm egal sei, von wem wir abkassiert wurden. Beinahe.

»Komme«, rief Tanja zurück und steuerte sogleich auf uns zu. Sie stoppte vor unserem Tisch und lächelte uns an. »Sind dann drei fünfzig von jedem.«

Wir kramten unsere Geldbeutel heraus und legten das Geld auf den Tisch. Und dann kam der Moment. Tanja trug heute enge Jeans. Sehr gut. Denn so musste sie ihren großen Gastrogeldbeutel stets vorn am Bauch in ihre Hose stecken. So blieb ihr nichts anderes übrig, als ihr Oberteil immer gefährlich weit nach oben zu ziehen, um uns abzukassieren. Ein magischer Moment für die sabbernde Pickelrunde. Die Welt stand für einen Augenblick still. Pubertäres, schweres Atmen breitete sich aus, während Tanja die einzelnen Geldbeträge einsammelte. Niemand sagte auch nur ein Wort. An guten Tagen konnte man ihren BH erahnen, an den besten Tagen, so wie heute, trug sie nicht einmal einen und man konnte für eine Millisekunde nicht nur ihren Bauchnabel, sondern auch den Ansatz ihrer Brust erkennen. Nicht alle hielten diesem Hormonsturm stand und verabschiedeten sich noch vor Ort schnell auf die Herrentoilette. Auffällig war hierbei, dass man nicht zusammen ging. Sondern nacheinander. Und anscheinend musste jeder auch ein großes Geschäft verrichten, denn alle wählten die abschließbare Toilettenkabine. Es dauerte für einen normalen Pinkelvorgang auch eindeutig zu lange, während die anderen draußen eine Zigarette rauchten. Selbst ich zog eine mit durch, obwohl ich eigentlich gar nicht rauchte. Hinter der Klotür des *West Coast* brach sich derweil die pure Lendenlust einiger brünstiger Widder Bahn. Kaum war der Erste zurück, verspürte der Nächste ebenfalls einen plötzlich einsetzenden Harndrang. Ein erstaunliches Phänomen. So ging das reihum, bis alle mal kurz weg waren und die anderen ihre Zigarette danach inhaliert hatten. Als Letzter kam Bernd Roth zurück. Seine Gesichtsfarbe glich seinem Nachnamen.

»Alles okay?«, fragte Björn.

»Klar.«

»Na, dann können wir ja vielleicht endlich los.«

Gerade als wir loswollten, bog ein bekanntes Gesicht um die Ecke und steuerte auf das *West Coast* zu. Er nahm uns nicht wahr. Drückte die Tür auf, ging hinein und als Tanja ihn sah, stellte sie umgehend ihr Tablett ab und fiel ihm in die Arme. Sie knutschten und seine Hand wanderte direkt zu ihrem Arsch. Wir standen draußen und glotzten ungläubig.

»Ist nicht dein Ernst!« Bernd Roth sprach das aus, was wir alle dachten. Ich konnte ihm nur beipflichten.

»Und wir Idioten dachten, dass er wieder zurück in die USA musste. Jason, der alte Sack. Hat sich unsere Tanja geschnappt.«

Noch auf dem Weg zu den Mofas verständigten wir uns darauf, dass wir nie wieder ins *West Coast* gehen würden. Nie wieder!

Zwei Wochen später fuhr ich allein dorthin, um meinem Tanja-Entzug nachzugeben. Doch ich blieb an der Tür stehen.

Björn saß drin.

Mit einem leeren Bananenweizen vor sich.

Und Tanja kassierte ihn gerade ab.

FACK

»Ach, dem Kohle-Jupp sein Enkel.«

Die kleine Gruppe der alten Männer schaute von ihrer Skatrunde auf. Die glasigen Augen verrieten, dass dies nicht die erste Skatrunde des Abends war. Es war Samstagabend und meine Mutter hatte in der Dorfkneipe Hähnchen bestellt. Mit dem Jutebeutel in der Hand hatte ich mich in die rauchige Kneipe geschoben und wartete nun auf die Geflügelausgabe.

»Waldi, gibst du dem Jungen eine Bluna und uns noch 'ne Runde Bier?«

»Danke, aber ich muss gleich wieder los.« Zumindest hoffte ich das. Doch die Antwort des Wirts Waldi folgte auf dem Fuß.

»Dauert noch einen Moment«, rief er mir von der Theke aus zu. Mist. Das würde hier noch eine Weile gehen. Und jetzt auch noch mit einer Bluna. Also ließ ich mich auf die Männerrunde ein und floskelte zurück.

»Ja. Und selbst? Wie?«

»Na ja, wie soll's schon gehen? Immer weiter, nä?« Meine gekonnte Floskel hatte die Männer beruhigt und sie widmeten sich wieder ihrem Skatblatt.

»Achtzehn.«

»Ja.«

»Zwanzig.«

»Hab ich.«

»Zwo.«

»Passe.«

Das hatte was. So eingespielt. Wie beim Tischtennis ging es abwechselnd hin und her. Die Jahre des Skatspielens hatte sie synchronisiert. Sie agierten wie eine verwachsene, gallertartige Masse.

»Holst du Essen, nä?«, fragte mich einer aus der Runde, ohne aufzublicken.

»Ja. Meine Mutter hat Hähnchen ...«

»Null.«

Meine Antwort wurde nicht abgewartet, sondern es wurde fleißig weitergereizt. Die Frage war auch nicht aus echtem Interesse gestellt worden, sondern aus reiner Freundlichkeit. Das war okay. Ich wartete ab.

»Ja.«

»Vier.«

»Hab ich.«

»Weg.«

Karten wurden von der Tischplatte aufgenommen. Ich machte mich bereit. Gleich ging es weiter. Da war ich mir ganz sicher.

»Hähnchen? Soso ...«

Ha, wusste ich es doch. Jetzt war ich wohl wieder an der Reihe.

»Ja, Hähnchen.«

»Da gibt's heute also Hähnchen beim Kohle-Jupp seinem Jung zu Hause.«

Kohle-Jupp sein Jung war mein Vater. Das muss man erklären. Denn wir hatten einen eigenen Hausnamen. Das war wichtig im Dorf. Nur wer einen Hausnamen sein Eigen nennen konnte, war vollwertiges Mitglied des Dorflebens und wurde akzeptiert. Einen Hausnamen konnte man sich nicht einfach aussuchen.

212

Er wurde verliehen, über Generationen vererbt und mit Stolz getragen. Auch wenn er noch so bescheuert klang und man nicht wusste, was irgendein Urururgroßvater getrieben haben musste, um diesen Namen verliehen bekommen zu haben. Und selbst, wenn man diesen Vorfahren gar nicht mehr persönlich kannte, hatte man den Namen ein Leben lang weg. Wenn also ein Vorfahre namens Anton Krenzer Schaufeln, Schippen oder Pickel hergestellt hatte, wurde er nicht Anton Krenzer genannt, sondern *Schippenstiels Toni*. So gab es Hausnamen wie *Lampenschirms Erna, Schusters Karl* oder *Müllersch Alois*. Und keiner dieser Menschen hieß jemals mit Nachnamen Müller, Schuster oder gar Lampenschirm. Das sorgte besonders für Verwirrung, wenn Fremde sich im Dorf nach diesen Personen erkundigten.

»Wissen Sie eventuell, wo Herr Michael Krenzer wohnt?«

»Nä.«

»Aber der muss hier irgendwo wohnen.«

»Wie heißt der noch mal?«

»Michael Krenzer.«

Kopfschütteln.

»Kenn ich net.«

»Aber die Familie lebt schon ewig hier. Sie verkauft Garten- und Landwirtschaftsgeräte.«

»Ach, Sie meinen den Schippenstiels Toni seinen Jung?«

»Äh, nein. Krenzer. Michael Krenzer.«

»Sag ich doch. Das ist der. Der Michael ist der Jüngste vom Schippenstiels Toni.«

Die ortsfremden Personen konnten es nicht verstehen, dass ein und dieselbe Person einen komplett anderen Namen trug. Und dies hatte nichts mit einem Zeugenschutzprogramm zu tun, sondern einzig und allein damit, dass sich die Familie Krenzer den Hausnamen »Schippenstiel« verdient hatte. Man trug diese Namen wie Ehren- oder Doktortitel. Verliehen wie einen Oscar für die beste Schaufel des Jahres.

Wir trugen den Zunamen Kohle-Jupp, da Grönland-Opa, der eigentlich Josef hieß, nach dem Krieg einen Handel mit Kohle und Briketts gegründet hatte. Auch wenn das Kohlegeschäft alsbald dem Heizölhandel wich, so blieb doch der Rufname. So trugen alle Nachfahren diesen Zusatz. Um den jeweiligen Verwandtschaftsgrad zu ihm zu erklären, wurde noch dem Kohle-Jupp sein Sohn, der Enkel und so weiter angehängt. Onkel Willi war dem Kohle-Jupp sein Bruder und meine Mutter dem Kohle-Jupp seine Schwiegertochter. So ging das weiter. Unsere Familie war wohlgelitten im Dorf. Das lag zum einen daran, dass wir schon immer hier wohnten und mein Vater in allen möglichen Vereinen irgendwelche Posten innehatte, und zum anderen daran, dass er eine Firma hatte, die diese Vereine auch noch sponserte.

»So, eine Bluna und vier Bier.« Waldi stellte die Gläser ab und kritzelte ein paar Striche auf einen Bierdeckel. Das heißt, er führte eine bereits vorhandene Strichliste weiter fort. Beeindruckend viele Striche. »Zum Wohl.«

Dann klemmte sich Waldi den Kugelschreiber hinters Ohr und wuschelte mir über das Haar, bevor er wieder hinter der Theke verschwand. Haare durchwuscheln – etwas, das kein Kind und kein Jugendlicher mag und trotzdem immer gemacht wird. Furchtbar.

»Ja, dann erst mal Prost. Und wenn wir schon dem Kohle-Jupp sein Enkel hier haben …« Ich wusste, was jetzt kommen würde. Weil es immer kam, wenn ich in dieser Kneipe war. »… dann wollen wir ihm zu Ehren natürlich auch unsere Hymne singen.«

Denn es gab noch einen weiteren Aspekt, der uns beinahe in den Olymp der Region erhob. Einer meiner Vorfahren hatte die Nationalhymne geschrieben. Also, nicht die richtige, sondern die Hymne der Rhön. Andreas Fack hieß er und war wiederum der Großgroßcousin meines Opas. Oder so ähnlich. Zum Glück hatte mein Opa aber einen anderen Nachnamen und durch den Kohlenhandel auch einen anderen Hausnamen erhalten. Nicht auszudenken, wenn ich Frank Fack geheißen hätte. Da hätte ich mir ja gleich einen Strick im Stall nehmen können. Dann doch lieber dem Kohle-Jupp sein Enkel. Jedenfalls hat der alte Fack das Rhönlied geschrieben, das heute noch alle aus der Region nach fünf Bier anfangen zu singen. Wir lernten es in der Schule auswendig. Mein Lehrer in der Grundschule, Herr Seifert, meinte, dass ich es ja eigentlich schon aus genetischen Gründen können müsste. Konnte ich damals aber nicht. Aber mittlerweile konnte ich es. Eigentlich fand ich das Lied nicht einmal besonders schön, aber wenn nach Fußballsiegen in der Kabine das Lied angestimmt wurde, kann ich nicht abstreiten, dass selbst uns Jugendliche das Singen unserer Rhönhymne mit so etwas Ähnlichem wie Stolz erfüllte.

Die Karten wurden aus der Hand gelegt und es wurde mir zugeprostet. Nicht nur vom Skattisch aus, auch jeder andere in der Kneipe tat das und hob sein Bierglas. Und dann stimmten sie den Refrain an.

»Zieh an die Wanderschuh,
Und nimm den Rucksack auf,
Und wirf die Sorgen ab,
Marschier zur Rhön hinauf!«

Erst einmal so in Fahrt gekommen, grölte einer aus dem Hintergrund in die rührselige Kneipenrunde, dass man noch einen draufsetzen wolle.

»Und jetzt noch das Kreuzberglied. Zwo, drei …«

Das Kreuzberglied war die zweite Rhöner Nationalhymne und eigentlich viel schöner. Sie war jedoch nicht von meinem Vorfahren oder irgendjemand anderem aus dem Dorf. Dennoch stieg die Herrenrunde stimmgewaltig mit ein.

»Grüß mir die Heimat,
Grüß mir mein Rhönerland
Mit seinen Bergen,
Mit seinem Saalestrand.
Dort wo der Kreuzberg winkt (Juhuu),
Dort wo die Saale rauscht (ja rauscht),
Ist meine Heimat,
Ja, da bin ich zu Haus.«

Sofort konnte ich erkennen, wie einigen der Männer die Tränen in den Augen standen. Ich weiß nicht, was diese Heimatverbundenheit noch in ihnen auslöste. Es schien Emotionen freizusetzen, die sie sonst in den Tiefen ihrer Seele vergruben. Sobald das Lied beendet war, würden sie sich kurz schütteln und die Melancholie mit noch mehr Bier wieder aus ihren Körpern spülen.

»Deine Hähnchen sind fertig.«

Waldi winkte mich zu sich hinter die Theke, während der Männerchor die nächste Strophe anstimmte. Ich beglich die Rechnung, exte die Bluna und stahl mich durch die Menge Richtung Tür. Diese Männer waren wie im Rausch. Und nicht nur wegen des Biers. Ob der alte Fack das wohl geahnt hatte, als er damals das Lied schrieb, und nur seinen Nachnamen verwischen wollte, um als Dank für das Lied einen weniger peinlichen Hausnamen zu bekommen? So was wie der Komponisten-Andi?

Bei Fack ein nachvollziehbarer Gedanke.

Aber wer weiß das schon?

Ich zog die Tür auf und konnte noch hören, wie sich der Männerchor wieder hinsetzte und schlagartig Ruhe einkehrte.

»Was war noch mal Trumpf?«

Dann fiel die Tür hinter mir ins Schloss.

KIRMES DER GEBROCHENEN HERZEN

Es herrschte mal wieder Ausnahmezustand in unserem Dorf: Kirmeszeit!

Ich hasste Kirmes, besonders den Dreireihentanz, bei dem die Dorfdeppen mit den Dorfdeppinnen in historischen Kostümen um einen viel zu hohen Baumstamm tanzten. Dazu hielten alle bunte Bänder in den Händen, was das Ganze noch mehr nach einem Tag der offenen Tür in einem Behindertenheim aussehen ließ. Im Anschluss bretterte man sich gewaltig einen in die Rüstung und soff das gesamte Kirmeswochenende durch, sodass jeder eine Ausrede hatte, mit irgendjemandem rumgeknutscht zu haben, den man das restliche Jahr nicht einmal mit dem Arsch ansehen würde. Es war das erste Mal, dass Björn und ich uns hatten breitschlagen lassen, an dem fragwürdigen Gehüpfe teilzunehmen. Doch wir hatten gute Gründe. Der Tanz interessierte uns nicht. Selbst das Gesaufe spielte nur eine untergeordnete Rolle, dafür benötigten wir keinen Baum. Aber Erika machte dieses Jahr mit – das war mir Grund genug. Außerdem waren noch ein paar andere recht attraktive Mädchen dabei, die als leicht rumzukriegen galten – das war für Björn Grund genug. Sonst machten eigentlich immer nur diejenigen mit, die endlich unter die Haube mussten oder sonst nie zum Schuss kommen würden. Der Beifang der Dorfjugend. Unter dem massiven Einsatz von Alkohol hatte sich schon so mancher Penis fehlleiten lassen und eine der Dorfpomeranzen geschwängert. Manchmal waren dies auch die eigenen Cousinen oder anderweitig verwandte Damen. Doch auch diese Frauen wollten schließlich versorgt sein und durften neun Monate später Mutter spielen, während die Männer die nächste Generation des Bauernhofs gesichert hatten. Manchmal musste man sich nicht einmal an einen neuen Nachnamen gewöhnen. Alles in allem eine inzestuöse Win-win-Situation.

Doch diesmal war das alles anders.

Irgendeine Sonneneruption musste die Hirnströme der Dorfjugend aus dem Gleichgewicht gebracht haben – jedenfalls machten in diesem Jahr wirklich alle mit. Und weil Erika das erste Mal mit von der Partie war und mir zusicherte, meine Tanzpartnerin zu werden, sah ich nach all den Jahren unerfüllter Liebe nun endlich unsere Zeit gekommen. Wenn die Kirmes unser Schicksal sein sollte, dann bitte! Dann hüpfte ich auch mit bunten Bändern in den Händen um einen kahlen Baumstamm.

Ich hoffte also, dass ich ihr in dem aufgeheizten Umfeld der Dorfkirmes endlich näherkommen könnte. Björn wollte einfach nur irgendwem näherkommen – er war da weniger wählerisch und hoffte auf den Alkoholeffekt, dass irgendeine Bunte-Bänder-Tänzerin so voll war, dass sie ihm endlich die Jungfräulichkeit nehmen würde. Außerdem mochten wir die Vorstellung von den entsetzten Blicken der Dorfältesten, wenn Björn mit seiner Punkfrisur in den historischen Kirmesklamotten über die Bühne tanzen würde. Das konnte richtig lustig werden. Zudem gab es zu den Proben und Auftritten Freibier für alle Mitwirkenden sowie zünftige Brotzeiten bestehend aus Graubrot mit Kümmel und Schwartenmagen. Eine unschlagbare Kombination. Allein das Kümmelbrot: Von klein auf wurde uns dieses Meisterwerk hessischer Backkunst eingeflößt. Wir wurden damit sozusagen abgestillt. Wer einmal Kümmelgraubrot gegessen hat, empfindet normales Brot als unfassbar langweilig. Gegen Kümmelbrot schmeckt alles wie eingeschlafene Füße. Denn erst der Kümmel im Brot macht das Brot zu einem erstrebenswerten Grundnahrungsmittel. Und dann erst der Schwartenmagen: Den gab es immer und bei jeder Gelegenheit. Es war so was wie das Schweizer Taschenmesser des hessischen Zonenrandgebiets. Egal zu welcher Gelegenheit – Schwartenmagen ging immer und war multifunktional einsetzbar. Ich bin mir ziemlich sicher, wenn irgendwann aus Mangel an Oblaten in unserer katholischen Kirchengemeinde ein Ersatz für die Hostie gesucht würde, man würde Schwartenmagen aufschneiden und ihn an die Gläubigen verteilen. »Dies ist der Leib Christi« – und zack: daumendicker Schwartenmagen in die betenden Hände gelegt! Jeder liebte Schwartenmagen, selbst die Veganer, obwohl es die noch gar nicht gab.

So gestärkt und motiviert probten wir zweimal die Woche im Dorfgemeinschaftshaus den Dreireihentanz, der als Höhepunkt am Sonntagmittag des Kirmeswochenendes aufgeführt werden sollte. Man findet in der Pubertät sehr vieles peinlich, aber dieses sinnlose Hin- und Herlaufen und Gehüpfe war definitiv das Peinlichste, was ich jemals probte, nur damit es dann in Perfektion dämlich aussah. So viel Bier konnte ich gar nicht saufen, dass es mir Spaß machte. Ich kam mir unsagbar dämlich vor, und das, obwohl ich das noch viel dämlichere Kostümoutfit ja noch nicht einmal anhatte. Das gab es erst bei der Kostümprobe. Am liebsten hätte ich nach der ersten Probe alles hingeworfen. So virtuos ich mit dem Besen auch umgehen konnte, so ungeschickt war ich mit einem Mädchen im Arm. Ich stellte mich unfassbar blöd an und sah schon meine Felle bei Erika davonschwimmen. Schließlich wollte kein Mädchen an einen Vollspacken seine Jungfräulichkeit verlieren, der behäbig und ungelenk wie ein russischer Tanzbär von einem Bein auf das andere stapfte. Doch bei der zweiten Probe lief es entgegen meinen Bedenken ausgesprochen gut. Zumal Erika und ich uns tatsächlich als Tanzpaar zusammenfanden. Das verlieh meinem Tänzerego Flügel und ich sah meinen Plan langsam Gestalt annehmen. Was war schon ein Wochenende mit diesem peinlichen Gehüpfe gegen ein Leben mit Erika? Und Erika war sehr geduldig mit mir. Am dritten Abend nach der Tanzprobe brachte ich sie noch nach Hause, was weitaus romantischer klingt, als es war, schließlich lag ihr Elternhaus nur drei Minuten vom Dorfgemeinschaftshaus entfernt. Alle Wohnhäuser waren eigentlich nur drei Minuten vom Dorfgemeinschaftshaus entfernt. Sei es drum! Jedenfalls schlenderten wir im Dunkeln über die Straße und hielten vor der Haustür. Unser Gespräch stoppte abrupt und eine spannungsgeladene Stille setzte ein. Ich wusste, dass das nun wohl meine Chance war. Und dieses eine Mal musste ich die Zügel in die Hand nehmen.

»Erika, ich würde dich gern …«

»Nun mach halt«, unterbrach sie mich und lächelte dabei.

»Wie jetzt? Ehrlich?«

Sie trat näher zu mir, legte den Kopf schräg und spitzte ihre Lippen. Dann küsste ich sie. Zu meiner Beruhigung machte sie mit, erwiderte meinen Kuss und ließ ihre Zunge um meine herumtanzen. Das gelang deutlich besser als der Dreireihentanz. Ob es der Schwartenmagengeschmack in meinem Mund war, der sie anturnte, oder meine Kusstechnik, weiß ich nicht, war mir auch egal. Aber ihr schien es zu gefallen. Und mir sowieso.

Ich war am Ziel meiner Träume.

Endlich.

Erika und ich.

Ich und Erika.

Erika und Franky.

Die größte Liebesgeschichte der Welt hatte endlich ihren Anfang genommen. Mir pochte das Herz bis in den Schädel hinauf und ich musste mich stark zusammenreißen, um vor Begeisterung nicht laut loszubrüllen. Doch ich hatte ja noch ihre Zunge im Mund. Ich wartete, bis sich Erika nach zwei Minuten wilder Knutscherei von mir löste und ohne ein weiteres Wort zu verlieren ins Haus ging und die Tür hinter sich schloss. Bingo – Kirmes war super! Die Sache lief in die richtige Richtung und ich war von diesem Moment an vollends in sie verliebt. Erika war meine Traumfrau und würde es auch für alle Ewigkeit bleiben. Das stand von nun an fest wie das Amen in der Kirche.

Ich schrieb ihr zur nächsten Tanzprobe einen Brief, der wahnsinnig witzig klingen sollte. Ich glaube, sie fand ihn nicht ganz so witzig wie ich, aber sie ließ sich nichts anmerken und küsste mich beim Nach-Hause-Bringen abermals als Dankeschön.

Für mich waren wir jetzt fest zusammen.

Ich war mir ganz sicher.

Björn sah das auch so – nur Erika nicht. Denn als ich sie beim nächsten Treffen darauf ansprach, erklärte sie mir, dass sie mich zwar total süß und witzig fände, aber sich nicht sicher sei, ob sie überhaupt eine feste Beziehung wolle. Süß und witzig? Das war nicht das, was man als heranwachsender Mann auf einem osthessischen Dorf über sich hören wollte.

Cool.

Sexy.

Eine geile Sau.

Das waren die Parameter, in denen man bewertet werden wollte. Süß und witzig war Dennis, der dreijährige Sohn meiner Cousine, der alles nachquasselte, was man ihm vorplapperte. »Sag mal ein Prosit der Gemütlichkeit, Dennis, hahaha ... der ist so süß und witzig, der Dennis.«

Ich war geknickt und wollte den unsäglichen Tanz um den Baum sofort absagen, doch Björn überzeugte mich davon, dabeizubleiben. Erstens, weil Erika wahrscheinlich nur ein wenig Zeit bräuchte, und zweitens, weil er sich selbst Chancen bei Moni ausrechnete und er nicht allein mit den bunten Bändern um den kahlen Stamm tanzen wolle. Ich glotzte ihn stumm an und stimmte schließlich zu.

* * *

Der erste Kirmesabend verlief erstaunlich gut. Nachdem der Baum aufgestellt und geschmückt war, stand am Samstagabend die große Discoparty an. DJ Otto (der hieß wirklich so, was soll man dazu noch sagen?) heizte den Kirmespaaren und den anderen Vereinen, die zu Gast waren, ein. Mit jedem Bier und jedem Schnaps, den wir uns reinstellten, fand ich die Kirmes ein Stück weit brauchbarer. Und selbst den bescheuerten Schlachtruf fand ich mit einem Mal toll. Ich stellte mich sogar auf den Tisch und brüllte so oft ein mundartiges »Bee is die Kermes?« in die Runde, bis mir die Stimmbänder versagten. Alle anderen mussten zurückbrüllen und riefen mir im feinsten Dialekt ein »Schö is die Kermes!« zurück. Björn und ich waren auf einer Mission. Björn baggerte an Moni, die tatsächlich einwilligte und sich, abgefüllt mit Apfelkorn, erst unter der Biertischgarnitur von ihm befingern ließ und ihm dann hinter dem Zelt einen runterholte. Direkt danach kotzte sie über den Zaun, was Björn jedoch nicht persönlich nahm. Im Gegenteil. Stolz kam er zurück ins Zelt und hielt mir seinen Mittelfinger unter die Nase.

»Hier, riech mal.«

»Was ist das?«

»Das ist Moni.«

»Wie, das ist Moni?«

»Na, du weißt schon.«

Ich musste nur kurz überlegen, dann verstand ich.

»Bäh, du Sau! Hau ab damit.«

Björn lachte laut auf und ich war ebenso angewidert wie neidisch. Erika hatte sich immer noch nicht entschieden, ob wir nun zusammen waren oder nicht. Ich wollte sie auch an meinen Fingern haben. Ich blieb jedoch unberührt und betrank mich stattdessen weiter. Morgen, am Sonntag, müssten wir in unseren dämlichen Kostümen um den weiß getünchten Pfahl herumhüpfen, als hätten wir nie etwas anderes gemacht. Spätestens da würde ich Erika vor die Wahl stellen. Es war an der Zeit, ein für allemal Klarheit zu schaffen. Waren wir nun zusammen oder nicht? Und wenn ja, würde sie mich gegebenenfalls auch gleich heiraten? Da musste ich jetzt für klare Verhältnisse sorgen. Morgen würde ich sie fragen. Ganz sicher.

Der restliche Kirmesabend gipfelte in einer wilden Sauforgie, bis das ganze Dorf strack war. So eine Kirmes kann tatsächlich etwas Verbindendes und Gemeinschaftsstiftendes haben. Wie bei einer Sekte, die man mit einer Liebesdroge bearbeitet hatte, lagen sich alle zugedröhnt in den Armen, sangen die Rhönhymnen und fanden sich gut. Ich fand mich so mittelgut und wollte irgendwann nach Hause.

»Hast du den Björn gesehen?«, fragte ich einen der Kirmesburschen, der jedoch nur den Kopf schüttelte.

»Okay. Ich schau mal, wo er steckt.«

Wahrscheinlich lässt er sich wieder hinter dem Zelt von der besoffenen Moni bearbeiten, dachte ich mir und machte mich auf den Weg um das Zelt herum. Ich stolperte im Dunkeln über ein paar Wurzeln und wollte jetzt wirklich nur noch nach Hause, als ich ein leises Stöhnen vernahm. Aha, ich war auf dem richtigen Weg. Als ich um die Ecke trat, fand ich zu meinem Entsetzen aber nicht ihn, sondern Erika dort. Sie steckte gerade einem der älteren Kirmesburschen von letztem Jahr ihre Zunge in den Rachen. Ein Phantomschmerz packte mich. Ich konnte ihre Zunge noch ganz exakt an meiner spüren und nun stand sie da und ließ ihre Zunge in der Mundhöhle eines anderen tanzen. Erst als sie sich von ihm löste, erkannte ich ihn genau. Hajo Becker, er war einer der Dynamic Wild Hogs aus der Mofa-Clique meines Cousins und hatte immer die angesagtesten Klamotten an. Allerdings nicht jetzt. Denn jetzt stand er mit der Hose in den Knien an einen Baum gelehnt. Sein steifes Glied stand dabei von ihm ab wie eine Wünschelrute, die auf eine Wasserader gestoßen war. Ach Gott, ach Gott! Das durfte doch alles nicht wahr sein. Hajo Becker. Ausgerechnet Hajo Becker. Wobei ich das auch bei jedem anderen außer mir gedacht hätte. Eigentlich war Hajo Becker sogar eine logische Entscheidung. Er hatte schon den Autoführerschein und fuhr nur noch zum Spaß ab und zu mit den anderen in der Mofa-Gang durch die Lande. Er war eine gute Partie, um aus dem Dorf rauszukommen. Dennoch brüllte ich Erika an.

»Sag mal, was soll'n das?«

Die beiden drehten sich zu mir und schauten mich irritiert an. Erika wischte sich ein wenig Hajo-Speichel vom Mund, während Hajo immer noch verzweifelt versuchte, seine Rute einzufangen. Er hatte anscheinend auch schon gut einen im Tee und scheiterte bei dem Versuch. Erika versuchte mich derweil zu beruhigen.

»Mensch, Franky. Ich habe dir doch gesagt, dass ich nichts von dir will. Ich geh jetzt mit Hajo.«

»Wie jetzt? Du gehst mit Hajo? So richtig zusammen oder was?«

»Ja«, sagte sie.

»Aber, aber das geht doch nicht«, stotterte ich und musste im selben Moment erkennen, dass das sehr wohl ging. Erika nahm Hajos Hand als Beweis ihrer Beziehung in ihre. Das sah zwar ungewollt komisch aus, weil er immer noch mit heruntergelassener Hose dastand, aber es schmerzte dennoch wie blöd.

»Doch, Franky. Das war alles nicht so geplant, aber wir gehen jetzt fest zusammen. Die Liebe kommt halt manchmal ganz unerwartet, weißt du?«

Beim Boxen würde man von einer Kombination von Wirkungstreffern sprechen. Links – rechts, gefolgt von einem astreinen Aufwärtshaken. Erikas Worte hatten die gleiche Wirkung auf mich. Erst die Information, dass sie nun also definitiv nichts von mir wollte, dann noch der K.-o.-Schlag hinterher, dass sie stattdessen jetzt mit Hajo Becker ginge, und nun war es auch gleich noch Liebe. Das war alles zu viel für mich.

»Soll ich dir mal sagen, was du bist?«

»Ne«, sagte Erika und machte Anstalten zu gehen. Sie zog Hajo hinter sich her, der jedoch über seine eigene Hose stolperte und vornüber zu Boden stürzte. Er raffte sich wieder auf und hielt mit einer Hand den Hosenbund fest, während die andere Erikas Hand umschloss. Nein, so einfach wollte ich Erika nicht davonkommen lassen. Sie sollte sich anhören, was ich von ihr hielt.

»Du bist echt 'ne Schlampe, weißt du das?« Meine Stimme klang brüchig und wenig männlich. Sie glich eher einem quengelnden Kind, dem man den Bagger aus dem Sandkasten geklaut hatte. Und das Kind war mit seinem Jammern noch nicht am Ende. Wieder erhob ich meine sich überschlagende Stimme. »Erst machst du mit mir rum und dann so was. Ist doch wohl voll fürn Arsch, echt ey!«

»Du hast mit Franky rumgemacht?«, wunderte sich Hajo. Er hatte es inzwischen immerhin geschafft, die Hose wieder hochzuziehen. Nun fädelte er seinen Gürtel in die Schnalle und wartete auf eine Erklärung.

Erika schüttelte den Kopf und wiegelte das Ganze ab: »Ach Quatsch, da war gar nix. Völlig harmlos und hat nichts bedeutet. Komm jetzt, ich will hier weg.«

Ich hätte ihr gern wie im Fernsehen mit ein paar markigen Sätzen den Verlobungsring vor die Füße geworfen. Aber ich hatte nichts. Weder einen markigen Satz noch einen Ring. Ich hatte gar nichts. Nichts zum Werfen und schon gar keine

Verlobte. Also machte ich auf dem Absatz kehrt und ging zurück ins Zelt. Ohne mich von den anderen zu verabschieden, packte ich meine Sachen zusammen und ging nach Hause. Sollten sie doch ihre Scheißkirmes allein tanzen. Für mich war hier Schluss.

Ich heulte während des gesamten Heimwegs (also drei Minuten) wie ein kleines Kind. All die vergangenen Sommer hatte ich auf Erika gewartet. Sie war doch die Frau, die ich liebte. Wie konnte sie nur so einen Fehler machen und nicht mit mir zusammen sein wollen? Stattdessen mit Hajo Becker! Wie der Name schon klang, Hajo! Hajo, das klang wie Mayo, und die mochte ich auch nicht. Okay, vielleicht wegen des Führerscheins, dachte ich, und das verstand ich sogar ein klein wenig. Ein Führerschein bedeutete Freiheit. Ich wollte auch einen Führerschein. Dann würde alles gut werden. Dann wäre ich wie Hajo. Und Hajo war ehrlich gesagt auch kein wirklich schlechter Kerl. Er war vielleicht nicht von der schnellen Truppe, aber er war eigentlich echt in Ordnung. Und sein Penis sah nun auch nicht gerade verkümmert aus, als er mit heruntergelassener Hose dagestanden hatte. Der war sogar richtig groß gewesen, das musste ich schon eingestehen. Die Erkenntnis war ernüchternd: Es gab mehr als genug Gründe gegen mich und für Hajo Becker.

Als ich zu Hause war, knallte ich wütend meine Sachen in die Ecke und verkroch mich unter der Bettdecke.

Nie wieder Kirmestanz.

Nie wieder Erika.

Nie wieder Verlieben.

Dann wurde mir übel und ich musste mich übergeben.

Nie wieder Alkohol!

So ist das Leben eben –
ALL IN!

Januar 1989

Es war etwas Zeit vergangen. Tschernobyl hatte uns doch nicht getötet und die Raviolivorräte in den Regalen der Geschäfte waren wieder aufgefüllt worden. Björn war zwischenzeitlich achtzehn geworden und hatte zur Belohnung nach bestandener Führerscheinprüfung von seiner Mutter einen gebrauchten Käfer geschenkt bekommen. Mega. Man hörte ihn schon von Weitem, wenn er ins Dorf einbog und mich abholte. Das war ein ganz anderer Sound als unsere Mofas. Mittlerweile fand ich mein Mofa nicht mehr so cool und wartete nur noch sehnlichst darauf, endlich ein eigenes Auto fahren zu können. So veränderte sich vieles. Björn und ich zogen immer öfter allein los. Ohne die anderen. Tanne sonderte sich immer mehr von uns ab, was ich schade, aber irgendwie auch verständlich fand. Er war nun mehr mit Leuten aus der Stadt unterwegs. Es häuften sich Gerüchte und Vermutungen, warum er das tat. Aber sie lagen alle verkehrt. Weder glaubte er was Besseres zu sein noch hatte er dort eine Freundin. Ich wusste es besser und schwieg. Wenn die Zeit reif war, würde Tanne die Katze schon selbst aus dem Sack lassen. Oder, in diesem Falle, den Kater. *Uteundpeter* machten beinahe gar nichts mehr mit uns und der Stumme hatte sich wohl in sein Sofa verliebt. Man sah ihn kaum noch. Bernd Roth hatten wir vergessen – einfach so. Und Erika … ja, Erika ging immer noch mit Hajo Becker. Die zwei zogen es vor, Pärchenabende mit *Uteundpeter* zu feiern, was mir ganz lieb war. Jeder ging plötzlich seiner Wege. Es lag vielleicht auch daran, dass Björn und ich unsere Liebe zu elektronischer Musik entdeckt hatten. Techno hatte Metal abgelöst. So fuhren wir fast jedes Wochenende zu zweit in einen Technoclub nach Fulda, der dort illegal eröffnet hatte. Das hatte was herrlich Anarchistisches und wir feierten uns dafür, dass wir ein Teil davon waren. Es waren viele Drogen im Umlauf, doch dafür hatten wir nie etwas übrig. Wer Schwartenmagen kennt, braucht kein Ecstasy. Natürlich tranken wir mal was, doch selbst da war Björn konsequent. Wenn er mit dem Auto unterwegs war, trank er kein einziges Bier. Er meinte immer, dass der Führerschein sein Ticket raus aus der Provinz sei und dass er das um nichts in der Welt aufgeben wolle. Das war außergewöhnlich. Alle anderen im Dorf, die einen Führerschein besaßen, soffen weiter wie die Löcher. Wenn an den Wochenenden zu *S.E.M.* von Dorf zu Dorf getingelt wurde, waren alle im Auto besoffen. Zum Glück passierte beinahe nie etwas. Wie ein gut dressiertes Pferd kannte das Auto den Weg zurück in den heimischen Stall. Den Alkoholpegel glaubte man einschätzen zu können. Der Fahrer trank weniger. Mit 1,8 Promille war man in der Stadt vielleicht schon ein Alkoholiker, bei uns auf dem Land der Fahrer.

Björn und mir genügte der dröhnende Bass der mannshohen Boxen und die aufgeheizte Stimmung im Technoclub, um uns zu berauschen. Die Beats per Minute schienen sich jede Woche in neue, rekordverdächtige Höhen zu schwingen. Das zog Leute an, die ich noch nie zuvor gesehen hatte. Aus allen Ecken der Region und darüber hinaus kamen plötzlich ziemlich coole Typen und Mädchen dorthin und es entstand fast so etwas wie ein Familiengefühl. Man lernte sich kennen, man hatte die gleichen Vorlieben, man mochte sich. Keine Ahnung, aus was für Löchern die alle gekrochen kamen. Wo waren die all die Jahre gewesen? Einige ganz Verrückte nähten sich für jedes Wochenende ein neues Outfit. Kostüme aus Nickistoff, Jacken aus Kunstpelz oder zweckentfremdete Arbeitskleidung. Alles war möglich und wurde gefeiert. Der Club hatte sich in einem Industriegebiet in einer alten Schlachthalle niedergelassen. Dort wurde jedoch nur eine kleine Fläche genutzt und der Rest der Halle stand leer. Björn und ich sammelten in den dunklen Ecken der Halle diverse Erfahrungen. Björn hatte bei so einem Erfahrungsaustausch seine Freundin kennengelernt und mit ihr sogar schon Sex gehabt. In der Halle. Somit blieb ich als letzte eiserne Jungfrau übrig. Denn obwohl in der Halle so einiges geschah, zum Äußersten kam es bei mir nie. Also stapfte ich weiter im Stakkatorhythmus des Beats und tanzte mir die überschüssige Energie aus den Knochen. Denn bald würde auch ich achtzehn werden, einen Führerschein bekommen und somit einen unwiderstehlichen Reiz für Frauen ausstrahlen.

Dadurch, dass Björn und ich nun »autorisiert« waren, fuhren wir auch gern in andere Clubs nach Frankfurt oder Kassel. Das waren komplett andere Welten. Einmal waren wir zu einer Technoparty nach Nürnberg gefahren. Damit die Spritkosten nicht zu hoch wurden, hatten wir noch zwei andere Typen mitgenommen, die wir beim Feiern im heimischen Technoclub kennengelernt hatten. Raffa und den Apotheker. Raffa war in Ordnung. Ein gut aussehender, leicht arroganter Kerl, in dessen Windschatten wir hofften, ein paar nette Frauen kennenzulernen. Funktionierte auch immer wieder mal. Der Apotheker war sein bester Kumpel und uns suspekt. Er hatte etwas Verschlagenes an sich, was aber auch daran liegen konnte, dass er ständig auf Drogen war. Hier eine Pille einwerfen, dort eine Line ziehen … Er dealte auch mit dem Zeug und hatte immer etwas dabei, um die Feiermenge zu versorgen – daher auch sein Spitzname. Wir mochten ihn nicht und wollten uns eigentlich auch von ihm fernhalten. Aber wir mochten Raffa und als er uns fragte, ob die beiden nicht mitfahren könnten, konnten wir nicht Nein sagen. Durch vier zu teilen war besser als durch drei. Und so fuhren wir in Björns Käfer bis nach Nürnberg und hofften, dass uns die olle Mühle nicht unter dem Arsch zusammenbrechen würde. Doch der Käfer kämpfte sich trotz der winterlichen Temperaturen und des Dauerregens durch die Nacht. Die Party war eine Offenbarung und wir tanzten die halbe Nacht durch. Um Raffa tummelte sich wie immer eine Traube von attraktiven Frauen, und tatsächlich knutschte ich auch mit einem Wahnsinnsmädchen namens Sunny herum. Ich war sofort verknallt, bis ich merkte, dass sie vom Apotheker mit einer Liebespille versorgt worden war, die sie so körper- und harmoniebedürftig werden ließ, dass sie noch mit zehn anderen Typen herumknutschte. Irgendwann gegen fünf Uhr wollte Björn los und wir stiegen in strömendem Regen in seinen Käfer. Beim Starten starrte Björn entsetzt auf seine Scheibenwischer. Die hatte irgend so ein Druffi im Drogenrausch oder aus Vandalismusgründen formschön verbogen. Mist! Doch wenn Drogeneinfluss jemals etwas Positives hatte, dann an diesem Abend. Der Apotheker stieg aus und sah sich das Dilemma an.

»Die sind hin. Da geht nichts mehr.«

»Ja«, pflichtete Björn ihm bei. Dann sah er zu mir und verdrehte die Augen. »Das habe ich auch schon bemerkt. Aber was machen wir nun? Es regnet und auf der Autobahn kann ich nichts sehen, wenn es so gegen die Scheibe ballert.«

»Kein Problem«, antwortete der Apotheker.

»Was meinst du mit kein Problem?«

»Ich wische.«

Wir drei sahen uns fragend an.

»Wie meinst du das? Du wischst?«

Der Apotheker zog sich Jacke und Shirt aus, zündete sich eine Zigarette an, montierte die beiden zerstörten Wischarme ab, begutachtete einen davon genauer und nickte.

»Das funktioniert. Ich setze mich vorn neben dich auf den Beifahrersitz. Franky geht zu Raffa nach hinten.«

Wir verstanden immer noch nicht, was er wollte, folgten jedoch seinen Anweisungen und ich setzte mich auf die Rückbank. Der Apotheker war sich seiner Sache anscheinend recht sicher. Er warf den anderen Scheibenwischer weg, griff sich den weniger verbogenen und wir rollten im strömenden Regen vom Parkplatz. Dann kurbelte er die Scheibe seines Seitenfensters herunter, kletterte halb hinaus, sodass er mit seinem Hintern auf dem heruntergelassenen Fenster saß, hielt sich mit einer Hand am Innengriff fest und begann mit der anderen Hand zu wischen. Das war seine Idee? Björn kurbelte auch seine Scheibe runter und brüllte nach draußen in Richtung seines menschlichen Scheibenwischers.

»Ey, Apotheker, willst du jetzt die ganze Fahrt wischen, oder was?«

»Siehst du denn genug jetzt?«, kam es von draußen zurück.

»Äh, ja, schon … aber …«

»Dann ist ja gut. Fahr!«

»Aber du holst dir den Tod da draußen.«

»Quatsch. Ich brauch eh ein wenig frische Luft. Hab's ein wenig übertrieben mit dem Speed.«

Wieder tauschten Björn und ich Blicke aus und schüttelten mit dem Kopf.

»Das kann er doch nicht machen.«

Raffa lachte auf.

»Willkommen in der Welt vom Apotheker. Sei froh, dass er Koks genommen hat. Den fängt jetzt eh keiner mehr ein. Also fahr ruhig, aber pass auf, dass er nicht rausfällt.«

»Ernsthaft jetzt?«, fragte ich in die Runde. »Wir wollen jetzt mit einem zugekoksten und oberkörperfreien Apotheker auf der Windschutzscheibe von Nürnberg bis nach Hause fahren?«

»Hast du 'ne bessere Idee? So ist das Leben eben. So ist der Apotheker. All in, verstehst du?«

Ich verstand. Und eine bessere Idee hatten wir nicht. Also fuhren wir. Beinahe drei Stunden wischte sich der Apotheker einen Ast ab und stieg immer nur kurz auf Parkplätzen wieder ins Auto, um eine Zigarette zu rauchen. Dann wischte er weiter. Weder fiel er aus dem Fahrzeug noch beschwerte er sich. Und als wir die beiden in Fulda abgesetzt hatten, hörte es just in diesem Moment auf zu regnen. Björn und ich lachten uns scheckig.

»Der hat sie nicht alle, oder?«

»Definitiv nicht. Was eine Story. Der Typ wischt bei Tempo hundertzwanzig den Regen von deiner Windschutzscheibe. Wie zugedröhnt muss man denn sein?«

»Ziemlich. Aber ich bin froh, dass er dabei war. Sonst hättest du da rausgemusst.«

»Vergiss es. Ich habe mich ab Schweinfurt übrigens gefragt, warum wir nicht an einer Tankstelle einfach zwei neue Scheibenwischer kaufen gehen.«

»Würzburg«, antwortete Björn und lächelte dabei.

»Würzburg?« Ich wiederholte seine Aussage. »Was meinst du mit Würzburg?«

»Ich hatte den Gedanken schon in Würzburg.«

Nun lachten wir noch mehr als zuvor und mussten kurz rechts ranfahren.

»Wir sind unkollegiale Säcke, oder?«

»Schon, ja. Oder wie Raffa sagen würde: *So ist das Leben eben – all in*!«

Wir fuhren mit Raffa und dem Apotheker noch ein paar Mal in diverse Clubs nach Frankfurt und Kassel, bis wir auch sie aus den Augen verloren. Man lief sich im Anschluss noch ab und zu auf großen Ravepartys über den Weg. Aber außer einem lockeren Gruß gab es keinen Kontakt. Irgendwann waren beide dann komplett verschwunden. Jemand erzählte mir, dass der Apotheker von der Polizei hochgenommen und verhaftet worden war. Ein anderer, dass er nun an der Nadel hinge, und wieder andere meinten, er sei tot. Raffa sah ich Jahre später zufällig mal beim Einkaufen vorm Discounter. Er schob einen dieser Doppelkinderwagen vor sich her und seine Partnerin neben ihm sah erneut schwanger aus. *So ist das Leben eben – all in,* dachte ich mir und ging weiter, ohne ihm Hallo zu sagen.

KOTZEIS VS.
PUSH-UP-CONTEST

Neben dem Dom zu Fulda war die Kaserne der U.S. Army
für uns die zweite heilige Kathedrale. Was sich hinter den gut
gesicherten Schlagbäumen abspielte, war nur zu erahnen und
schürte die Fantasie der Verschwörungstheoretiker. Welche
geheimen Mächte wirkten dort und was verbarg man in der
östlichsten Kaserne der NATO?

Geheimdienste?

Atomwaffen?

Abgestürzte Ufos?

Den Big Mac?

Nur einmal im Jahr öffneten sich die Tore für die
Bevölkerung Osthessens zum sogenannten *Freundschaftsfest*.
Die Army putzte die Kaserne heraus und bezirzte die tumbe
Bevölkerung mit Burgern, Spareribs und einem Rodeo. Ein
Rummelplatz der Klischees, auf dem wir nur allzu gern her-
umtollten. Gern glaubten wir dabei an die unverwüstliche
Freundschaft zwischen den Cowboys und den Rhön-Indianern.
Und es gab durchaus echte Sympathien füreinander. Schließlich
profitierten wir neben dem Schutz vor dem Ivan auch noch
auf viele andere Arten von der Präsenz der Soldaten. So gab

es direkt vor der Einfahrt zu der Kaserne die beste Pizza der Stadt, da hier die US-Soldaten immer hingingen und die Pizza nach deren Vorstellungen hergestellt wurde. Groß wie Lkw-Räder und geschmacklich ganz anders als die Pizza bei uns in der Dorfkneipe *Zum grünen Baum,* die ja eigentlich nach halbem Hähnchen schmeckte. Die Amis kurbelten die Wirtschaft an – und das wortwörtlich. Einige Wirtschaften konnten nämlich nach dem Payday den Rest des Monats geschlossen bleiben, wenn die Soldaten ihren Sold an den Theken der Stadt durchbrachten. Nur die Töchter sollten doch bitte keinerlei Kontakte zu den GIs unterhalten. Da hatte sich in den letzten dreißig Jahren wenig geändert. Da wurde dann schnell von Besatzern gesprochen und von Bastarden, wenn ein Kind aus diesen Verbindungen entstand. Ihren Sold nahm man aber gern entgegen.

Beim Freundschaftsfest war das alles etwas anders. Man zeigte sich von seiner besten Seite – und zwar beide Parteien. Bei diesem Tag der offenen Tür öffnete die U.S. Army die Tore der *Blackhorse Barracks,* um die Bevölkerung gnädig zu stimmen und für sich Werbung zu machen. Marketing und Werbung konnten sie schließlich schon immer. Da mein Vater ja Geschäfte mit den Amerikanern machte, kannte er auch den ranghöchsten Offizier, der einmal im Jahr zu einem privaten Grillfest einlud. Er bewohnte ein riesiges Anwesen, in dem Windhunde frei herumliefen und man sich verlaufen konnte. Der Colonel, wie wir ihn nannten, lud auch meinen Vater samt Familie zu diesen Festen ein. Dort fabulierte mein Vater dann in seinem ausbaufähigen Englisch Sätze wie »Sänks for se Feier in your Garden«, was den Colonel zunächst erschrocken aufblicken ließ, er dann aber freundlich lächelnd mit einem *Pleasure* erwiderte, als er erkannte, dass mein Vater kein Feuer in seinem Garten entzündet hatte. Einem anderen stellte er sich als »Ei äm

Herbert. Ei äm Germany« vor. Etwas größenwahnsinnig, aber die Amis liebten das.

Seit ich denken konnte, bekamen wir immer allerlei Freikarten und Ermäßigungen für das Freundschaftsfest. Es roch süßlich, nach Mais, Popcorn und Zuckerwatte, und das Angebot war schier unerschöpflich. Unter anderem gab es ein echtes Rodeo, was für uns Jungen beinahe so spektakulär wie die Brüste von Tanja aus dem *West Coast* war. Auf dem Rodeo ritten echte Cowboys auf echten Pferden. Und als Highlight stiegen die Mutigsten von ihnen sogar auf einen echten Bullen mit echten, riesig langen Hörnern, um acht Sekunden auf dessen buckelndem Körper zu überstehen. Als Kind leuchteten meine Augen wie chinesische Lampions auf der Neujahrsfeier und wurden noch größer, wenn der Gutschein für ein Vanilleeis eingelöst werden sollte. Unser Vater steuerte auf den Eiswagen zu und orderte mit seinem radebrechenden Englisch zwei Portionen für meine Schwester und mich. Wir waren es gewohnt, dass uns in der Waffel oder im Becher zwei Kugeln Vanilleeis in die Hand gedrückt wurden. Doch hier erfuhr ich damals erstmalig, dass im Land der unbegrenzten Möglichkeiten auch das Eis unbegrenzt schien. Das war keine Kugel Eis, die mir hier gereicht wurde. Ich bekam eine Art Backstein in die Hand gedrückt, eingefasst in eine mit *Stars & Stripes* bedruckte Pappe. Oben zum Aufreißen und Essen, während man sich unten die Kindergriffel abfror. Aber das war egal. So viel Eis auf einmal, nur für mich, hatte ich noch nie zuvor in meinen Händen gehalten. Als Löffelersatz bekam man dazu einen Holzspatel in die Hand gedrückt, mit dem ich mich einmal durch die komplette Packung spatelte. Nur noch am Rande bekam ich mit, wie die ersten Cowboys von ihren Pferden abgeworfen wurden und sich einem der wilden Reiter das Horn des Bullen durch den Oberschenkel bohrte. Ich hatte mein ganz eigenes Freundschaftsfest zu feiern und war fortan ein Fan von Amerika. Die Eispropaganda der

Amis hatte im kleinen Franky ein williges Opfer gefunden. Doch da Freundschaft keine Einbahnstraße ist und Geben seliger denn Nehmen ist, kotzte ich den Liter Vanilleeis irgendwo hinter die Stahlrohrtribüne, noch bevor der Rest der Familie zum Aufbruch bereit war.

* * *

Es war Januar. Das Straßekehren hatte dem Schneeschieben weichen müssen. Doch außer einer Schneeschaufel anstatt eines Besens in meinen Händen hatte sich nichts geändert. So stand ich nun samstags auf der Straße und schob den Schnee von den Gehwegen unseres Grundstücks. Aber immerhin freute ich mich schon auf den Abend. Björn und ich wollten nach Wiesbaden in ein Hallenbad fahren. Nicht zum Schwimmen – eine große Party der dortigen US-Soldaten stand an. Die Amis in Wiesbaden hatten ein komplettes Schwimmbad gemietet und da die osthessische Sonne nicht ganz der in Florida und Kalifornien glich, entschied ich mich, nach dem Schneeschieben noch ins Solarium zu gehen. Weil zu viel Schnee lag, um unfallfrei mit dem Mofa zu fahren, nahm ich den Bus in die Stadt. Ich war also bereits nass geschwitzt, als ich in das Sonnenstudio eintrat.

»Einmal Solarium.«

Da ich noch nie zuvor in einem Solarium gewesen war, dachte ich, dass das als Information genügen sollte. Aber ich hatte falsch gedacht.

»Welche Röhre hättest du denn gern?«

Welche Röhre? Vor der Angestellten wollte ich mich nicht als blutiger Solariumsanfänger outen. Also überflog ich die Tafeln.

»Die da.« Ich deutete auf die oberste Reihe der Preistafel. *Bermuda Gold 2000.* Das klang am exotischsten. Bermudas, die mussten doch Ahnung von Sonne haben.

»Gut. Die sind aber ganz neu. Du kannst ja den Gesichtsbräuner ausstellen, wenn es dir zu heiß wird.«

Neu klingt immer gut. Allerdings hatte ich keine Ahnung, was der Gesichtsbräuner war, geschweige denn, wo er auszuschalten sei. Also nickte ich lediglich wie selbstverständlich, als wenn ich der Erfinder der *Bermuda Gold 2000*-Röhren wäre.

»Mach ich. Kein Problem.«

»Magst du noch was für die Tiefenbräune haben? Wir haben ein neues Algenkonzentrat bekommen. Wirkt super.«

Algenkonzentrat? Wieder nickte ich. Vielleicht gehörte das dazu. Als ich den Preis für Algenkonzentrat und Solarium entrichtete, wusste ich jedoch, dass dies wohl nicht dazugehörte. Ein kleines Vermögen für mich, investiert in eine kleine Glasflasche mit grünem, stinkigem Pflanzenrotz. In der Kabine entledigte ich mich meiner Kleidung, schmierte mich von Kopf bis Fuß mit der grünen Pampe in der Hoffnung ein, dass ich es irgendwie wieder abwaschen könnte. Ich hatte also den kompletten Inhalt der Flasche auf meinem Körper verteilt und legte mich auf die Sonnenbank. Eigentlich flutschte ich eher hinein, so dick war ich mariniert. Als ich die Klappkaribik jedoch schloss, geschah erst mal rein gar nichts. Ich wartete. Und wartete weiter. Ich lag gefühlt drei Minuten eingeölt wie eine Sardine in der Dose bewegungslos unter der Röhre. Dann stand ich auf und wollte mich gerade dem wohl defekten Geldeinwurf widmen, als die Röhren doch noch ansprangen und ich zurück unter das Solarium glitt. Zur Sicherheit bedeckte ich meinen Genitalbereich mit einem mitgebrachten Handtuch. Da vertraute ich niemandem. Schon gar keinen Algen. So verharrte ich einige Minuten und lauschte dem wummernden Klang der neuen Röhren. Von irgendwoher waberte Musik von Phil

Collins. Ob die Algen wirkten? Vielleicht sollte ich das öfters machen und mir eine dieser Zehnerkarten kaufen. Ich stellte mir vor, wie ich braun gebrannt auf der Beachparty am Becken entlangflanierte und mir die heißesten Mädchen Wiesbadens anerkennende Blicke ob meines Teints zuwarfen. Dann schlief ich ein. Erst beim klickenden Geräusch vom Abschalten der Röhren wachte ich wieder auf und schob den Deckel des Solariums zurück. Ich trocknete den Schweiß mit meinem Handtuch ab, säuberte die Liege von der Algenpampe und verließ das Solarium.

Björn wollte früh vorbeikommen und mich mit seinem VW Käfer abholen. Schließlich war es nach Wiesbaden ja eine ganze Ecke. Schon auf der Fahrt bemerkte ich, wie meine Haut zu jucken begann. Vielleicht waren die *Bermuda Gold 2000*-Röhren doch zu neu oder die Algen verfault. Keine Ahnung, jedenfalls juckte es immer mehr. Als wir endlich angekommen waren und in der Umkleidekabine des Schwimmbads aus unseren Alltagsklamotten stiegen, um uns eine Badeshorts anzuziehen, blieb Björn mit offenem Mund vor mir stehen. Er deutete mit ausgestrecktem Finger auf mich und wirkte geschockt.

»Scheiße!«

»Was denn?«

»Was hast du denn gemacht?«

»Ich? Warum?«

»Na, schau dich mal im Spiegel an«, sagte er und drehte mich zu eben diesem um. Und dann sah ich es. Mein gesamter Oberkörper war puterrot und bereits mit kleinen Bläschen übersät.

»Oh.«

»Sieht aus wie Spätfolgen von Tschernobyl. Hast wohl doch mehr abbekommen, was?«

»Das waren diese Bermudas.«

239

»Du warst auf den Bermudas?«

»Nein. Ich meine die Röhren im Solarium. Mensch, das sieht ja echt krass aus.« Ich drehte mich vor dem Spiegel, was es nicht besser machte. Zwischen Hals und Oberschenkel war alles verbrannt. Immerhin hatte das Handtuch zwar den kleinen Franky geschützt, doch der Abdruck des Handtuchs verlief wie mit einem Lineal gezogen quer über meinen Bauch. Ich sah aus wie ein wandelndes Schachbrett in Weiß und Feuerrot.

»Scheiße.«

»Kann man wohl sagen.«

Wir beschlossen, dennoch erst mal ins Hallenbad hineinzugehen und uns umzuschauen. Ich ließ ein T-Shirt an, was zumindest den größten Teil kaschierte. Und es gab in der Tat einiges zu sehen. Unfassbare Schönheiten und unfassbar durchtrainierte Soldatenkörper verschmolzen mit jedem einzelnen Beat zu einer groovenden Masse. Das war purer Sex und besser, als jeder Lapdance jemals sein konnte. Unsere Augen versuchten so viel wie möglich abzuspeichern, was unmöglich war. Allerdings wurde noch etwas klar. Wir waren unsichtbar. Nicht nur, weil wir neben den coolen Moves der anderen wie Körperbehinderte beim Tanzkurs wirkten – nein, wir waren einfach nicht ihre Liga. Keine einzige der anwesenden Grazien nahm auch nur Notiz von uns. Wir waren wie transparente Geister, durch die man hindurchsah. Und ganz ehrlich: Bei den muskulösen und durchtrainierten Latinos, Afroamerikanern und anderen Soldaten war das auch mehr als verständlich. Wen interessierten da zwei konturlose Zonenrandspargel, die mit ihrem VW Käfer angetuckert kamen, um ihre überschaubaren Tanzmoves zum Besten zu geben? Wir schauten uns das Treiben eine halbe Stunde an und versuchten die ein oder andere Erektion wegzutanzen. Alles war gut. Nur mein immer schlimmer juckender Körper störte die gute Laune zunehmend.

»He, Björn. Lass uns mal ins Wasser gehen. Das Wasser beruhigt das Jucken vielleicht etwas.«

»So schlimm?«

»Schlimmer.«

»Na dann.«

Wir gingen zum Schwimmerbecken, an dem zwei weitere Grazien am Beckenrand tanzten, die es schafften, sogar noch weniger am Leib zu tragen als ihre Geschlechtsgenossinnen im Becken. Ich legte mein Handtuch zur Seite, entledigte mich meines T-Shirts und tauchte mit einem beherzten Sprung in dem feuchten Nass ab. Herrlich – denn tatsächlich beruhigte es meine verbrannte Haut.

Und zwar ziemlich exakt für drei Sekunden.

Was danach geschah, war ein einziges Martyrium. Mein Oberkörper fühlte sich an, als sei ich kopfüber in ein Ameisennest gesprungen. Tausend kleine Nadelstiche überzogen meine Haut. Das Chlorwasser reagierte geradezu toxisch mit der verbrannten Haut. Ich sprang wie von der Tarantel gestochen aus dem Wasser und rannte Richtung Umkleide, Björn hinterher, obwohl er gar nicht wusste, was los war.

»Franky, was ist los? Hast du dich gestoßen?«

»Nein.«

Ich konnte ihm nur bruchstückhaft antworten.

»Was denn dann?«

Ich konnte nicht mehr antworten. In der Umkleide angekommen hielt ich es kaum aus. Je mehr ich kratzte, desto schlimmer wurde es. Ich verkrampfte mich, fiel zu Boden und die ein oder andere Träne lief mir über die Wangen, während zwei schwarze Bodybuilder voller Unverständnis zu mir hinabsahen.

»Es juckt, Mann. Ich werde verrückt. Ich dreh gleich durch.«

Björn sah mich fragend an, dann konnte er sich nicht mehr halten. Da krümmte sich schmerzverzerrt ein kleines blasses Männlein am Boden eines Schwimmbads, weil er sich im Solarium den Pelz verbrannt hatte, und er begann sich totzulachen. Ich sah zu ihm auf, beschimpfte ihn, kratzte mich dabei und fluchte in einer Tour. Björn sank ebenfalls zu Boden, allerdings vor Lachen. Immerhin war er so nett und warf mir sein Handtuch zu. Die zwei Bodybuilder verstanden nur Bahnhof und verließen zügig die Umkleide. Nach schier endlos erscheinenden Minuten beruhigte sich die Haut allmählich wieder. Ich tupfte mit dem Handtuch vorsichtig meinen Körper. Nur nicht rubbeln, sonst ging das ganze Drama wieder von vorn los. Nur tupfen. Ganz vorsichtig. Nur! Tupfen!

»Geht's wieder?«

»Oh Gott. Du kannst dir gar nicht vorstellen, was das für Schmerzen sind. Unfassbar. Ich dachte, ich werde verrückt.«

»Ja, das dachte ich auch.« Björn konnte immer noch nicht aufhören zu lachen. »Kannst du dir vorstellen, wie scheiße das aussah? Wie du aus diesem Becken raus und in die Umkleide gerannt bist? Und dann noch hier auf dem Boden. Ich kann nicht mehr. Das war der Burner. Gehen wir wieder rein?«

»Na gut. Aber ich geh auf keinen Fall noch mal ins Wasser.«

»Musst du ja nicht.«

Wir gönnten uns eine Cola und kamen gerade recht zu einem der Programmpunkte der Party. Einer der DJs stoppte die Musik und ein Ansager betrat die Bühne. Er verkündete, dass nun der Push-up Contest beginnen würde und man noch Freiwillige suche. Push-up Contest. Ich schaute mich um und sah all die gepushten BHs und Bikinis um mich herum. Diese Amis! Ein verrücktes Volk. Aber cool. Wir verstanden den Ansager ganz gut. Zumindest glaubten wir das. Er machte erst einmal ein paar witzige Sprüche wie: »He, Leute, ich weiß, wovon ich spreche. Ich war in Vietnam.« Einige der Soldaten applaudierten und johlten, um ihre Solidarität zu bekunden, doch dann führte er weiter aus: »Ja, ich war letztes Jahr zum Urlaub dort – echt schönes Land.«

Wieder Gegröle.

Der Ansager verstand seinen Job. Nach zwei weiteren Krachern dieser Machart animierte er das Publikum, nun Freiwillige auf die Bühne zu schicken. Einige wenige Frauen meldeten sich und zwei Dutzend Männer, die wahrscheinlich als Juroren agieren sollten. Vielleicht war das die Chance, um auch uns ins Rampenlicht zu setzen.

»He, da mache ich mit«, tippte ich Björn an. »Los, mach auch mit.«

»Spinnst du? Ne, lass mal.«

»Mensch, so nah kommen wir sonst nie an die Mädels ran. Und ein paar Noten geben können wir auch.«

»Mach du mal, wenn du willst.«

»Okay.«

Also meldete ich mich und zum ersten Mal an diesem Abend wurde ich wahrgenommen, denn der Ansager deutete lachend auf mich. Ich verstand nicht ganz, was er sagte, jedenfalls benutzte er die Worte »Respect« und »really?« des Öfteren. Um ein paar Punkte für die schönsten BHs und Brüste zu verteilen, würde ich diesen *Respect* schon noch aufbringen. Kaum auf der Bühne wurden wir in zwei Gruppen aufgeteilt: links die Männer, rechts die Frauen. Allesamt bildhübsch. Ich freute mich. Es wurde noch ein Song angespielt und alle auf der Bühne tanzten zu dem Beat. Auch ich bewegte mich so gut es ging und muss dabei zwischen all den attraktiven Männern und Frauen wie der letzte Depp gewirkt haben. Aber das war mir jetzt auch egal. Niemand würde mich morgen in meinem Heimatdorf darauf ansprechen. Aber ich würde behaupten können, dass ich mal Juror in einer Jury für Push-ups war.

Dann stoppte das Lied und der Ansager erzählte irgendwas von wegen, dass es nun losgehen würde. Dann interviewte er den ersten Kerl, der sich als Ray aus Carolina vorstellte und den Latissimus eines Gorillas hatte. Er bekam viel Applaus und bedankte sich mit der Präsentation seines Bizeps. Dann ging der Ansager hinüber zu den Frauen und pickte eine hübsche Latina heraus, die sich mit einem gekonnten Hüftschwung beim Publikum für den Zuspruch bedankte. Ich würde ihr für ihren Push-up eine 8 bis 9 auf der Punkteskala geben. Doch kaum hatte ich meinen Gedanken verfestigt, lag Ray auch schon auf dem Boden. Erstaunt sah ich neben mir nach unten. War er ohnmächtig geworden? Zu viele Steroide? Doch sogleich trat die Latina näher, setzte sich auf seinen Rücken und Ray drückte sie mit einem Liegestütz nach oben. Dann wieder. Und noch mal. Das Publikum zählte jede Wiederholung laut mit: *One, two, three.* Und dann verstand auch ich! Hier ging es nicht um Push-ups für Frauen, sondern um Push-ups, also Liegestütze für Männer! Gleiches Wort – völlig andere Bedeutung! Jetzt verstand ich auch das schelmische Lachen der anderen darüber, dass sich das blasse Weißbrot mit dem schmalen Oberkörper mit den Zuchtbullen der Kaserne messen wollte. Ich erkannte Björn im Publikum, der sich die Hände vors Gesicht schlug. Er hatte es auch verstanden. Wie sollte das jemals gut gehen? Ich bekam ja schon ohne Frau auf dem Rücken kaum einen korrekten Liegestütz hin, aber mit einer parasitären Begleiterin würde ich mich keinen Zentimeter nach oben bringen. Aber mir blieb nun wohl nichts anderes mehr übrig, als gute Miene zum bösen Spiel zu machen.

Ray wuchtete die schöne Latina sechsunddreißigmal empor, bis ihm die Muskeln versagten. Schon bei der letzten Wiederholung konnte ich sehen, wie der Ansager mir zulächelte. Ich war sein nächstes Opfer. Und so war es. Nachdem er Ray und die Zauberfee gebührend gefeiert hatte, hielt er mir das Mikro unter die Nase und ich begriff, dass ich mich wohl vorstellen sollte.

»Hi, I'm Franky from Fulda.«

Und siehe da. Spätestens beim Wort Fulda jubelte die Menge auch mir zu. Es waren wohl einige Soldaten aus Fulda im Wiesbadener Schwimmbad. Und ich repräsentierte nun sie und ihre Einheit von Fulda. Das hatten sie sich und ich mir anders vorgestellt. Immerhin war der Ansager so nett, dass er mir die leichteste der Damen zuwies. Eine sehr schlanke Schwarze mit perfekter Haut und einem Engelsgesicht. Sie schüttelte mir die Hand und flüsterte mir ein »I'm sorry« zu. Ich war so aufgeregt, dass ich unbeholfen mit einem »I'm Franky« antwortete. Wie bescheuert war das denn? Hatte ich das eben wirklich gesagt? Als ob sie mit Vornamen *Sorry* heißen würde.

Der Ansager positionierte die Schöne auf meinem Rücken, während ich flach wie eine Flunder auf dem Fliesenboden lag. Die Fuldaer Soldaten skandierten *Franky, Franky* und ich überlegte mir, ob ich dadurch motiviert vielleicht doch sieben oder acht Wiederholungen schaffen würde. Sie sattelte auf, meine Muskeln spannten sich und ich war bereit. Der Ansager zählte *three, two, one* rückwärts und ich presste alles, was in mir war, in meine Muskeln. Sogleich schoss mir das Laktat in Trizeps und Brustmuskel und bereitete dem peinlichen Treiben ein jähes Ende. Nicht einmal ein halber Push-up war mir vergönnt. Au weia, wie peinlich. Dennoch erntete ich, neben großem Gelächter, stürmischen Applaus, was ich jedoch noch peinlicher fand. Der weitere Verlauf ist schnell zusammengefasst. Ray gewann, ich bat Björn, baldigst aufzubrechen. Im Auto versuchte ich ihm noch ein Versprechen abzuringen.

»Schwöre mir, dass du zu niemandem jemals ein Sterbenswörtchen über diesen Abend, meinen Sonnenbrand und den Push-up Contest verlieren wirst.«

Er lachte und schüttelte den Kopf.

»Auf gar keinen Fall werde ich das schwören.«

DIE VORPIEK LENZEN

Es lief ganz gut. Ich hatte tatsächlich entgegen vieler anders lautender Prophezeiungen meinen Schulabschluss geschafft und eine Ausbildung begonnen, um endlich eigenes Geld zu verdienen. Ich war nicht besonders scharf auf Arbeit, aber die Wochenendfahrten mit Björn rissen ein gewaltiges Loch in meine Kasse. Außerdem war mir klar, dass der schnellste Weg zu einem Mädchen wohl über den schnöden Mammon führte. Erikas Stachel saß noch immer tief. Bis dato hatte ich kein Mädchen getroffen, das auch nur annähernd ihre Klasse hatte. Um so ein Mädchen jedoch für mich zu gewinnen, benötigte ich Geld. Denn Mädels solchen Formats wollen ausgeführt und ins Kino eingeladen werden. Also musste ich Kohle verdienen. Als kleines Kind wollte ich eigentlich immer Pfarrer oder Müllmann werden. Pfarrer, weil ich dachte, dass sie nur Sonntagfrüh arbeiten müssten und ansonsten freihätten. Müllmänner faszinierten mich hingegen allein schon durch die exponierte Lage ihres Arbeitsplatzes, an dem sie außen an den Müllfahrzeugen festhaltend standen, als würden sie wie Marco Polo nach neuen Kontinenten Ausschau halten. Und wie geschickt sie dann während der Fahrt absprangen und die dunklen Tonnen wie ein Ballett dirigierten – pure Begeisterung. Diese Begeisterung legte sich dann allerdings relativ schnell und ich entschied mich für eine Ausbildung zum Groß- und Außenhandelskaufmann. Und das aus zwei Gründen:

1. Mein Vater brachte mich dort unter.

2. Groß klang nach groß, das war doch was anderes als Einzelhandelskaufmann. Das klang kleinbürgerlich und spießig. Einzelhandel. Nein, ich war für Großes berufen und dann auch noch Außenhandel! Nicht bei *Karstadtundkerber* Unterhosen an Rhönbauern verkaufen, nein, Außenhandel betreiben – ich war mir sicher, die Welt stünde mir offen.

Doch anstatt in New York, Buenos Aires oder Sydney fand ich mich in einem Kellerlager zwischen Zinkwannen, Kupferrohren und Metallflanschen wieder. Der lokale Fachhandel für Sanitär und Heizung unterhielt wohl nur geringe Geschäftsbeziehungen ins Ausland. Der Ausbildungsplan für Groß- und Außenhandelskaufmänner sah vor, dass ich zunächst einmal sechs Monate ins Lager gesteckt wurde. Das Lager war weder groß noch außen – es war provinziell und drin. Nein, noch schlimmer, es war unten und im Keller, wo das Tageslicht ein ähnlich kostbares Gut wie im Tagebau ist. Doch was sich zunächst nach russischem Gulag anhörte, entwickelte sich schnell als Glücksgriff. Die Schnösel aus den Büros mochte ich nämlich weitaus weniger als meinen direkten Vorgesetzten, den Chef des Lagers, die Kellerassel, den Lord der Dunkelheit: Käpt'n Schmidt!

Käpt'n Schmidt war ein untersetzter Mann Anfang sechzig und vom Leben gezeichnet wie eine Comicfigur. Allerdings sah er eher wie der böse Gegenspieler des Comichelden aus. Eine Hautkrankheit plagte ihn, sodass sein kompletter Körper von Warzen übersät war. Wenn man ihn das erste Mal sah, erschrak man geradezu. Ich fragte mich, wie er sich wusch, rasierte oder sich die Haare kämmte. Er müsste doch ständig mit Rasierer oder Kamm hängen bleiben und eine der Warzen aufreißen. Aber die schienen alle unversehrt. Käpt'n Schmidt war grob und laut, aber unter seiner verwarzten Brust schlug das Herz am rechten Fleck. Er wirkte manchmal geradezu weise. Das Leben hatte ihm so viele Knüppel zwischen die entstellten Beine geworfen, dass man eine neue Sportart daraus hätte machen können. Aber er hatte sich nicht brechen lassen. Käpt'n Schmidt erklärte mir bereits am ersten Tag, dass er mit *Käpt'n* angesprochen werden wollte. Nicht nur, weil er der Boss hier unten war, sondern weil er tatsächlich über zwanzig Jahre zur See gefahren war und die ganze Welt gesehen hatte. Da hatte ich meine große Welt des Außenhandels, geballt auf einer Körpergröße von einem Meter sechzig und übersät mit Warzen wie eine Erdkröte. Wenn die große weite Welt das aus einem machte, blieb ich lieber hier.

Mein erstes Zusammentreffen mit dem Käpt'n hatte ich am zweiten Tag. Ich suchte nach einem Fach für Kupferfittings. Gewinde Außen auf »Innen ¾«. Doch alles, was ich fand, war ein Mann, der nervös von einem Bein auf das andere trat und dabei gut hörbar seinen Darmwinden freien Lauf ließ. Ich trat hinter den Mann und hoffte, auf meine Fittingproblematik eine Antwort zu erhalten.

»Entschuldigung, können Sie mir helfen? Ich finde das Fach für die Kupfergewinde Außen auf ›Innen ¾‹ nicht. Wo ist das denn?« Der Mann drehte sich zu mir und ich sah unvorbereitet in sein mit Warzen übersätes Gesicht. Ich versuchte, den Schock zu überspielen, und hielt ihm den Lieferschein entgegen, auf dem meine Fittings notiert standen. Dazu stotterte ich vor mich hin. »Äh, also die hier. Die suche ich.«

Doch der Mann wurde nur noch unruhiger und seine Gesichtszüge spannten sich so sehr, dass ich Angst bekam, dass einige der Warzen auf der Stelle explodieren und in meinem Gesicht einschlagen könnten. So stand er nun vor mir, gab mir keine Antwort und furzte sich stattdessen angestaute Gase aus dem alten Körper. Dann packte er mich an beiden Schultern, schüttelte mich und blickte mich aus seinen dunklen Augen, zwischen den Warzen auf den Augenlidern, mürrisch an. Mir verschlug es den Atem und ich glaube, dass ich vor Angst zitterte.

»Junge, riechst du denn nicht, dass ich mal aufs Klo muss?«

Hat er mich jetzt wirklich gefragt, ob ich denn nicht riechen könnte, dass er mal aufs Klo müsse? Was antwortet man auf so eine Frage? Im ersten Lehrjahr? Im Keller seines Ausbildungsbetriebs? Einem Mann, der selbst auf den Augenlidern Warzen hatte.

»Äh, doch?«

Meine Antwort glich mehr einer Frage und ich hoffte, dass ich das Richtige geantwortet hatte. Erst da merkte ich den beißenden Geruch in der Luft. Und ich meine nicht den leicht muffigen Geruch, der immer in diesem Keller waberte. Es stank vielmehr nach vergorenem Fleisch, verwestem Tier oder so was. Irgendwas Totes jedenfalls. Er musste anscheinend wirklich ganz dringend auf Toilette. Aber allein diese Frage: *»Junge, riechst du denn nicht, dass ich mal aufs Klo muss?«*, hatte beinahe schon philosophische Ansätze. Er sagte nicht etwa »Ich komm gleich wieder« oder »Ich muss mal eben auf Toilette«, nein, er verband es direkt mit dem Offensichtlichen. Er stank. Der ganze Keller stank. Irgendwie fand ich das, trotz des beißenden Geruchs, respektabel. Geradezu mutig. Ich bin mir ziemlich sicher, dass er auch dem Geschäftsführer diese Antwort gegeben hätte, wenn er in diesem Moment vor ihm gestanden hätte. Käpt'n Schmidt scherte sich nicht um Unterwürfigkeit, Karriere oder Titel. Er war, wie er war, und ich beschloss, einen Teil von ihm auch für mich zu übernehmen. Nicht die Warzen, aber die Geradlinigkeit.

Als er wieder von der Toilette zurückgekehrt war, gab er mir nicht nur die Fittings, sondern auch meine erste Lehrstunde in Sachen Schifffahrt. Ich lernte, dass er, wenn er seine »Vorpiek lenzen musste«, pinkeln ging. So nannte man in der Schifffahrt den Vorgang, bei dem die Vorpiek, ein wasserdichtes Schott, das meist als Ballastwassertank genutzt wurde, geflutet wurde, um das Wasser hinauszupumpen. Außerdem war der Käpt'n ein begnadeter Flanschdichtungswerfer bei der Kellerolympiade. Diese wurde wahlweise an Freitagnachmittagen oder auch an jedem anderen arbeitsschwachen Tag von ihm ausgerufen. Er war Präsident, Teilnehmer und Wertungsrichter in einem. Die Kellerolympiade beinhaltete Disziplinen wie Kommissionswagenrennen, Waschbecken-Siphon-Trompeten oder Flanschdichtungswerfen auf Dachrinneneisen. In allen Disziplinen war Käpt'n Schmidt der unangefochtene Meister. Er konnte sogar mit geschlossenen Augen alle Bögen, Winkel, Muffen, Fittings, T-Stücke und was sonst noch so alles in den Regalen herumlag, in der exakten Beschreibung aus Größe, Bezeichnung und sogar passender EDV-Nummer benennen. Alles konnte man ihn fragen – er wusste es. Nur nach seiner Krankheit traute sich niemand zu fragen. Nicht einer fragte mal: »He, was ist das denn eigentlich für 'ne Krankheit? Kann man da was gegen machen?« Auch so eine Sache, die man nie macht. Man tut so, als ob einem das rein gar nicht aufgefallen wäre. Als ob jemand in einem Rollstuhl vor einem sitzen würde und man dann erstaunt wäre, dass er ja gar nicht zum anstehenden Wanderwochenende mitkommen könnte. »Was, du kommst nicht mit, ja wieso das denn? Termine, Magen-Darm-Grippe, Urlaub in Caracas?« So eine Heuchelei und dennoch reihte ich mich ein. Ich fragte ihn nie danach, doch immerhin verschwand irgendwann mein Ekel, wenn er mich anfasste.

Kann man nichts machen

Der Schnee der letzten Tage war geschmolzen und nun kam der ganze Dreck zum Vorschein, den ich wieder zusammenkehren und entsorgen durfte. Ich stand auf meiner angestammten Samstagsposition am Bürgersteig und kehrte, was zu kehren war. Ich, die Bordsteinschwalbe vom Schaufel- und Besenstrich. Genau die war ich, schmunzelte ich über meine eigene Tätigkeitsbezeichnung. Oder noch besser: Freiherr von Staub. Ja, der war auch gut.

»Frank?«

Ich sah auf, um zu erkennen, wer da wieder meinen Namen falsch gerufen hatte. Ein Auto hatte gehalten und eine Gestalt war ihm entstiegen, die sich mir nun mit hochrotem Kopf näherte. Er schien erregt zu sein. Zunächst dachte ich, dass ich vielleicht im leicht angesoffenen Zustand zu vorlaut gewesen war und dafür nun die Quittung in Form einer Abreibung bekam. Doch dafür lächelte der Kerl zu erfreut und wirkte insgesamt auch wenig aggressiv. Er erinnerte mich mit seinem hochroten Kopf vielmehr an den Kater aus *Tom & Jerry*, dachte ich mir, wenn die kleine Maus Tom wieder so sehr geärgert hatte, dass ihm der Dampf wie bei einem Teekessel aus den Ohren pfiff.

Dann wiederholte der Träger des hochroten Kopfs seine Frage inklusive der Nennung meines vollen Namens.

»Frank Breuning?«

Er musste mich wohl kennen. Allerdings lag unsere Bekanntschaft vor der »Ich heiße ab sofort Franky und nicht mehr Frank«-Zeit. Musste also einige Jahre her sein. Ich musterte ihn genauer und dann erkannte auch ich den jungen Mann. Ja klar, das war doch Florian Kellermann. Mit ihm war ich in den Kindergarten und später sogar zur Schule gegangen und schon damals hatten wir ihn gehänselt, weil er immer wahnsinnig schnell aus der Puste geriet und dann völlig verschwitzt und muffelig in der Schule saß. Niemand wollte neben dem müffelnden Flo sitzen. *Flo Stinkermann* nannten wir ihn immer wenig einfallsreich, aber verletzend genug. *Flo-o-Stinkermann,* riefen wir im Chor, wenn er wieder keuchend beim Sportunterricht auf der Bank Platz nehmen musste, weil er nicht mehr konnte und wie ein Mops hechelte. Und ich musste mich zusammenreißen, ihn nun nicht genau so zu begrüßen.

Flo-o-Stinkermann.

Kinder können echt gemein sein. Erwachsene aber auch. Er roch allerdings auch echt scheiße früher. Das lag zum einen daran, dass er einfach immer wie Bolle schwitzte, und andererseits daran, dass die Kellermanns einen kleinen Bauernhof mit Nutztieren unterhielten. Eine Melange aus Kinderschweiß und Nutztierkacke. Nutztiere, auch so ein Wort, über das man mal genauer nachdenken sollte, dachte ich mir. Wenn es Nutztiere gab, musste es doch auch Unnutztiere geben, oder? Doch dafür war jetzt nicht der richtige Augenblick. Florian Kellermann kam immer näher auf mich zu und stoppte erst kurz vor einer drohenden Umarmung. So weit würde er nicht gehen, dachte ich mir. Der ist hier aufgewachsen, der weiß, was sich gehört. Das macht der nicht. Der kennt die Regeln. Der kennt den Floskel-Code.

»Flo«, sagte ich.

»Frank«, sagte er.

»Flo.«

»Frank«, antwortete er nun wiederum und ich konterte darauf nicht wirklich überraschend mit einem weiteren »Flo.«

»Mensch, Frank, du hier?«, sagte Flo.

»Ja, Flo, ich hier.«

»Mensch, Frank.«

»Mensch, Flo.«

Wir hatten uns seit Jahren nicht mehr gesehen – um genauer zu sein, seit er mit seinen Eltern weggezogen war. Doch das Floskel-*Einmaleins* des Dorfs schien sich nie zu verflüchtigen. Selbst wenn man nicht mehr hier lebte. Er hatte es jedenfalls nicht verlernt und so gaben wir berauscht noch eine Extrarunde zum Besten als eine Art Zugabe an uns selbst.

»Mann, das gibt's doch jetzt mal ganz ehrlich nicht, oder?«, klopfte Flo mir auf die Schulter und ich klopfte zurück. Das war gut.

»Gibt's echt nicht.«

»Wie geht es dir denn, Frank?«, fragte Flo.

»Schlechten Menschen geht's immer gut«, antwortete ich gekonnt. Das hatte Klasse. So machte das Spaß. »Und selbst?«

»Muss, nä …«

»Ja, muss. Und sonst so?«

»Gut.«

Das sollte fürs Erste genügen und ich beschloss eine neutrale Bemerkung einzustreuen, damit wir wieder ein wenig runterkamen. Kurz Durchschnaufen, um vielleicht noch mal hinten raus das Tempo anzuziehen. Zu viele Floskeln am Stück konnten gefährlich sein. Man konnte schnell überreizen. »Was treibst du denn hier? Ich weiß nicht einmal, wo du jetzt steckst«, stellte ich fest und wollte die Antwort auch gar nicht wissen.

»Wohl wahr, Frank, wohl wahr.«

»Warst damals nach den Sommerferien einfach weg.«

»Ich musste«, erwiderte Flo. »Meine Eltern sind damals mit mir hoch an die Nordsee gezogen.«

»An die Nordsee?«

Die Nordsee also. Nun wusste ich es. Ich glaubte dazu einen kleinen, norddeutschen Akzent herauszuhören, den sich Flo Stinkermann angeeignet hatte.

»Ja, Nordsee. Wegen der Luft und so.«

»Aber Luft haben wir hier doch auch genug«, lachte ich, weil ich meine spaßige Bemerkung echt gut fand und nicht wusste, was man sonst so über die Nordsee sagen sollte.

»Hast du auch wieder recht«, antwortete Flo und schaute nach oben in den Himmel, wo er die Luft vermutete. »Luft gibt's hier genug. Das stimmt.«

»Und auch nur ganz wenige Leute hier, die sie dir weg-atmen könnten. Hier oben in die Rhön verläuft sich ja kaum jemand zufällig hin, aber das weißt du ja selbst.«

Flo nickte.

»Ja, das weiß ich wohl. Wir mussten damals auch nur wegen mir dort hochziehen. Oder besser gesagt wegen mei-ner Lunge. Da stimmte was nicht. Zu wenig Sauerstoff in den Lungenbläschen, sagten die Ärzte. Und meine Mutter war der Überzeugung, das käme von dem Braunkohlesmog, der vom Osten hier herüberwehte, wenn der Wind ungünstig stand.«

»Verstehe. Der Russe, nä?«

»Ja ja, der Russe.«

»Immer der Russe«, setzte ich nach, obwohl ich nicht einmal wusste, ob auch nur ein einziger Russe dort irgendwo in einem Kohlenbergwerk saß und uns die schlechte Luft rüberfächelte.

»Na ja, wegen meiner kaputten Lunge konnte ich halt sowieso nie richtig atmen. Deswegen war ich auch immer so schnell außer Puste und habe dann schon bei der kleinsten Anstrengung ziemlich stark geschwitzt, weißt du?«

Flo-o-Stinkermann, schoss es mir durch den Kopf. Oh Mann, der arme Knirps. Was hatten wir ihm nur angetan? Der Junge war krank gewesen und wir hatten ihn ausgelacht. Fertig gemacht. Zerstört.

»Echt?«

»Ja, echt.«

»Habe ich nie bemerkt«, log ich.

»War aber so. Da musste durch, nä.«

Beiderseitiges Kopfnicken.

»Musst du durch. So ist das Leben.«

»So ist das Leben. Na ja, deswegen sind wir jedenfalls an die Nordsee gezogen und dann wurde es auch viel besser.«

Nun nickte ich allein zustimmend, allerdings bezweifelte ich den nachhaltigen Erfolg der Luftveränderung, wenn ich mir so seinen erhöhten Tonus ansah, der seinen Schädel wie einen zum Bersten gespannten Luftballon wirken ließ. Was auch immer besser geworden war, sein roter Kopf war es nicht.

»Das freut mich, Flo.«

»Die Luft ist sauberer am Meer. Und das Salz tut mir auch gut. Meine Eltern haben damals sogar extra den Hof mit den Tieren verkauft. Erinnerst du dich? Wir hatten Hühner und ein paar Schweine.«

»Vage. Nur sehr vage.«

»Von dem Geld haben sie dann eine kleine Wohnung in Wilhelmshaven gekauft. Tja, und da wohne ich immer noch mit ihnen.«

»Wilhelmshaven, cool.«

»Ja.«

Für was auch immer sein *Ja* stand, es unterbrach den Floskel-Redefluss jäh und wir schwiegen. Wilhelmshaven?, grübelte ich. Was konnte man noch über Wilhelmshaven sagen außer einem wohl gemeinten *Cool*? Dazu noch die unangenehme Gewissheit, ein krankes Kind gehänselt zu haben. Wir nickten stumpfsinnig wie zwei amerikanische Rapper vor uns hin und schauten dabei die Straße hinab, die ich im Begriff war, vom Staub zu befreien. Sogar das Kehren schien nun einen größeren Reiz auszustrahlen, als hier in diesem Gespräch mit Flo Stinkermann festzusitzen. Wir waren in eine Sackgasse geraten. Der Flow mit Flo schien mit einem Mal gebrochen. Nicht gut.

»Und du so, Frank?«, fragte Flo nach einer gefühlten Ewigkeit. Na, Gott sei Dank!

»Immer weiter, nä! Hat sich nicht viel geändert hier oben. Das Leben ist halt kein Wunschkonzert.«

»Nein, das ist es sicher nicht.«

»Sonst alles wie gehabt. Außer dass ich jetzt Franky genannt werden möchte. Frank ist einfach so …«

»… langweilig«, nickte Flo zustimmend.

»Häufig«, verbesserte ich etwas beleidigt, obwohl das meine Motivation zur Namensänderung wahrscheinlich besser beschrieb, als ich mir eingestehen wollte. »Ich meinte häufig. Es gibt halt echt viele Franks, verstehst du?«

»Ja, verstehe. Dann nenne ich dich ab jetzt Franky.«

»Danke.«

»Kein Thema.« Ich fegte kurz ein paar Staubkörner zusammen. Das machte keinen Sinn, aber es erzeugte den Eindruck, dass ich dringend weiterarbeiten müsste. Doch Flo verstand diese subtile Botschaft nicht oder wollte sie nicht verstehen und legte stattdessen nach. »Das ist Ansichtssache.«

»Was ist Ansichtssache?«

»Dass dein Name häufig ist. Hier kommt der Name vielleicht häufig vor, aber in, sagen wir mal, Madrid ist er wahrscheinlich eher selten. Dort ist dann Pedro eher häufig.«

Was sollte das denn jetzt? Was interessierte mich, wie die Jungen in Madrid hießen?

»Soll ich mich jetzt Pedro nennen? Pedro Breuning oder was?«

»Nein, ich meinte nur. Ist halt Ansichtssache. Was denkst du, wie viele Franks es in Madrid gibt?«, schaute mich Flo fragend an, als ob er nun wirklich erwartete, dass ich für ihn eine Antwort darauf hätte. Mir genügten schon die zwei anderen Franks in meiner Klasse. Was interessierte mich da die Anzahl von Franks in Madrid?! Was für eine bescheuerte Frage, dachte ich.

»Gute Frage«, hörte ich mich antworten. »Muss ich mal drüber nachdenken.«

»Madrid finde ich super. Würde ich gern mal hin.«

»Ich auch«, sagte ich. »Aber ich muss hier eben noch die Straße fertig kehren. Ich muss dann mal weiter …«

»Du musst auch mal raus hier.«

Flo unterbrach mich. Er schaute jetzt an mir vorbei. Hatte beinahe was Philosophisches. Das machte mir ein bisschen Angst.

»Muss ich wohl mal, ja.«

»Obwohl es hier auch schön ist. So ist das nicht. Mal ganz ehrlich. Es war immer schön hier. Hab mich wohlgefühlt, solange ich hier gelebt habe. Viele Erinnerungen, sehr viele …«

Was sollte man darauf sagen? Das hatte nichts mehr mit Floskeln zu tun. Das war nicht gut. Wir hatten den anfänglichen Flo-Flow nun vollends verloren. Wir waren gut in das oberflächliche Gespräch gestartet, aber jetzt verzettelten wir uns. War Flo womöglich doch zu lange weg gewesen, sodass er den Floskel-Code nicht lange aufrechterhalten konnte? Ging ihm die Puste aus? Lag das am fehlenden Training oder vielleicht an seinem Lungen-Dingsbums?

»Gibt's eigentlich Erika noch?«, fragte er plötzlich und unerwartet aus heiterem Himmel. Was hatte er denn nun mit Erika, dachte ich mir, das gibt's doch wohl nicht. Erst sich ein paar Jahre aus dem Staub machen und den Floskel-Code verlernen und mich dann beim Straßekehren stören und Erika anmachen wollen. So weit kommt's noch!

»Ja«, sagte ich etwas zu laut, »die Erika gibt's noch.«

»Immer noch so hübsch wie früher?«

»Noch hübscher«, sagte ich und wusste nicht, ob es ein Fehler war, ihm das so zu stecken. Immerhin hatte er ein Auto und lebte am Meer. Ich fuhr Mofa und hatte ein Kinderzimmer bei meinen Eltern im Haus. Das war neben Hajo eine weitere Konkurrenz, bei der ich nicht mithalten konnte.

»Glaube ich dir aufs Wort. Die war schon immer das hübscheste Mädchen im Dorf.«

Gern hätte ich mich jetzt wieder dem Kehren gewidmet. Selten zuvor schien es mir verlockender als jetzt. Aber das konnte ich nicht machen. Ich sah keinen Ausweg. So einen ehemaligen Schulfreund kann man ja nicht einfach wegschicken, nachdem man ihn Jahre nicht gesehen hatte. Außerdem hatte ich ihn damals gehänselt, ich fühlte mich auf eine subtile Art daran mitschuldig. Das muss wohl dieses Stockholmsyndrom sein, dachte ich, von dem sie immer im Fernsehen erzählen, wenn wieder einer entführt wurde und sich dann nicht von seinen Entführern trennen will oder sich sogar in einen davon verliebt. Aber ich werde mich doch wohl jetzt nicht in Flo Stinkermann verlieben! Ich sah erschrocken zu Flo auf, der meinen verwirrten Blick bemerkte.

»Alles okay?«

»Ja ja, alles gut. Ich musste nur an was denken.«

»An was denn?«

»Stockholm«, sagte ich und das war noch nicht einmal gelogen.

»Soll auch schön sein.«

»Ja, soll es.«

»War noch nie da. Du?«

»Ne.«

Na bitte, ging doch. Wir waren wieder besser im Fluss.

»Könnte ich eigentlich auch mit auf meine Tour nehmen. Madrid und Stockholm. Muss ich mir merken.«

»Tour? Was für 'ne Tour? Bist du jetzt Musiker oder so was?«

»Ne, Quatsch. Ich habe vor sechs Wochen meinen Führerschein gemacht und wollte jetzt mal alle Orte abfahren, die mich so interessieren oder mein Leben über so begleitet haben.«

»Die dich in deinem Leben so begleitet haben?«, wiederholte ich affig. »Du bist achtzehn, Flo, nicht achtzig.«

»Hm, ja.«

Mit einem Mal wich wieder die Unbeschwertheit aus ihm. Es kam und ging wie auf Knopfdruck. Er wirkte betrübt. Das gefiel mir ganz und gar nicht. Wir waren doch gerade wieder so schön im Floskelland unterwegs und jetzt so was. Was war denn hier heute nur los? Ich wollte doch einfach nur Straße kehren.

»Was soll das heißen? *Hm, ja?*«

»*Hm, ja*, bedeutet, dass ich gerade so 'ne Art Abschiedstour mache.«

»Abschiedstour? Was für 'ne Abschiedstour denn nun wieder?«

Flo atmete tief ein, zumindest so tief er konnte, dann nickte er, als wolle er sich selbst zustimmen, bevor er es mir erzählte. Und das tat er dann auch. »Na, wie gesagt, ich habe diese Scheißlunge und so. Ging jetzt die letzten Jahre auch viel besser an der See, aber es hat letztlich nichts geändert.«

»Woran? Es hat woran nichts geändert?«, fragte ich. Das nervte langsam, immer diese Nachfragen stellen zu müssen.

»Daran, dass ich immer noch dieses Problem habe.« Dann sah mich Flo ganz seltsam an. So, dass mir ein Schauer über den Rücken lief. »Weißt du, ich werde sterben, Franky.«

»Quatsch, musst du nicht. Du musst nur langsam machen.«

»Nein. Das ist mein Ernst. Ich bin schon froh, dass ich noch den Führerschein machen konnte, sonst hätte ich meine Abschiedstour gar nicht machen können, verstehst du?«

Er meinte das ernst. Und wie! Das saß! Klar verstand ich. Aber irgendwie auch nicht. Flo Stinkermann musste sterben. Aber wie konnte so was denn sein? Bei meiner Oma war das zwar scheiße gewesen, aber sie war wenigstens alt. Flo war so alt wie ich. Zumindest fast. Nur ein paar Monate älter. Und außerdem wollte ich hier doch nur Straße kehren. Ich wollte einfach nur hier kehren und ein paar Floskeln austauschen und jetzt kommt er mit so was. Sterben war kein Floskelthema, das war ein richtiges Diskussionsthema. Das konnte er doch nicht machen. Nun musste ich feinsinnig darauf reagieren, ihn verbal in die tröstenden Arme nehmen. Aber ich war nicht so ein Typ – ich war Floskel-Franky und nicht Diskussions-Dieter.

»Das, das tut mir leid«, versuchte ich das richtige Maß an Betroffenheit und Mitgefühl zu treffen. Aber was ist das richtige Maß für so was? Doch zum Glück nahm mich Flo verbal an die Hand und führte mich zurück auf das Floskelparkett. Er zuckte die Schultern und sagte lediglich: »So ist das Leben. Kann man nichts machen.«

Nun blickte ich die Straße hinunter.

An ihm vorbei.

Das Leben war manchmal ein Arschloch. Manche von uns wurden als Kind gehänselt und als Dankeschön dann noch mit einem kurzen Leben versehen. Egal ob in Wilhelmshaven, Madrid, Stockholm oder hier am Zonenrand. Man lebte ganz einfach das Leben, das man geschenkt bekam, und musste selbst sehen, dass man das Beste daraus machte. Der Rest lag nicht in unserer Hand. Ich nickte, während meine Hand fest um den Besenstiel griff.

»Kann man nichts machen.«

Mit(glied) in der Videothek

Endlich wurde es Februar. Mein achtzehnter Geburtstag stand an. Man kann sich gar nicht vorstellen, was das für einen Teenager in der Provinz bedeutet.

Achtzehn – endlich erwachsen sein.

Achtzehn – das ist wie die Auferstehung Christi.

Denn mit achtzehn und einem Führerschein hatte man in der Provinz zwei entscheidende Vorteile, die das Leben fortan prägten:

1. Man konnte mit dem Auto aus dem Dorf hinausfahren.

2. Man konnte mit dem Auto aus dem Dorf hinaus in die nächste Videothek fahren.

So war es nicht verwunderlich, dass fast alle männlichen Bewohner unseres Dorfes ihren achtzehnten Geburtstag ähnlich verlebten: mit der Familie feiern, von den Verwandten fünfzig Mark abstauben und sich spätestens um siebzehn Uhr nach Kaffee und Kuchen abseilen, um sich noch schnell eines der wichtigsten Dinge des Mannwerdens zu sichern, die FSK-18-Mitgliedskarte in einer Videothek!

Als heranwachsender Mann fühlte ich mich mit meinen Hormonen ziemlich allein gelassen und war ihnen hilflos ausgeliefert. So sexuell unterzuckert, wie ich war, war ich schon dankbar für jeden noch so schlechten Karl-Dall-Film im öffentlich-rechtlichen Fernsehen, in dem Sibylle Rauch in einer Badewanne liegend blankzog. Den Grad der Notgeilheit konnte man schon daran ableiten, dass die Pause-Taste unseres Videorekorders deutlich abgegriffener als alle anderen Tasten war, da man auf die Hundertstelsekunde den Augenblick abpassen musste, wenn eine Brust hervorblitzte. Wir hatten immerhin den Vorteil, dass wir neben ARD, ZDF und dem Dritten Programm auch noch die beiden DDR-Sender reinbekamen. Diese hießen wenig einfallsreich DDR1 und DDR2 und glichen von der Körnungsqualität des Bildes einem 80er Schmirgelpapier, mit dem man selbst gebaute Vogelhäuser abschliff.

Schmirgelpapier.

Wieder so ein Wort, das ich in meinen Gedanken rund lutschte.

Woher das Wort wohl stammte?

Es musste aus einer anrüchigen Zeit stammen.

Schmirgelpapier – das klang verrucht. Schmirgeln, das war definitiv nichts, auf das die Eltern stolz sein konnten, wenn man es als Sohn heimlich in der Garage machte. Schmirgeln, das hatte was von illegalen Geschäften, bei denen Alkohol oder Zigaretten heimlich über grüne Grenzen geschmuggelt wurden. Schmuggeln und Schmirgeln – das klang ja schon gleich. Warum war das denn nur noch niemandem aufgefallen? Schmirgeln – jetzt war das klar. Das war was für Kleinkriminelle und Perverse. Schmirgeln war also was für mich.

Man konnte nicht behaupten, dass die Programme der beiden DDR-Sender von künstlerischer Raffinesse geprägt waren. Dennoch existierten einige Sendungen, die ich gern verfolgte. Als kleiner Junge schaute ich *Die Kinder-Spartakiade, Mach mit, mach's nach, mach's besser* oder auch die Kindermärchenfilme aus dem Osten wie *Die Märchenprinzessin* oder *Pan Tau*. Später dann die Spielfilme zur späten Stunde. Denn in einer Sache waren sie dem Westfernsehen um Lichtjahre voraus.

Die tschechischen Erotikfilme.

Ich danke dem tschechischen Staatsfernsehen noch heute für das Budget, das sie diesen Produktionen über Jahre hinweg zur Verfügung gestellt hatten, um die Bevölkerung erotisch einzulullen. Diese Produktionen hatten mich bis zu meinem achtzehnten Geburtstag sexuell nicht gänzlich vertrocknen lassen. Doch jetzt war ja mein achtzehnter Geburtstag und die Welt war nicht mehr die gleiche. In unserem Dorf kursierten lediglich zwei Pornofilme, die die gesamte pubertierende Dorfjugend jedoch unwiederbringlich prägten. Der eine Film war eine unfassbar schlechte Raubkopie des Klassikers *Josefine Mutzenbacher*. Eine biografische Aufarbeitung einer Wiener Dirne, die darin von ihren wilden Abenteuern berichtet. Dies hatte zur Folge, dass unsere Clique sehr viele sexuelle Begrifflichkeiten bis zum Erreichen der Volljährigkeit nur auf Österreichisch kannte oder lediglich mit einem Wiener Dialekt aussprach. Brüste hießen *Dutteln,* Geschlechtsverkehr *Pudern.* »Geh bitte, i werd deppert, lass bittschön die Dutteln schwingen« und »mogst mi jezz von hinten pudern« sind Sätze, die sich unauslöschlich in mein Hirnschmalz gegraben haben. Der zweite Film war der abenteuerlichen, ja heldenhaften Leistung von Bernd Roth zu verdanken, der im Schweiße seines Angesichts die komplette Wohnung seiner Eltern durchsucht hatte, um einen Film zu finden, von dem es nur Vermutungen gab, ob er denn wirklich existierte. Die Suche nach dem Heiligen Gral. Bernd war davon überzeugt, dass sein Vater solch einen Film besaß. Er vermutete, dass er ihn einst aus einem Dänemarkurlaub mitgebracht hatte, denn ab und an machte sein Vater anzügliche Bemerkungen zu seiner Mutter, die daraufhin vor Scham errötete. Bernd war sich ganz sicher. Und so begann seine Mission.

Die Gralssuche!

Monatelang ein Mythos.

Gab es diesen ominösen Pornofilm tatsächlich?

Und dann, nach Monaten akribischer Suche, die einem Drogenspürhund alle Ehre gemacht hätte, erhielt ich den sehnlichst erwarteten Anruf von Bernd.

»Ich habe ihn.«

»Wen hast du?«

»Na, den Film.« Dann fügte er im Flüsterton an: »Weißt schon, den Porno.«

Schweres Atmen auf beiden Seiten des Telefonapparats. Bilder gepaart mit Hoffnungen schossen mir durch den Kopf. Der Fund war eine Sensation.

»Ne?! Echt jetzt?«

»Ja. Willste sehen?«

»Willst du mich verarschen? Ich bin in zehn Minuten bei dir.«

»Ne, lieber morgen. Ich muss noch … äh, Hausaufgaben machen.«

»Was? Aber du bist doch schon seit …«

Ich stockte in meiner Ausführung. Mir wurde klar, dass Bernd zwar schon seit Stunden zu Hause war, aber dennoch ein wenig Zeit für seine *Hausaufgaben* brauchte. Allein. Das musste man ihm zugestehen. Das hatte er sich verdient. Nach all den Monaten enttäuschter Suche und Hoffnung, nun der Erfolg der Mission. Er hatte immer daran geglaubt. Er sollte nun auch als Erster den Triumph auskosten.

»Okay. Dann morgen?«

»Geht klar.«

Ich fuhr in den folgenden Monaten mindestens zweimal in der Woche zu ihm nach Hause. Sonst trafen wir uns nie bei Bernd. Weder wollte er, dass wir das Alkoholproblem seiner Eltern mitbekamen, noch war es sonderlich wohnlich in dem Messie-Haushalt der Roths. Doch dieses cineastische Werk ließ alle Vorsätze und Ängste verfliegen. Hier ging es um Prioritäten. Immer bevor seine Eltern von der Arbeit kamen, saßen wir zusammen und schauten uns den Film an. Denn der Film durfte nur bei ihm geschaut und nicht ausgeliehen werden. Im Anschluss wurde der Film wieder an die exakte Stelle zurückgespult, in der er vorgefunden worden war, und in das Versteck des heiligen Grals zurückverbracht. Was in dem Durcheinander in der Wohnung eine Herausforderung war. Manchmal waren auch die anderen Jungs dabei. Und dann saßen wir da. Die erektive Herrenrunde. Glotzten den Film, dessen Dialoge uns in Fleisch und Blut übergingen, fuhren mit hochrotem Kopf wieder nach Hause und mussten uns unserer Erinnerungen bedienen, wenn wir den Film zu Hause »nachbearbeiteten«. Im wahrsten Sinne des Wortes ein Secondhand-Erlebnis. Doch diese Zeiten waren nun ein für allemal vorbei. Denn ich war nur noch eine Mitgliedskarte von der großen Welt der Pornos entfernt. Ich hatte zum Geburtstag von meinem Vater ein altes Firmenfahrzeug zur Verfügung gestellt bekommen, das mich zur Arbeit nach Fulda, zum Fußballtraining und wieder nach Hause bringen sollte. Doch mich sollte dieses Auto fortan zu einem weiteren Ort fahren: zur Videothek.

Der Videothekenausweis kam einem Ritterschlag gleich. So mussten Freiheit und Erwachsensein schmecken. Nach einer laminierten Karte in Taschenformat und kaltem Zigarettenrauch. Natürlich suchte ich mir die Filiale in der Stadt aus, die am weitesten von meinem Dorf entfernt lag. Der Schmach, dort einen Bekannten zu treffen, der meinen Eltern davon berichten würde, dass sich ihr Sohn in der Pornoabteilung einer Videothek herumtrieb, wollte ich mich nicht aussetzen. Mit pochendem Herzen und zittriger Hand öffnete ich die Tür zur Videothek und tummelte mich zunächst im normalen Familienbereich, nur um die Lage zu sondieren und zu schauen, ob nicht doch jemand da war, den ich kannte. Doch es war gar niemand zu sehen. Nicht einmal ein Angestellter. Perfekt! Also weiter, durch den filzigen Vorhang, über dem ein Schild prangte.

– NUR FÜR ERWACHSENE AB 18 –

Mein Rücken drückte sich noch ein wenig mehr durch. Denn genau das war ich ja jetzt. ERWACHSEN AB 18! Also, Filz zur Seite und rein. Und schon stand ich mitten im Mekka der Onanie. Ein geheimer Ort, zu dem man nur mit der dazugehörigen Schatzkarte in Form des Videothekenausweises Zugang finden konnte. Mit trockenem Mund und puterroter Gesichtsfarbe stand ich schwer atmend vor den Regalen. Das Paradies nur eine Armlänge von mir entfernt. Ich ließ meinen Blick über die bunten Cover und subtilen Titel wandern.

Arschparade 6, Junge Gören im Spermarausch und weitere verheißungsvolle Titel feilschten um meine Aufmerksamkeit in den Regalreihen um mich herum. Schwindel packte mich und ich musste einen Moment innehalten. Ich begutachtete alle Hüllen. Und wenn ich sage alle, meine ich auch alle. Jeder einzelne Titel wanderte durch meine Hände. Das Ganze muss beinahe volle zwei Stunden gedauert haben, bis ich auch das letzte Cover der VHS-Kassetten angesehen hatte. Dann entschied ich mich für die *Arschparade 4*, weil auf der Hülle eine Frau abgebildet war, die Erika verblüffend ähnlich sah. Also wieder raus aus der Abteilung und zur Kasse. Es war mittlerweile dunkel geworden und vor der Videothek hatte man die Straßenlaternen eingeschaltet. Im Familienbereich standen mittlerweile andere Kunden und wuselten durcheinander. Gut so. Seid nur beschäftigt und nehmt mich gar nicht wahr. Ich beruhigte mich ein wenig, bis ich plötzlich die Stimme einer Frau vernahm, die mir bekannt vorkam. »Ich komme. Momentchen.« Aus den mannshohen VHS-Regalen hinter der Theke kam die Angestellte wieder nach vorn und ich erkannte sie sofort:

Tanja aus dem *West Coast!*

Das durfte doch nicht wahr sein. Ausgerechnet sie. Sie hatte mich ebenfalls bereits erkannt, was eine Flucht unmöglich machte.

»He, dich habe ich hier ja noch nie gesehen«, begrüßte sie mich freundlich. Und wie schön wäre es gewesen, wenn dies auch so geblieben wäre, dachte ich und antwortete stattdessen mit etwas, das ich bestens beherrschte. Floskeln.

»He, Tanja ... was machst du denn hier?«

Sie schaute sich leicht irritiert in der Videothek um und deutete dann auf das Videothekenschild über der Kasse.

»Na ja, das ist 'ne Videothek, ich stehe hinter einer Kasse. Ich arbeite wohl hier.«

»Hahaha. Ja, du arbeitest wohl hier ...«

Das lief super. Smalltalk und Floskeln. Ein Parkett, auf dem ich mich zu bewegen wusste. Nun war Tanja wieder dran. Und zum Glück schien auch sie genug Straßen gekehrt zu haben, um das kleine Einmaleins der Floskelwelt zu beherrschen.

»Also, eigentlich nur ab und zu. Die Kohle vom *West Coast* genügt halt nicht. Da verdiene ich mir hier gern was dazu.«

»Verstehe.« Beiderseitiges Nicken. Ja, so machte man das. »Und sonst?«, fragte ich sinnfrei weiter nach. »Alles gut?«

»Ja, alles gut. Kommt ihr mal wieder ins *West Coast?*«

»Klar. – Und selbst?«

Bescheuerte Frage, wenn man bedachte, dass sie dort arbeitete.

»Nächste Woche wieder. Mittwoch und am Wochenende.«

»Cool.«

So konnte es weitergehen. Doch gerade als ich mich etwas entspannte, rammte sie mir den Dialog-Dolch in den Körper.

»Und, was hast du dir geholt?«

Tanja deutete auf den Anhänger in meiner Hand. Diese Frage musste kommen. Dennoch erwischte sie mich damit auf dem falschen Fuß. Kommentarlos schob ich ihr meinen grünen

Schlüsselanhänger über den Tresen, mit dem mein Favorit gekennzeichnet war. Rot waren Filme, die schon eine Weile aus den Kinos waren und die man günstig mieten konnte. Grün bedeutete »Teurer Film« und das waren entweder die neuesten Blockbuster aus den USA oder eben ... Pornos. Noch konnte Tanja nicht ahnen, welch notgeiler Typ hier vor ihr stand. Das würde sich in wenigen Sekunden ändern. Jedes Mal, wenn sie mich in Zukunft sehen würde, hätte sie nur einen Gedanken im Kopf: *Arschparade 4!*

»Ach, äh, keine Ahnung. Einfach reingegriffen.«

»Bin gleich wieder da. Ich hol ihn dir schnell.«

»Super. Danke.«

Tanja verschwand mit dem Anhänger wieder hinter den Regalwänden. Mir schossen Gedanken durch den Kopf, wie ich das Ganze vielleicht doch noch entkräften könnte. So was wie »Was, ein Porno? – Oh, da muss jemand das falsche Schildchen drangehängt haben.« Oder »Was, *Arschparade 4?* Ich wollte doch *Rocky III.* Da habe ich wohl die Zahlen durcheinandergebracht ... hahaha.«

Ja, so könnte ich das machen. Oder ich könnte einfach darauf hoffen, dass sich der Boden unter meinen Füßen auftat und ich hineinstürzte. Tanja kam wieder zurück. Sie hatte wohl noch gar nicht darauf geachtet, welch cineastisches Meisterwerk mein Herz höherschlagen ließ, und legte mir den Film in eine der Einheitshüllen. Würde ich hier tatsächlich unbelastet rausgehen können? Dann tippte sie auf dem Computer etwas ein.

»So, zurückgespult isser ... dann ist das für dich also einmal ... *Arschparade 4.*«

Ein Moment der absoluten Stille trat ein. Ich blickte beschämt zu Boden, der jedoch keinerlei Anstalten machte, sich zu öffnen. Leider. Im Familienbereich drehten sich einige Köpfe zum Kassenbereich. Ich ignorierte sie so gut es ging. Und auch Tanja bewegte sich keinen Zentimeter, sondern verzog nur ihr

Gesicht zu einer Fratze. Kaum, dass sie den Titel ausgesprochen hatte, war es ihr ebenso peinlich wie mir. Dennoch musste nun irgendjemand etwas sagen. Aber was?

Es half nur eins.

Floskel.

»Äh, ja. Muss, nä?«

Doch dann entspannten sich auch Tanjas Gesichtszüge und sie lächelte, während sie mir den Film über den Tresen schob. Zum Glück stempelte sie mich nicht ab oder lachte mich aus. Nein, ganz im Gegenteil. Sie warf mir einen Blick zu, den ich so bisher noch nicht von ihr kannte. Warm und verständnisvoll. Als wären wir gute Freunde.

»Also, ich fand ihn gut.«

Sie zwinkerte mir dabei vielsagend zu. Tanja war fortan noch eine Stufe höher in meinem Frauen-Olymp gestiegen. Was für eine Frau.

»Ehrlich jetzt?«

»Nicht so gut wie *Arschparade 1,* aber ganz okay. Der Typ in der ersten Szene ist mega. Aber das wird dir ziemlich egal sein, oder?«

»Äh, ja.«

»Na ja, viel Spaß jedenfalls.«

Ich nahm den Film an mich und war glücklich.

»Also, man sieht sich.«

»Ja, man sieht sich. Ganz sicher.«

Ich eilte nach Hause und wusste nicht, was mich mehr anmachte. Der Film oder Tanja? Ich entschied mich, erst mal den Film einer Qualitätsprüfung zu unterziehen – was nicht allzu lange dauerte. Das brachte mich aber sogleich in die nächste Bredouille. Ich konnte doch jetzt nicht gleich wieder zurück in die Videothek fahren und den Film zurückgeben. Was würde Tanja von mir denken? Na, der hat es aber nötig gehabt. Keine vierzig Minuten – und er ist schon wieder hier.

Scheint ordentlich Druck auf dem Kessel zu haben. Der Arme, kriegt sonst wohl keine mit. Und recht hätte sie gehabt. Die Zeitspanne zwischen Ausleihe und Rückgabe wäre so kurz, dass ich den Pkw mit laufendem Motor vor dem Haus hätte stehen lassen können. Ich zog es vor, den Film mindestens bis zum nächsten Tag zu behalten. Auch wenn ich dann volle zwei Tage zahlen müsste. Das war es mir wert. Das würde meine Potenz untermauern. Außerdem war mir alles lieber, als eventuell vor Tanja als Schnellspritzer zu gelten. Manchmal fuhr ich so einen Film auch mal sieben Tage im Auto spazieren. Nur um Tanja zu beweisen, was ich draufhatte. Ab und zu unterhielten wir uns sogar über die Filme und so erfuhr ich durch die Blume, auf was sie so stand und welches Glück unser amerikanischer Freund Jason hatte. Sie ahnte nicht, dass wir uns kannten. Zu meinem Glück verlor sie nie ein Wort über unseren cineastischen Austausch, wenn ich mit Björn zu ihr ins *West Coast* kam. Ich glaubte lediglich, dass sie mich seit diesem Tag besonders herzlich begrüßte, was ich mit einem großzügigen Trinkgeld würdigte. Unsere Filmvorliebe war unser Geheimnis. Und wer hatte schon ein Sex-Geheimnis mit Tanja?

INTEGRATION KANNTEN WIR NICHT – WIR MACHTEN ES EINFACH

Meine erste Wahl stand an. Irgendein Abgeordneter unserer Region wollte irgendwohin abgeordnet werden. Wahrscheinlich nach Bonn oder so. Konnte ich gut verstehen. Hauptsache, weg von hier. Mir war es egal, Hauptsache, ich konnte mal etwas wählen. Und zwar nicht nur, wer beim Bolzen auf der Wiese in meinem Team kicken würde oder wer sich ins Tor stellen musste. Nein, ich konnte nun richtig wichtige Entscheidungen fällen. Eine weitere Stufe des Erwachsenwerdens. Wählen und sich anschließend darüber beschweren, was die da oben wieder für einen Schwachsinn verzapften. Wobei durch die kirchlich geprägte Struktur schon vorher feststand, wer das Rennen machen würde. Die CDU erzielte seit jeher Wahlergebnisse, die selbst der SED im Osten vor Neid die Tränen in die Augen schießen lassen würden. In einer solch katholisch geprägten Region lernt man den Katholizismus richtig kennen. Man traf auf Heilige und Scheinheilige, nicht selten sogar in ein und derselben Person. Meine Eltern kannten die Eltern des

Abgeordneten, der sich zur Wahl gestellt hatte – das genügte, um ihn als qualifiziert zu erachten und ihn zu wählen.

»Der Hönnersch-Peter ist in Ordnung, den wählen wir«, war der Tenor meines Vaters, mit dem er uns vor der Wahl auf Peter Vollmer einnordete. Hönnersch-Peter, also Hühner-Peter auf Hochdeutsch, war der Rufname des Abgeordneten und das war keinesfalls despektierlich gemeint. Im Gegenteil. Sein Urgroßvater hatte eine beachtliche Hühnerzucht auf die Beine gestellt. Und das qualifizierte auch noch drei Generationen später die Männer der Familie zu politischen Ämtern.

Nach der Wahl wusste ich nicht, was ich machen sollte. Ich hatte nichts vor. Den letzten Film aus der Videothek hatte ich gerade erst abgegeben und Fußball stand heute auch nicht an. Viele Tage verliefen mangels Freizeitangebot und noch nicht erfundenem Internet unspektakulär eintönig. Aber das war keinesfalls schlecht. So konnte man Erlebtes sacken lassen und dem Müßiggang nachgehen. Müßiggang in seiner besten Form, denn Mangel erzeugt oft Kreativität. Viele Künstler aller Couleur haben das zu Lebzeiten bestätigt. Ich war kein Künstler, aber ich war offen für alles – vor allen Dingen für das große Nichts. Und so war ich keineswegs unzufrieden, dass es nicht so viel Ablenkung gab. Selbst das Abhängen mit Freunden gipfelte oft in minutenlangem, wunderbarem Schweigen. Es war gut langweilig.

Die Abgeschiedenheit und das Desinteresse der restlichen Republik ließen hier eine ganz eigene Form von Jugendlichen entstehen. Trotzig, aber mit der Tendenz, immer rechtzeitig den Schwanz einzuziehen, wenn es wirklich ernst wurde. Die katholische Erziehung tat ihr Übriges, obwohl meine Eltern nicht besonders gläubig waren. Nein, es war eher das Resultat der allgemeinen erzkatholischen Haltung aller Menschen der Region. Nicht auffallen, ein stetes Mindestmaß an Schuld auf seinen

Schultern tragen und dabei stillschweigend seinem Tagewerk nachgehen.

»Gut rasiert im zweiten Glied«, nannte das mein Opa immer und er musste es ja wissen, war er doch der Einzige von uns mit Kriegserfahrung. Das machte aus uns einen Schlag Jugendlicher, die sarkastisch-resignierend und doch mit einer notwendigen Alltagsschläue gesegnet waren, die gleichaltrige Jugendliche aus Großstädten nicht zu Unrecht als naiv bezeichnen würden. Doch unsere DNA war ebenso durchtränkt von einem nie ausgesprochenen Wir-Gefühl, das alle zusammenschweißte. Wenn die Dorfjugend auf der großen Wiese zum täglichen Fußballkick rief, wurden alle miteinbezogen. Auch wenn zunächst die besten Spieler auf die beiden Teams aufgeteilt wurden und man erst ganz am Ende zwischen der kleinen, nervigen Schwester von Karsten und Down-Syndrom-Kläuschen entscheiden musste. Sie waren beide dabei. Keiner blieb zurück. Und das lag nicht nur daran, dass uns Kläuschens Vater gern eine Packung Zehnpfennig-Eis spendierte, wenn wir seinen Sohnemann mitspielen ließen. Wir hätten es auch so getan – aber natürlich machte es so noch mehr Freude. Klar klopften wir unsere blöden Sprüche, aber die machten wir immer und über jeden. Jeder bekam sein Fett weg. Schön gleichmäßig verteilt. Und Kläuschen war zwar wirklich kein Bewegungswunder, aber er kickte gar nicht so schlecht. Er hatte mehr drauf als mancher Nichtbehinderte. Das war für diese eine echte Schmach, denn sie wollten nicht schlechter kicken als er. Doch Kläuschen spielte souverän seinen Stiefel runter und viele hatten auch Respekt davor, gegen ihn zu spielen, weil sie ihn nicht foulen wollten. Kinder hauen, Frauen schlagen, Behinderte treten – das kam nicht so gut. Das machte man nicht. Da verlor man lieber oder bekam selbst die Schienbeine poliert. Denn Kläuschen zog stets voll durch und hatte es nicht so mit der Ball-Bein-Koordination. Resultat waren blaue Flecke und aufgeschrammte Schienbeine seiner Gegner. Ich wählte ihn gern als zusätzlichen Rammbock in der Abwehr. Kläuschen stand gut im Weg und mähte konsequent alles nieder, was mit Ball auf ihn zulief. Manchmal motzten wir ihn auch an oder schubsten Kläuschen, was ihm komischerweise gut zu gefallen schien. So fühlte er sich wohl als vollwertiges Mitglied. Das war die Schule der Straße. Für ihn und für uns. Erst wenn man über Randgruppen lachen und schimpfen kann wie über jeden anderen auch, fühlen diese sich akzeptiert und wahrgenommen. Ob beim Fußball, Versteckspiel (wo man Kläuschen durchaus auch mal zwei Runden in seinem Versteck sitzen ließ) oder der Dorfkirmes, Kläuschen war immer mit dabei. Er gehörte dazu. So wie jeder andere von uns auch. Das Wort Integration kannten wir nicht, wir machten es einfach. Egal ob einer einen nassen Lappen aufhatte oder nicht.

TRABIS, ÜBERALL TRABIS

Der Herbst war anstrengend. Björn und ich fuhren in seinem Käfer mittlerweile beinahe jedes Wochenende irgendwohin, um zu feiern. Der Zeltdiscos waren wir überdrüssig geworden und den Diskotheken in Fulda konnten wir auch nichts mehr abgewinnen. Und so lauteten unsere Ziele Frankfurt, Würzburg oder Kassel. Sonntags musste ich allerdings spätestens um zehn auf dem Sportplatz stehen und Fußball spielen. Das war Gesetz. Da führte kein Weg dran vorbei. Selbst wenn ich des Öfteren direkt von der Partynacht dorthin fuhr.

Unter der Woche sah es mit Schlaf auch nicht besser aus, da ich jeden Morgen nach Fulda zur Arbeit oder Berufsschule fahren musste, danach wieder mein Fußballtraining anstand, um dann todmüde ins Bett zu fallen. Auch an diesem Donnerstag war es nicht anders. Nach dem Fußballtraining hatte ich mir noch ein Video in der Videothek ausgeliehen und war beim Schauen eingeschlafen. Alle *Stirb langsam*-VHS-Kassetten waren leider verliehen, so musste ich auf *Crocodile Dundee II* ausweichen, der als einer der langweiligsten Filme in die Geschichte eingehen dürfte. Zum Glück hatte ich mir noch zur Sicherheit einen zweiten Film mitgenommen, der mir weitaus besser gefiel, dessen Namen ich jedoch nicht mehr weiß und dessen Name bei dieser Art von Filmen auch unwichtig war. Ich sage nur *Tanja* und *FSK 18*.

Um kurz vor sieben Uhr am Freitagmorgen wurde ich von lauten Motorengeräuschen geweckt. Ich kannte alle Motorengeräusche aus dem Dorf. Jedes Auto und jedes Mofa konnte ich auseinanderhalten, aber diese Geräusche waren anders. Dazu mischten sich laute Stimmen aus dem Wohnzimmer in die Geräuschkulisse. Ein Überfall? Aber wer bricht schon hier in unserem Kaff in eine Wohnung ein und schreit dann in unserem Wohnzimmer rum? Ich stand auf, um zu sehen, was da vor sich ging. Mein Vater und mein Großvater standen neben meiner Mutter und auch Onkel Willi war anwesend. Alle schüttelten unentwegt den Kopf. Unfähig, komplette Sätze zu formulieren, stießen sie lediglich Fragmente hervor. »Unglaublich, gibt's doch nicht, kneif mich mal einer, ist das echt?«

In einer Endlosschleife zeigte das Fernsehen einen rundlichen Mann, der in einem schlecht sitzenden Anzug an einem Schreibtisch saß. Günter Schabowski stand unter ihm eingeblendet. So hieß er wohl.

Schabowski.

Was für ein Name.

Schabowski, rollte ich den Namen in meinen Gedanken hin und her, während ich seinem nervösen Treiben im TV folgte. Schabowski, das klang nach einem vergessenen Spieler der Weltmeistermannschaft von 1954. Ich hörte in meinem Kopf die kratzige Stimme eines alten Radiokommentators: Fritz Walter auf Schabowski, Schabowski weiter auf Rahn, aus dem Hintergrund müsste Rahn schießen ...

Jedenfalls hielt dieser Schabowski in einer Pressekonferenz einen Zettel vor sich, von dem er zitierte.

»Und deshalb haben wir uns dazu entschlossen, heute eine Regelung zu treffen, die es jedem Bürger der DDR möglich

macht, über Grenzübergangspunkte der DDR auszureisen. ...
Also, Privatreisen nach dem Ausland können ohne Vorliegen von
Voraussetzungen, Reiseanlässen und Verwandtschaftsverhältnissen
beantragt werden. Die Genehmigungen werden kurzfristig
erteilt ... Das tritt nach meiner Kenntnis, ähh, ist das sofort,
unverzüglich.«

»Was heißt das?«, fragte ich meine Mutter. »Ist da irgendwas
passiert?«

»Das kann man wohl sagen. Die haben gestern Nacht die
Grenze geöffnet, Frank. Das gibt's doch nicht. Während wir
geschlafen haben, haben sie es tatsächlich getan. Die Mauer ist
weg.«

Ich begriff aufgrund meiner Schläfrigkeit zunächst nicht
genau, was sie meinte.

»Die Mauer? Welche Mauer?«

»Na, *die* Mauer.« Meine Mutter deutete nach draußen, als
ob dort vor unserer Haustür die Mauer stünde. Und so ganz
unrecht hatte sie ja auch nicht. »Die zur DDR.«

»Wie jetzt?« Das konnte ich kaum glauben. Das konnte
doch nicht sein. Die war doch immer da. Wenn es irgendwas
Verlässliches gab, dann doch wohl die Mauer. Ich ging
zum Fenster und sah hinaus. Jetzt wusste ich, woher diese
Motorengeräusche kamen. Ein Trabi nach dem anderen tuckerte
an unserem Haus vorbei. Ich konnte es nicht fassen und lief
hinaus. Jeder Fahrer winkte mir zu, hupte oder machte sonst
wie auf sich aufmerksam. Alle fuhren sie über meine Straße, die
ich all die Jahre gekehrt hatte. Ich musste an die Sprengfallen
denken, die nun überflüssig waren, und an die Stunden, die
ich damit verbracht hatte, die Straße sauber zu halten. Jetzt
war ich ein wenig stolz darauf, dass die ganzen Autos mit solch
einer tadellosen Straße begrüßt wurden. Vielleicht hatten wir all
die Jahre für diesen Augenblick gekehrt. Ich rannte zurück ins
Haus. »Das stimmt ja wirklich. Die Mauer ist weg?«

»Ja, es läuft chon den ganzen Tag in den Nachrichten. Hier, chau selbst«, deutete Onkel Willi auf den Fernseher.

Das Bild zeigte nun schwarz-rot-goldene Fahnen und Menschen, die sich in den Armen lagen und immer wieder grölend durch das Bild hüpften. Andere trommelten mit ihren Händen auf Fahrzeuge, die sich kaum durch die Menschenmengen schieben konnten. Es wurde an den Autos gewackelt, doch anstatt sich zu beschweren, hupten die Fahrer begeistert und reckten jubelnd ihre Fäuste durch die geöffneten Fahrzeugfenster gen Himmel.

Im Hessenfernsehen zeigten sie Live-Bilder, wie die Trabis in einer nicht enden wollenden Kolonne durch Fulda fuhren und sich auf dem Domplatz sammelten. Hellblaue, beige Pappschachteln, die ordentlich aufgereiht nebeneinander parkten. Genau die Autos, die gerade an unserem Haus vorbeifuhren. Ich ließ mich in den Sessel fallen und verfiel mit in das Herunterbeten der ungläubigen Floskeln.

»Unglaublich, das gibt's doch nicht, kneif mich mal einer, ist das echt?«, fragte meine Mutter erneut ungläubig und Papa nickte.

»Und ob das echt ist. Da kannste schneewisse Förz gelass.«

Ja, heute war der Tag, an dem man schneeweiße Fürze lassen konnte. Wenn nicht heute, wann dann?

»Los, zieht euch an, wir fahren rüber. Jetzt gleich«, beschloss meine Mutter. Doch Onkel Willi traute dem Braten noch nicht.

»Ich weiß nicht. Und wenn sie die Grenze wieder chließen? Dann chtehen wir blöd da und kommen nie wieder zurück.«

»Schließen?« Mein Vater deutete auf den Bildschirm. »Das ist nicht mehr aufzuhalten. Wir fahren da jetzt rüber. Eine Grenze funktioniert ja nicht nur in eine Richtung. Wenn die alle hierherkommen, können wir auch rüber. Los, Frank, zieh dich an, wir fahren in die DDR.«

Das klang gut, allerdings hatte ich einen anderen Pflichttermin.

»Geht nicht. Ich muss zur Berufsschule.«

»Ne, nicht heute. Heute ist Feiertag.«

Es war das erste und einzige Mal, dass mein Vater mich dabei unterstützte, nicht zur Schule zu gehen. Na ja, wenn das so war – mir war es recht. Einen Tag ohne Schule nahm ich gern mit. Aber mich interessierte auch wirklich, wie es auf der anderen Seite wohl aussah.

Keine zwanzig Minuten später rollten die Breunings mit dem Firmenbus hinauf zum Grenzübergang. Vater, Großvater, Onkel Willi und ich. Meine Mutter sollte doch erst mal im Westen bleiben. Zur Sicherheit. Man wisse ja nie, ob die DDR-Grenzer nicht doch aus Willkür hinter einem den Schlagbaum wieder schließen würden. Dann könnte sie uns zumindest mit Paketen versorgen. Darin war sie ja schließlich geübt.

Opa, Onkel Willi, Papa und ich. Drei Generationen – eine Mission. Dennoch, ein komisches Gefühl. Mein ganzes Leben lang waren wir sonntags in diese Richtung gefahren und hatten dann vor dem Grenzpfahl mit Hammer und Zirkel halten müssen. Schon auf dem Weg hinauf zur Grenze kamen uns unzählige Trabis entgegen. Alle hupten, winkten oder machten sonst wie auf sich aufmerksam. Es schien alles zu stimmen, was die Presse verkündet hatte. Dieser Schabowski hatte nicht zu viel versprochen. Schließlich kamen wir zum Grenzbaum, der tatsächlich offen stand. Neben ihm standen Grenzer, die selbst nicht zu wissen schienen, wie sie mit der Situation umzugehen hatten. Ihre Mimik konnten sie jedenfalls nicht so schnell ändern, wie die Geschichte es tat. Mit gleichem kritischem Blick, wie man sie kannte, standen sie an der Fahrbahn und winkten ein Fahrzeug nach dem anderen durch. Es schien ihnen zu missfallen, die Autos einfach so durchzulassen, ohne auch nur einen rauszuwinken, um ihn schikanieren oder wenigstens irgendwas abstempeln zu können. Sie wirkten, als hätten sie eine niederschmetternde Krebsdiagnose bekommen, gegen die sie partout nichts unternehmen konnten. Auch unser Fahrzeug winkten sie an sich vorbei, ohne dass wir stoppen mussten, und wir rollten über die Grenze. Einfach so. Jedoch war es mucksmäuschenstill im Auto. Niemand traute sich, was zu sagen. Ob sie hinter uns die Grenze wieder dichtmachten? Ich sah meine Mutter vor mir, wie sie zu Hause bereits Schokolade in Kaffeedosen versteckte, damit wir die erste Zeit im Osten über die Runden kamen. Die Anspannung löste sich erst, als wir schon ein paar Meter gefahren waren. Wir begannen alle auf einmal zu lachen. Keine Ahnung wieso. Niemand hatte etwas gesagt, es war einfach so ein Gefühl, das uns übermannte. Wir fuhren weiter ins erste Dorf, alles war grau. Noch grauer als bei uns. Gerade so, als hätte man am Röhrenfernseher herumgespielt und versehentlich Kontrast und Farbe auf ein Minimum reduziert. Die Fassaden der Häuser wirkten depressiv, als hätten sie eine eigene Seele, die durch die Pein der ganzen Jahre gebrochen worden war. Aber jeder Trabi, der uns entgegenkam, signalisierte uns mit Lichthupe, dass wir herzlich willkommen waren. Wildfremde Menschen winkten uns zu, es wurde am Fahrbahnrand gegrillt und man lud uns auf eine Thüringer Bratwurst ein. Wir stoppten und redeten mit uns unbekannten Menschen, als ob wir schon seit ewigen Zeiten befreundet wären. Mein Großvater fand sich in einigen Umarmungen wieder. Zu meiner Überraschung schien er es nicht einmal unangenehm zu finden. So etwas hatte ich noch nie erlebt. Mein Vater, mein Onkel und mein Großvater wirkten befreit und beinahe kindlich vergnügt. Niemals davor und niemals danach hatte ich die drei so erlebt wie an diesem Tag. Natürlich blieben sie dennoch in ihrer Floskelwelt gefangen. Ein anderes Metier kannten sie nicht. Die meisten »Gespräche« mit den ersten DDR-Bürgern, die wir trafen, liefen nach Schema F ab.

Fremder: »Willkommen! Kommen Sie, wollen Sie etwas trinken?«

Grönland-Großvater: »Kostet das was?«

Fremder: »Nein. Heute doch nicht.«

Grönland-Großvater: »Na dann. Trinken geht immer.«

Fremder: »Wo kommen Sie her?«

Grönland-Großvater: »Von da«, antwortete er und zeigte in die Richtung, aus der wir gekommen waren.

Fremder: »Ist doch alles Wahnsinn, oder?«

Island-Vater: »Ja, Wahnsinn. Und sonst?«

Fremder: »Was meinen Sie mit ›und sonst‹? Die Mauer ist weg! Mehr geht nicht.«

Grönland-Großvater: »So, na ja. Schön habt ihr es hier.«

Fremder: »Schön? Alles runtergewirtschaftet. Jetzt geht's aber aufwärts. Jetzt wo zusammenwächst, was zusammengehört. Hier«, jetzt deutete er auf mich, »für die nächste Generation wird alles besser.«

Grönland-Enkel: »Schön wär's. Man soll den Tag nicht vor dem Abend loben.«

Drei Generationen Floskel-Power. Die netten Thüringer hatten keine Chance gegen uns. Wir hatten die Euphorie unseres Gegenübers innerhalb einer Handvoll Antworten auf ein Minimum heruntergekocht. Doch das meinten wir gar nicht so. Im Gegenteil. Durch die Floskeln signalisierten wir, dass wir sie akzeptierten und ebenso herzlich willkommen hießen.

Onkel Willi rettete die Situation jedoch. Onkel Willi – das sagt alles!

»Lassen Sie mich einen Toast chprechen. Auf Deutschland, auf uns. Chön, dass wir hier zusammenchtehen können. Prost!«

Gläser klirrten und alles war wieder gut.

Auf der Rückfahrt kehrten wir noch in eine Gastwirtschaft ein, aßen und tranken für vier Personen und bezahlten insgesamt fünf Westmark. Natürlich konnte ich nicht überblicken, was dieser Tag wirklich bedeutete. Ich war in einem Land aufgewachsen, das in West und Ost aufgeteilt war. Ich hatte es nie hinterfragt, hatte nie die schmerzvolle Erfahrung von Teilung machen müssen, nie erlebt, wie Familien zerrissen wurden oder wie zermürbend es sein musste, nicht in Freiheit leben zu können. Was ich jedoch verstand, waren die Gesichter der Menschen, in die ich nun blickte, in denen sich all das widerspiegelte. Ich verstand, dass mein Großvater, der härteste aller Menschen, geweint hatte, weil man ein Stück Maschendraht durchgeschnitten hatte. Ich sah meinen Vater in den Armen wildfremder Menschen freudetrunken tanzen. Das musste etwas bedeuten, das weit über meinen pubertären Verstand hinausreichte. Und Onkel Willi war das verbindende Element zwischen Ost und West. Dieser imaginäre nasse Lappen auf seinem Kopf hatte nichts von seinem Zauber verloren und wirkte noch immer. Vielleicht hatte aber auch Genscher für den Fall der Mauer gesorgt. (Nochmals, damit das klar ist: der Leguan, nicht der Politiker). Seit er rübergemacht war, hatte die DDR langsam aufgehört zu existieren. Das konnte kein Zufall sein. Agent 00-Genscher hatte den Eisernen Vorhang zerstört – das war jetzt klar. Und Onkel Willi vermittelte wie ein Staatsmann. Welch eine Kombi. Der Russe hatte keine Chance gegen die beiden.

Für mich war das alles schwer zu begreifen. Gerade lief doch alles so schön in geordneten Bahnen. Ich hatte die Schule abgeschlossen, einen Job, keine Freundin, aber den Führerschein und eine Videothekenkarte. An den Wochenenden fuhr ich in richtige Städte. Ich hatte mich gerade mit meinem Leben arrangiert. Und jetzt, auf einmal, befand ich mich im Epizentrum der Politik, in der Mitte zweier Länder, die drohten zusammenzuwachsen. Alles würde sich ändern. Die Hausfassaden, die Straßen, die Ausgehgewohnheiten, die Motorengeräusche auf meiner Straße, die Floskeln – alles. Ich würde eine zweite Pubertät durchleben, die mich erst an die neuen Umstände heranführen müsste. Verdammt noch mal! War ich denn der Einzige, der sich nicht gedankenlos über den Fall der Mauer freute?

In den ersten Monaten nahm der Verkehr durch unser Dorf rapide zu. Von Ost nach West und zurück. Zahllose Gebrauchtwagenhändler kutschierten alles, was einigermaßen rollte, in den Osten und verscherbelten es dort an unwissende Kunden, die weder Ahnung von Marktwirtschaft noch von übermotorisierten Rostlauben hatten. Mofa-Adi verkaufte seinen Wagen, der schon seit Jahren in der Garage vor sich hinrostete, an einen jungen Kerl aus Eisenach, indem er einen Mercedesstern auf seinen alten Mitsubishi schraubte und ihn als angebliches Schnäppchen verkaufte. Ich stand samstags an der Straße und verfolgte das Treiben, während ich stoisch kehrte. Dann folgte die zweite Welle. Aus den Ostgebieten flüchteten sie in Massen über die Grenze und ließen sich im westlichen Zonenrandgebiet nieder. Sie trauten dem Frieden wohl nicht ganz und wollten auf Nummer sicher gehen, dass sie nicht irgendwann morgens aufwachten und Erich Honecker sie aus dem Fernseher anlachte, um zu verkünden, dass die DDR nun doch noch weitere hundert Jahre existieren würde.

Ätsch-bätsch!

Die ersten Arbeiter, die einen Job suchten, hatten es schwer, dem Tempo ihrer Westkollegen zu folgen, um deren Vorurteile zu widerlegen, dass sie dreißig Jahre lang gefaulenzt hätten. Viele gaben enttäuscht auf und gingen wieder zurück oder gingen gleich stempeln. Obwohl die Grenze nur einen Steinwurf von uns entfernt verlief, unternahmen von meinen Kumpels die wenigsten einen Ausflug nach drüben. Es interessierte sie nicht oder sie wollten die erste Welle abwarten und vergaßen es dann einfach. Zumindest wurden nach und nach die Straßen und Schienennetze ausgebaut und plötzlich endete hier nichts mehr, sondern führte weiter. Und als ein Jahr später die Vereinigung durchgeführt wurde, befanden wir uns im Herzen eines neuen Landes.

FÜR UND WIDER

Am Abend nach der Grenzöffnung saß ich mit Björn wieder zusammen bei einem Bier und wir taten das, was wir besonders gut konnten. In die Gegend starren und vor uns hin nicken. Nur das heutige Thema war neu. Das hatten wir bislang noch nicht auf unserer Agenda. In unserem Ranking standen Frauen, Partys und Fußball ganz oben auf der Liste. Politische Themen hatten wir seit Tschernobyl und Ravioli nicht mehr auf der Tagesordnung. Das war heute anders.

»Dreh mir mal eine Kippe mit, Björn.«

Björn drehte mir eine Zigarette mit, hielt sie mir hin und wir sinnierten über die Vor- und Nachteile des Falls der Mauer und der möglichen Wiedervereinigung.

»Ey, Franky, die sagen, es wächst jetzt zusammen, was zusammengehört.«

»Ja. Dabei kenne ich keinen Einzigen von dort, mit dem ich zusammenwachsen könnte.«

»Ich auch nicht.«

»Wie soll ich dann mit was zusammenwachsen, was ich gar nicht kenne?«

»Stimmt.«

»Prost.«

Schluck.

Kopfschütteln.

»Ich habe gehört, jeder DDR-Bürger, der jetzt rüberkommt, soll hundert Mark Begrüßungsgeld erhalten. Hundert Mark! Für jeden Einzelnen! Das sind doch insgesamt bestimmt ... na ja, jedenfalls richtig viel.«

»Krass.«

»Weißt du, wie viele Bananenweizen wir da bei Tanja von trinken könnten?«

Ich versuchte es kurz zu überschlagen. Es gelang mir aber nicht.

»Einige.«

»Eben. Ich hab noch nie was umsonst bekommen.«

»Ich auch nicht.«

»Ist irgendwie ungerecht, oder? Also, ich mein ja nur.«

»Voll.«

Schluck.

Kopfschütteln.

»Ich hab eine Idee. Vielleicht sollten wir uns auch als Ossis ausgeben und mit anstellen. Wir kassieren die hundert Mark und gehen davon dann Bananenweizen trinken oder zahlen davon das Spritgeld, wenn wir nach Frankfurt oder Kassel fahren.«

»Die kontrollieren das doch bestimmt irgendwie.«

»Wie denn?«

»Ja, keine Ahnung. Mit Ausweis oder so.«

»Mit Ausweis? Reißen sie dann oben ein Stück ab oder was?«

»Hm, stimmt auch wieder.«

Schluck.

Kopfschütteln.

»Dann machen wir das. Gleich morgen.«

»Okay.«

»Wir ziehen die Klamotten von deinem Alten an, dann sieht das schon ziemlich ossimäßig aus. Wir müssen uns anpassen, verstehst du? Tarnung ist alles. Das wird klappen, wirst sehen.«

»Bestimmt.«

Schluck.

»Und die Autos sind krass, oder? Hast du solche Autos schon mal gesehen? Ich dachte ja schon, dass mein Käfer kein richtiges Auto ist, aber diese Trabis ... Mann, Mann, Mann.«

»Ja, erinnern mich an die Augsburger Puppenkiste. An diese Lokomotive von Jim Knopf und Lukas dem Lokomotivführer, weißt du, was ich meine? Die hat auch so gedampft und geknattert.«

»Klar. Emma.«

»Ne, Jim Knopf.«

»Ich meine die Lokomotive von denen. Die heißt Emma.«

»Ach so. Ja genau.«

Björn lachte.

»Augsburger Puppenkiste, nicht schlecht.«

Schluck.

Kopfschütteln.

»Aber wie findest du das eigentlich so insgesamt? Findest du das gut?«

»Geht so. Ich mochte dieses Urmel aus dem Eis mehr, aber Jim Knopf hat auch was. Der König und so ...«

»Nicht die Augsburger Puppenkiste. Ich meine das mit der Grenze.«

»Ach so. Ja klar. Endlich ist die Scheiße weg. Wir sitzen nicht mehr am Rand. Wir können jetzt einfach in die DDR reisen.«

Björn winkte ab, nahm einen tiefen Zug an seiner Zigarette und blies eine gewaltige Rauchsäule in den Himmel.

»Die DDR gibt's bald nicht mehr. Die wächst ja jetzt mit uns zusammen. Wird alles eins.«

»Meinst du?«

»Auf jeden Fall.«

»Hm.«

»Es wächst zusammen, was zusammengehört. Die Ersten schreien jetzt schon nach der Wiedervereinigung. Wirst sehen, das geht jetzt alles ganz schnell.«

»Vielleicht ein bisschen übereilt, oder?«

»Hm, ja schon. Wir kennen uns ja noch gar nicht. Stell dir mal vor, du lernst ein neues Mädchen kennen und die sagt als Erstes zu dir: *So, jetzt wächst zusammen, was zusammengehört, und morgen wird geheiratet.*«

»Ja, eben. Blödsinn.«

Schluck.

Kopfschütteln.

»Aber die Mädels von drüben sollen echt scharf sein.«

»Echt?«

»Wenn ich es dir sage. Einer meiner Onkels war mal vor Jahren drüben und hat total geschwärmt von denen. Halt viel mit FKK und so. Nicht so verklemmt wie unsere Frauen hier.«

»Ach so.«

»Ja ja.«

Kurzes Schweigen und Kopfnicken. Dann war ich meiner Sache ganz sicher. Meine Meinung zur Wiedervereinigung stand fest. Auf fundierten Grundmauern erwachsen.

»Hm. Also, so eine Wiedervereinigung hat viel Gutes. Dann gibt's jetzt doppelt so viele Frauen, die auf FKK stehen. Ist doch super. Ich glaube, ich bin dafür.«

»Hm, stimmt. Dann bin ich, glaube ich, auch dafür.«

»Na dann. Prost.«

»Prost.«

Schluck.

Grinsen.

DIE EINHEIT WIRD VOLLZOGEN

Nach ein paar Wochen gehörten die ratternden Trabis bereits zum allgemeinen Straßenbild. Anfänglich fragte man die jeweiligen Fahrer noch interessiert, wo sie denn herkämen, und sagte, wie toll doch all das mit dem Mauerfall sei. Irgendwann hörte man auf zu fragen und das war auch gut so. Das konnte man ja nicht ewig so weitermachen. Ständige Freude ist anstrengend. Unsere Wochenenden hatten nun noch eine weitere Koordinate hinzugewonnen. Wir hatten bislang Kassel im Norden, Frankfurt im Westen und Würzburg im Süden. Nun konnten wir auch Richtung Osten. Das hatte was Trappermäßiges. Wir erkundeten Landschaften, die uns fremd waren. Mit Björn fuhr ich kurz vor Weihnachten nach Weimar in eine Art Diskothek, wo ein paar Wessis eine Party in einem stillgelegten Maschinenlager organisiert hatten, um den Ossis zu zeigen, wie eine richtige Party zu feiern sei. Ich glaube, an Feierqualitäten fehlte es ihnen auch schon vorher nicht, aber einige Wessis dachten, dass man es ihnen wie kleinen Kindern beibringen müsste. Eines war jedenfalls tatsächlich nicht von der Hand zu weisen: Wessi-Männer hatten einen Schlag bei den Ossi-Mädchen. Ob es die teureren Jeans waren oder das arrogant-selbstbewusste Auftreten, bleibt ein Geheimnis der thüringischen Damenwelt. Es war uns auch egal, Hauptsache, es funktionierte.

Die Disco bestand aus einer Anlage mit Kassettenrekorder mit angeschlossenen Boxen und einer Lichtorgel, die dreifarbig die Tanzfläche ausleuchtete. Rot, gelb und grün. Vielleicht hatte der Veranstalter auch einfach nur kurzerhand eine Ampel von der Kreuzung abmontiert, jedenfalls konnte man die Lightshow nur als kläglich bezeichnen. Das war also das Know-how des Westens, soso. Getoppt wurde das Ganze nur durch die noch schlechtere Musik, die komplett veraltet war. Um Geld zu sparen, hatte der Veranstalter nämlich einen ortsansässigen Jungspund als DJ aufgeboten. Das war keine gute Idee. Der Local Hero war mehr Local als Hero. Wir schlugen dem überforderten DJ, oder besser gesagt Kasetteneinleger, vor, dass wir ein paar aktuelle Kassetten aus dem Auto holen würden. Er nahm dieses Angebot dankend an und so erklangen nach einer halben Stunde die coolsten Beats in der Halle. Die Dorfjugend und wir tanzten gemeinsam den alten Betonboden durch. Wobei die männliche Jugend uns mit Argusaugen beobachtete. Natürlich kamen wir mit unseren Levis-Jeans und den teureren Markenklamotten bei den Mädchen super an, dazu noch die mitgebrachte Musik – das war ein Selbstläufer. Wir zahlten das zurück, was wir selbst jahrelang erdulden mussten, wenn die Großstädter uns die Mädchen streitig machten, weil wir aus der tiefsten Provinz stammten und nicht mit ihnen mithalten konnten. Nun umwehte uns ein Hauch von Star-Aura und so dauerte es nicht lange, bis uns die ersten Mädels antanzten, um die deutsch-deutsche Freundschaft zu intensivieren.

»Ey, Franky, hast du die Blonde dort drüben gesehen? Die mit den Locken und dem Wollrock. Die schaut die ganze Zeit schon zu uns rüber.«

»Klar habe ich die gesehen. Ist echt süß.«

»Voll hübsch.« Björn nahm einen Schluck von seinem Bier. »Noch hübscher als Erika.«

Wir hatten seit Monaten nicht über Erika gesprochen. Ich wunderte mich, wie er darauf kam. Also fragte ich genau das.

»Wie kommst du denn jetzt auf Erika?«

»Na ja, an der hängst du doch immer noch. Seit sie damals mit Hajo auf der Kirmes …«

»Ne ne, längst vergessen«, beschwichtigte ich, »obwohl sie schon ’ne Hübsche war. Stimmt schon …«

»Sprich sie doch mal an.«

»Erika?«

»Nein, die Blonde.«

»Ach so, die. Denkst du wirklich?«

»Na klar. Nun mach schon. Die wartet da nur drauf, glaub mir.«

Man kann nicht behaupten, dass Björn einen untrüglichen Blick für solche Situationen hatte. Im Gegenteil. Dennoch prostete ich ihm mit meiner Flasche Bier zu und beschloss, die Initiative zu ergreifen.

»Recht hast du.«

Was sollte schon passieren? Wir sprachen die gleiche Sprache. Es sei denn, sie käme aus Sachsen, dann könnte das mit der Verständigung ins Stocken geraten. Das hatten wir schon ein-, zweimal erlebt, dann ging gar nichts mehr. Da konnte man sich auch gleich mit einer Koreanerin austauschen oder einem Hund oder einem Alien. Also ging ich direkt zu ihr hinüber an die Bar, an der sie lässig angelehnt stand.

»Hi.«

»Hi.«

Ich deutete irgendwo in den Raum und ließ meinen Blick dazu schweifen.

»Schön hier.«

Mit meinen Floskeln war ich auf sicherem Gebiet. So konnte ich mich langsam herantasten. Sie würde nun nach den Floskelgesetzen antworten, ja, dass es schön hier sei. Dann würde ein *Und sonst* mit einem *Geht so* oder *Muss* folgen. Dann würde sie fragen, ob ich sie auf einen Drink einladen würde, was ich dann täte, und schließlich würden wir irgendwo knutschend und fummelnd im Auto landen. Das war eine gemähte Wiese für mich. Nichts leichter als das.

»Was ist das denn für ein Scheißspruch?«, schüttelte sie den Kopf und sah mich enttäuscht an.

»Äh, wie bitte?«

Ihre Antwort entsprach gar nicht dem Floskelgesetz. Das zählte nicht. Das war nicht fair. Und nicht nur das. Sie legte sogar noch nach.

»Schön hier?! Das ist, glaube ich, das Bescheuertste, was jemals irgendjemand als Anmache zu mir gesagt hat. Erstens ist es nicht schön hier und zweitens ist das doch wohl hoffentlich nicht alles, was du mir zu sagen hast, oder?«

»Na ja, äh ...«

Diese Ossis. Erst kennen sie nicht das *Floskel-Einmaleins* und dann wissen sie nicht einmal, was sich gehört. Man kann doch nicht einfach wirklich sagen, was man denkt, wo kommt man denn da hin?

»Was na ja, äh?« Die wunderschönen Augen des blond gelockten Engels schoben sich streng zusammen. Das Gesicht war mit einem Mal gar nicht mehr so engelhaft. »Ich lächle dich seit über einer halben Stunde an, bis du endlich zu mir kommst, und alles, was du mir zu sagen hast, ist dann ›*schön hier*‹? Da fühle ich mich etwas gekränkt. Zumindest hättest du sagen können: ›Schön hier ... aber nicht so schön wie du‹ oder so was in der Art.«

»Ich war ja noch nicht fertig.«

»Ach so?!« Sie strich sich eine Strähne hinters Ohr und sah mich groß an. »Na, dann fang mal an.«

»Jetzt hast du mich aus dem Konzept gebracht. Was wollte ich gerade sagen?«

»Du wolltest dich verabschieden.«

»Nein, nein, gib mir doch eine Chance. Warte … äh.«

»Du wolltest dich sicherlich gerade vorstellen.«

»Genau. Franky. Ich heiße Franky.«

»Schön Franky, ich bin Jana. Hallo.«

Sie streckte mir ihre Hand entgegen. Weich und warm. Ganz im Gegensatz zum Rest der jungen Dame.

»Schöner Name. Jana. Gar nicht so häufig, oder?«

»Was hast du gedacht? Dass hier alle Peggy oder Mandy heißen?«

»Nein, ich dachte nur, weil …«

»Weil was?«

Wieder unterbrach sie mich, bevor ich meinen Satz zu Ende sagen konnte. Das brachte mich völlig aus dem Konzept. Ich überlegte, ob es nicht vielleicht tatsächlich besser wäre, direkt auf dem Absatz kehrtzumachen. Jedoch hatte ihr Verhalten auch meinen Ehrgeiz geweckt.

»Na ja, vielleicht schon, ja. Aber warum ist das eigentlich so?«, fragte ich.

»Warum ist was so?«

»Warum haben sie im Osten alle so viele englische Namen? Ist doch eigentlich der Klassenfeind. Ich meine Peggy und Mandy und so, das ist doch alles aus dem englischsprachigen Raum, verstehst du?«

Das war gut. Zumindest überlegte sie diesmal, bevor sie antwortete.

»Keine Ahnung. Hat vielleicht mit der Sehnsucht nach dem Fremden zu tun. Das, was man nicht haben kann. Ist aber im Westen auch nicht besser.«

»Wie jetzt?«, sah ich sie fragend an. »Bei uns heißt kaum jemand Mandy oder Meik mit ei.«

»Nein, Quatsch. Ich meine, das mit der Sehnsucht nach dem Fremden. Ist dir noch nicht aufgefallen, dass im Westen ziemlich viele Borisse, Ivans oder Alexanders herumlaufen? Das sind alles slawische Namen. Also aus dem Osten. Und Franky klingt nun auch nicht gerade wahnsinnig traditionell deutsch.«

»Na, eigentlich heiße ich Frank, aber das ist 'ne lange Geschichte.«

»Kannst du mir ja vielleicht bei einem Drink erzählen.«

»Wie jetzt?«

»Na ja, du könntest mich jetzt fragen, ob du mich vielleicht auf einen Drink einladen dürftest.«

Aha. Nun also doch zurück auf den klassischen Pfad. Meinetwegen.

»Dürfte ich dich vielleicht …«

»Ja, darfst du«, unterbrach sie mich harsch. »Einen Prosecco auf Eis.«

Ich bestellte einen Prosecco auf Eis für sie und ein weiteres Bier für mich. Dann stießen wir mit den Getränken an. Das Eis begann langsam zu schmelzen. Sehr langsam. Langsamer als das Eis in ihrem Prosecco.

»Bist du immer so humorlos?«, fragte ich sie.

»Humorlos? Ich bin nicht humorlos. Ich mag nur keine langweiligen Typen, die meinen, mit einem dämlichen Spruch landen zu können. Ich weiß, was ich will, und verschwende einfach keine Zeit. Hat doch nichts mit humorlos zu tun.«

»Dann erzähl doch mal einen Witz.«

Sie zögerte.

»Einen Witz?«

»Ja.«

»Du willst von mir einen Witz erzählt bekommen?«

»Ja.«

Sie blies ihre Wangen auf.

»Siehste. Kennst keinen, was?«

»Na gut, warte.«

Ich wartete und nippte an meinem Bier. Da würde nichts kommen. Auf gar keinen Fall. Ich bereitete mich auf meinen Witz vor. Das würde endgültig wieder die Verhältnisse geraderücken.

»Hab einen.«

»Was? Echt?«

»Ja.«

»Lass hören.«

»Warum muss in den Metzgereien der DDR immer mindestens eine Wurst liegen?«

Hm, den kannte ich nicht. Ich überlegte, kam aber auf keine Antwort, zuckte mit den Schultern und nahm einen Schluck meines Biers.

»Keine Ahnung.«

»Weil sich sonst die Leute anstellen und Kacheln kaufen würden.«

In einer gewaltigen Fontäne schoss mir das Bier in meine Nase und aus dem Mund. Es muss ziemlich eklig ausgesehen haben, aber ich konnte mich kaum halten vor Lachen. Jana klopfte mir auf die Schulter, weil ich mich am Bier verschluckt hatte.

»Na, wohl doch nicht so humorlos, was?«

»Okay, der war wirklich gut. Den kannte ich noch nicht. Dafür kommt ihr hier doch in den Knast, wenn ihr so einen Witz erzählt, oder?«

»Jetzt nicht mehr. Außerdem nichts gegen dich, aber du scheinst mir nicht gerade von der Stasi zu sein.«

»Ne, wirklich nicht. Ich komme aus dem Westen.«

»Ich weiß. Das hatten wir ja schon. Hatte ich außerdem längst bemerkt.«

»Woher?«

»Das sieht man halt. Schau dich an. Du hast Wessi-Klamotten an und bewegst dich ganz anders.«

»Wie bewege ich mich denn?«

»Na keine Ahnung, halt so westmäßig. Aufrechter, arroganter und so.«

»Arrogant?«

»Na ja, schon. Finde ich aber gut. Ich mag es nicht, sich kleinzumachen. Man sollte im Leben seine Ziele verfolgen, sonst ist es vorbei und man hat nichts davon umgesetzt.«

»Das stimmt. Deswegen bin ich auch heute mit meinem Kumpel hierhergefahren. Weimar. Tolle Stadt. Viel Geschichte.«

Das hatte ich irgendwo aufgeschnappt und hoffte nun, dass das auch stimmte. Jana nippte an ihrem Prosecco und verdrehte die Augen dabei.

»Weil Weimar ein Lebensziel von dir war, oder was?«

Jetzt bloß keine weiteren Fragen zu Weimar. Stattdessen sah ich mich um und deutete mit dem Bier wieder irgendwo in den Raum.

»Aber ist doch wirklich schön hier.«

»Nun hör endlich auf. Was ist denn hier bitte schön? Das ist eine alte Maschinenhalle. Es stinkt nach Schmieröl und der Bass zerstört mir mein Trommelfell.«

»Das ist so bei Techno.«

»Willst du mir jetzt erklären, was Techno ist? Ich bin aus dem Osten, aber nicht aus einer anderen Welt.«

»Das wollte ich damit doch gar nicht sagen.«

»Was willst du denn?«

»Einfach Spaß haben. Verrückt sein. Das Leben genießen. Und du?«

Jana stellte ihr Glas ab, zog mich zu sich und begann mich zu küssen. Einfach so. Erst sanft, dann fordernd und leidenschaftlich. Nach den knutschintensivsten fünf Minuten meines Lebens trat sie wieder zurück an die Bar und nahm sich ihr Proseccoglas, als wäre nichts gewesen.

»Verrückt genug?«

»Ja, gar nicht schlecht fürn Anfang. Scheinst echt einen an der Klatsche zu haben. Gefällt mir. Bist du immer so?«

»Lass mich kurz überlegen … ja!«

Wir sahen uns an und schwiegen tatsächlich für einen Moment. Ich glaube, das war gut. Denn nun schaute sie mich anders an. Das war so was wie mein Stichwort.

»Du, ich bin gleich wieder da. Muss kurz auf Toilette.«

Ich lief zu Björn und fand ihn auf der Tanzfläche zwischen zwei Damen. Ich wusste, dass dies hier und heute meine Chance war. Björn lächelte.

»Und, wie läuft's?«

»Schlüssel.«

»Was?«

»Schlüssel! Gib mir den Schlüssel vom Auto.«

»Oh, es läuft also so gut?«

»Ja, Himmel noch mal, nun gib mir den verdammten Schlüssel!«

»Ja doch. Entspann dich. Und wenn es wirklich dazu kommt, leg bitte was unter.« Für einen Moment schaute ich Björn an und er winkte, kurz nachdem er den Satz ausgesprochen hatte, auch schon wieder ab. In seinem alten Käfer waren die Sitzbezüge so verschlissen, dass sie eigentlich nur noch durch die Symbiose eines Bier-Schweiß-Gemischs zusammengehalten wurden. »Okay, vergiss es. Hau ab.«

Ich rannte zur Toilette, denn ich musste tatsächlich dringend dort vorbeischauen. Am Pissoir stehend ließ der Druck auf meiner Blase langsam nach und ich atmete tief durch. Was war diese Jana denn für eine seltsame Person? Komisch, aber auch spannend. Sie sagte, was sie dachte und wollte. Wow. Da musste erst eine Frau aus dem Osten kommen, um mir zu zeigen, wie Freiheit funktionierte. Na, das konnte ja heiter werden. Ich warf mir noch etwas Wasser ins Gesicht und ging wieder zurück zur Bar.

»Da bist du ja wieder. Alles fit im Schritt? Das wäre doch noch so ein Spruch, den du loslassen würdest, um eine rumzukriegen, oder?«

Ich hielt ihr den Autoschlüssel von Björns Käfer vor die Nase. Wollten wir doch mal sehen, wie forsch Jana wirklich war.

»Hab's mir anders überlegt. Heute ohne Sprüche. So wie du sagst. Man soll direkt zum Punkt kommen. Hast du Lust, das von eben fortzusetzen?«

»Oh … du überraschst mich. Denkst du, ich bin tatsächlich so eine?«

Mist. Da hatte ich was falsch gedeutet. Ich war mir meiner Sache so sicher gewesen.

»Aber du sagtest doch …«

Sie stand auf, leerte ihren Prosecco und nahm mich an der Hand.

»Hast Glück. Ich bin tatsächlich so eine.«

Ha.

Wusste ich es doch.

Kaum auf dem Rücksitz des Autos angekommen, knutschten und fummelten wir, bis der Fleckenteppich in meiner Shorts wie ein Pollockgemälde wirkte. Dann lächelte sie mich aus ihren wunderschönen Augen an und ließ ihren Kopf in meinen Schoß wandern.

»Wollen wir doch mal sehen, was ihr Wessis so zu bieten habt.«

Ihre Lippen fühlten sich wie zwei weiche Daunenkissen an, die sich um mein Glied pressten. Eins war klar, das würde nicht lange gut gehen. Unter normalen Umständen hätte ich es einfach laufen lassen. Aber heute sollte es passieren. Hier und jetzt. In Weimar. Mit Jana. Ich zog sie nach einigen kurzen Bewegungen wieder zu mir hoch, strich ihr eine Strähne aus dem Gesicht und nahm ein Kondom hervor.

»Hast du Lust?«

Sie spitzte ihre Lippen. Dann lehnte sie sich zurück, hob ihren Po und zog ihren Slip unter dem Wollrock aus.

»Da kannst du Gift drauf nehmen.«

Ich glitt über sie, küsste sie leidenschaftlich und sie leitete mich gefühlvoll ans Ziel. Ich ließ mich komplett fallen und merkte daher zu spät, dass ich mich nicht mehr kontrollieren konnte. Der Akt dauerte handgestoppte zweiunddreißig Sekunden, bis ich mich in dem Kondom entleerte. Ich versuchte es noch auf klägliche Art zu überspielen und einfach weiterzumachen. Doch natürlich merkte Jana das.

»Du bist jetzt aber nicht schon gekommen, oder?«

»Na ja, also …«

Sie schüttelte ihre blonden Locken und lächelte dabei. Sauer schien sie jedenfalls nicht.

»Du scheinst mich wirklich ziemlich attraktiv zu finden, oder?«

»Ja«, stotterte ich etwas verlegen. Ich war immer noch in ihr. Und ich entschied, dass ich es ihr sagen musste. »War mein erstes Mal.«

Zum ersten Mal schwieg sie für ein paar Sekunden.

»Dein erstes Mal? Warum hast du mir vorher nichts gesagt?«

»Hätte das was geändert?«

»Weiß nicht, vielleicht hätten wir es nicht hier im Auto gemacht.«

»Ganz ehrlich? Ist mir völlig egal. Ich fand es wunderschön. Danke.«

Jana lehnte sich etwas zurück und strich mir mit ihrer Hand über die Wange.

»Na, geht doch.«

»Was?«

»Das mit dem Reden. Keine dummen Sprüche oder Floskeln. So mag ich das. So kann man miteinander umgehen.«

»Ja, das stimmt. Ich hätte Lust, dir noch mehr zu erzählen, wenn du magst. Vielleicht demnächst bei einem Kaffee.«

»Bevor du mir jetzt deine Lebensgeschichte erzählst. Könntest du vielleicht ...«

»Was?« Sie deutete nach unten. Noch immer war ich in ihr. Wenn auch mittlerweile in geschrumpfter Form. »Ach so, ja natürlich. Entschuldigung.«

Vorsichtig zog ich mich samt Kondom aus ihr zurück und entsorgte den Gummi direkt neben dem Auto, während sie sich wieder ihren Slip anzog.

»Du fühlst dich übrigens ziemlich gut an«, sagte sie.

»Ach ja?«

»Ja. Zumindest, was ich in der halben Minute spüren konnte.«

»Was?«

Sie lachte laut auf.

»Nur ein Witz. Wirklich, du fühlst dich toll an. Ich glaube, da kann man was draus machen.«

»Du denkst, wir sollten das wiederholen?«

Jana spitzte wieder ihre Lippen. Das schien sie immer zu machen, wenn sie nachdachte.

»Ja. Ich finde, das sollten wir tun. Und vielen Dank dafür, dass ich deine erste Frau sein durfte. Siehst du, wir machen es den Großen in Bonn und Berlin vor.«

»Was meinst du?«

»Na ja, wenn das mal keine Vereinigung zwischen Ost und West war, dann weiß ich auch nicht.«

»Also meinetwegen können wir gern jedes Wochenende Wiedervereinigung feiern.«

»Na, das überlege ich mir noch«, lächelte sie.

Ich nahm ihren Kopf in meine Hände und gab ihr einen langen Kuss. Der erste, der mehr war als bloßes Knutschen.

EPILOG: ZONENRANDKINDER

Ich hatte meine Lehre als Groß- und Außenhandelskaufmann in der Heizungs- und Sanitärfirma erfolgreich abgeschlossen. So eine kaufmännische Ausbildung könne man immer gut gebrauchen, meinte mein Vater, doch mir erschloss sich nicht, wie ich das Stapeln von Toiletten und das stupide Blättern in Rechnungsordnern in meinem weiteren Leben gebrauchen könne. Das zielsichere Finden von Belegen, die man auf Wiedervorlage legte, hatte ich schon nach zehn Minuten verstanden, dafür brauchte ich keine jahrelange Lehre. Aber zumindest gab der Job mir Struktur. Ich verdiente ein paar Mark, mit denen ich das Benzin für die Wochenendausflüge zu irgendwelchen Technopartys bezahlen konnte und für die Dauerkarte der Videothek. Unsere Clique gab es nicht mehr. Wir hatten einfach aufgehört, uns zu treffen. Ohne dass es ausgesprochen oder entschieden wurde oder jemand sauer darüber war. Es war einfach vorbei. So wie man irgendwann aufhört, die BRAVO zu lesen.

Die Zeit fraß uns auf. Wochen. Monate. Jahre.

Zeit verstrich und jeder ging seiner Wege. *Uteundpeter* heirateten früh und bekamen ein Kind nach dem anderen. Tanne hatte mit seinem Coming-out noch bis nach seiner Lehre gewartet. Alle waren überrascht, doch keiner aus der Clique fand es schlimm. *Ist doch ganz normal,* hieß es plötzlich überall. Ach, auf einmal, dachte ich mir. Warum dann diese Phobie all die Jahre? Aber ich war selbst nicht besser gewesen. Ich schämte mich dafür. Zumindest hatte ich meine Einstellung noch ändern können. Immerhin. Tanne war schließlich zu seinem heimlichen Lover nach Erfurt gezogen. Sein Freund hieß ausgerechnet Ivan und war nicht nur ein erstklassiger Koch, sondern auch Russe. Die beiden eröffneten kurz darauf ein französisches Restaurant – mehr Völkerverständigung konnte man nicht erwarten. Und als wir einmal telefonierten, scherzte Tanne, dass es gar nicht so schlimm sei, wenn der Russe kommt – im Gegenteil, er fände das sogar ziemlich geil. Der Stumme verstummte völlig und kam mit »Blasmaul« Jule zusammen. Wie auch immer diese Konstellation zustande kam, es musste etwas mit Kirmes zu tun haben – so viel war klar. Kinder bekamen sie keine. Kein Wunder, bei ihrem Spitznamen. Bernd Roth schaffte den Absprung und zog nach seiner Ausbildung nach Würzburg. Dort soll er eine Familie gegründet haben und sich regelmäßig die Fußnägel schneiden. Ob er den Porno seines Vaters noch besitzt, weiß ich nicht. Joschi hatte schon kurz nach der Wende *geheirood un zwo klenne Frazze gekricht.* Auch die anderen hatten mehr mit sich selbst und ihrem Leben zu tun, als sich noch abends an den Tischtennisplatten mit Dosenbier zu betrinken und dumme Sprüche zu reißen. Die meisten arbeiteten in der Nähe, lebten in einer Beziehung und planten bereits, bei den Schwiegereltern den Dachboden auszubauen, inklusive Kinderzimmer und Eckbadewanne. Flo Stinkermann fuhr tatsächlich nach Schweden. Er schickte mir sogar eine Postkarte von dort, auf der er schrieb, dass er auf dem Weg nach Madrid auf jeden Fall nochmals vorbeikommen wolle. Er kam nie wieder in die Rhön. Und auch nicht nach Madrid. Erika war nach der Schule nach Gießen gezogen, um dort auf Lehramt zu studieren. Hajo ebenfalls. Sie blieben noch bis ins sechste Semester zusammen, bis er Erika für eine Kommilitonin aus ihrer WG sitzenließ und diese schwängerte. Ich freute mich kurz über diese späte Genugtuung, dann verblasste Erikas Bild endgültig in meinem Poesiealbum des Lebens und sie war mir egal. Einzig zu Björn hielt ich immer Kontakt. Er hatte seinen Irokesenschnitt gegen eine Familie getauscht und ein Haus gebaut. Ganz bodenständig, fast spießig, aber irgendwie auch gut. Was mit Genscher geschah, weiß ich nicht. Wahrscheinlich überlebt er uns alle.

Und bei mir? Na ja, mit Jana und mir wuchs zusammen, was zusammengehörte. Dem Wochenende von Weimar folgten sehr viele weitere Wochenenden. Wir waren wahnsinnig ineinander verliebt und blieben noch zwei Jahre zusammen, bis sie zum Studium nach Köln ging. Es waren zwei tolle Jahre und die Trennung tat nur kurz weh, weil sie nicht im Bösen erfolgte, sondern wir einfach unsere jeweiligen Wege weitergingen. Nur eben nicht gemeinsam. So ist das Leben eben. Es macht keinen Halt. Weder vor der Liebe noch vor einer Mauer zwischen zwei Ländern und der Geschichte eines einstmals getrennten Landes. Es geht einfach weiter – so wie ich immer wieder von Neuem die Straße kehrte. Deutschland wurde wiedervereint und ich ging nach meiner Ausbildung in eine Stadt, die für mich in dieser Art niemals existiert hatte. Ich zog nach Berlin. Und zwar in eine Wohnung, aus der man die Überreste des Mauerverlaufs noch sehen konnte. Doch auch wenn es nah an der Grenze war, ich wohnte im Westen – nicht im Osten. Manche Dinge ändern sich eben nie. Ach ja, meinen Namen habe ich doch nicht ändern lassen, aber auf der Silvesterparty eines Freundes in Kreuzberg lernte ich tatsächlich mal Frank Zander kennen. Ich sprach ihn an, da wir ja beide Frank hießen und dass das doch echt ein Ding sei. Er fand das wohl nicht so spektakulär wie ich, unterhielt sich eine Minute höflich mit mir und ging mir den Rest der Party aus dem Weg. Seit diesem Tag war ich immerhin in der Gunst meiner Mutter erheblich gestiegen, als ich ihr davon erzählte. Sein Lied »Wenn wir alle Englein wären« mag ich aber bis heute noch nicht.

Mit meinen Eltern und dem Rest der Familie telefoniere ich regelmäßig. Außer mit meinem Opa, der starb fast auf den Tag genau fünf Jahre nach meiner Oma. Als ich an seinem Grab stand und etwas Erde mit einer kleinen Schaufel auf den Sarg schippen sollte, musste ich beinahe lachen. Der Grönland-Spaten. Immer hatte er mir kleine Häufchen gekehrt, die ich mit der Schaufel in den Mülleimer schaufeln musste. Und jetzt eine letzte Schaufel. Irgendwie mochte ich ihn ja doch. Meinem Vater schenkten wir zu irgendeinem Weihnachtsfest eine Straßenkehrmaschine, auf der er bis heute sitzend die Straße kehrt. Das ist sein Leben.

Apropos Weihnachten. Da kommen alle Jahr für Jahr wieder zurück ins Dorf, um die Festtage mit ihren Eltern und der restlichen Familie zu begehen. Einige haben ihre zweiten Kinder dabei, andere ihre dritte Ehefrau. Dann quatschen wir gern über die Zeit, als hier noch alles anders war. Als die Zeit hier oben in der Rhön anders tickte als sonst irgendwo auf der Welt. Irgendetwas verbindet uns alle auf ewig. Auch wenn es niemand benennen kann. Vielleicht ist es die gemeinsam erlebte Abgeschiedenheit, in der wir alle aufwuchsen und die uns zusammenrücken ließ. Vielleicht das Wissen darum, sich nicht vor den anderen verstellen oder erklären zu müssen. Vielleicht aber auch nur die schlichte Erinnerung an unzählige Samstage mit Besen und Schaufel. Mit Dosenbier und Mofa. Mit Zeltdisco und Bratwurst an der Grenze. Doch keiner von uns möchte die Zeit zurückdrehen oder wünscht sich diese verdammte Grenze zurück. Niemand. Wir alle haben mittlerweile Menschen kennengelernt, die auf der anderen Seite dieser Grenze aufwuchsen und die uns ans Herz gewachsen sind. Erst jetzt können wir den Schmerz unserer Eltern und Großeltern darüber nachempfinden, getrennt von lieben Menschen leben zu müssen. Getrennt durch Stacheldraht, Minen und eine unüberwindbar scheinende Mauer. Dennoch hat uns diese Zeit, als die Grenze mitten durch unsere Gärten verlief, für die Ewigkeit geprägt und zu einer ganz besonderen Generation heranwachsen lassen. Zu einer Gemeinschaft, in die wir hineingeboren wurden und die uns für immer vereinen wird.

Wir waren anders.

Wir sind anders.

Wir sind Zonenrandkinder.

Zeitfracht Medien GmbH
Ferdinand-Jühlke-Straße 7
99095 Erfurt, Deutschland
produktsicherheit@kolibri360.de

Druck:
CPI Druckdienstleistungen GmbH
im Auftrag der
Zeitfracht Medien GmbH
Ein Unternehmen der Zeitfracht - Gruppe
Ferdinand-Jühlke-Str. 7
99095 Erfurt